漢字本色

한자본색

유광종 저

한자본색

2017년 2월 28일 초판 1쇄

출판등록 2011년 5월 17일 제300-2011-91호

주소 서울 중구 퇴계로 182 가락회관 6층

ISBN 979-11-85720-34-0 03700

정가 18,000원

ⓒ유광종, 2017

도서출판 책밭은 (주)늘품플러스의 출판 브랜드입니다.
이 책은 저작권법에 따라 보호받는 저작물이므로 무단 전재와 무단 복제를 금지하며,
이 책 내용의 전부 또는 일부를 이용하려면 반드시 저작권자와 (주)늘품플러스의 동의를 받아야 합니다.

漢字
本色

———————

한자본색

※ 이 책은 삼성언론재단 언론인 저술지원사업의 지원을 받아 제작되었습니다.

서문

한자(漢字)를 두고 논란이 있다. 우선 우리말이냐, 아니냐를 두고 서다. 거창한 주제다. 그러나 우리말 쓰임새에서 한자가 차지하는 비중은 매우 높다. 적어도 2천년 이상의 우리 경험과 사고가 녹아 있는 글자 체계다. 따라서 우리말일까, 아닐까를 둔 논란은 유치하다.

언어는 용광로다. 제 시선에 닿는 바깥 문물과 제도, 다른 이의 경험과 사고는 이 언어의 용광로를 통해 우리에게 지식과 사고의 자료로 다가온다. 따라서 2천년 넘게 우리 언어생활에 녹아든 한자를 배제하는 일은 무모하다고 해도 좋다.

이제는 한자를 어떻게 활용할까를 두고 고민해야 마땅하다. 그러나 아쉽게도 한자는 딱딱하며 고루하다는 인상을 준다. 지금 우리 생활의 바닥을 다진 조선 5백년의 책임이 크다. 공자와 맹자, 노자와 장자의 어려운 고전에 파묻혀 한자를 이해토록 이끌기 때문이다.

특히 공자와 맹자의 가르침인 유학儒學이 그 5백년의 조선왕조 기간을 지배하면서 그랬다. 인의예지仁義禮智와 충효忠孝의 이념적이며 도덕적인 질서 속에서만 한자를 이해하는 우리의 사고 맥락은 게서 비롯했다. 그러니 훈장이 버티고 있는 서당書堂의 엄격하고 고루한 흐름에서만 한자를 대한다.

한자는 그래서 억울하다. 그 글자체계가 발생하고 성숙한 한반도 이웃 대륙의 본바탕 모습은 서당에서 읊는 "공자 가라사대"와는 거리가 멀다. 그곳은 피바람이 잔뜩, 그리고 매우 자주 불어 닥치던 험하고 무서운 땅이었다. 한자는 그런 피바람을 머금고 자라난 글자 체계다.

그래서 한자에는 공자와 맹자의 인의예지에 비해 훨씬 다양한 사람의 사고와 경험이 녹아 있다. 근심이라고 할까, 아니면 걱정이라고 해야 할까. 대륙에 늘 불어 닥쳤던 피바람은 전쟁과 재난 때문이었다. 그곳에서 사람들은 어떻게 해서든 살아남기 위해 근심과 걱정에서 벗어나지 못했다. 한자는 그런 사람들의 마음과 시선을 담은 글자체계다.

이 책의 제목을 『한자본색本色』으로 지은 이유다. 답답하면서 고루한 공자와 맹자, 나아가 서당의 유학적 관념이 농후한 한자 이해의 틀을 벗고 원래의 바탕을 제대로 이해하며 한자를 익혀가자는 취지다. '본색'은 제 모습 그대로를 일컫는 말이다.

한자의 시선은 착잡錯雜하다. 여러 가지가 고루 섞여 엉켜있다는 얘기다. 그 가운데 가장 큰 줄기는 노심勞心과 초사焦思다. 각박한 생존의 환경에서 어떻게 살아남아 제 가정을 지키고 품은 뜻을 이룰 수 있는가를 걱정하는 시선이다.

그런 마음과 사고는 전략적인 안목을 키운다. 세상 모든 삶이 남과의 다툼에서 살아남아 온전하게 승리를 끌어내는 과정이라는 점에 동의한다면, 한자는 그런 이들에게 모두 유용하고 알차다. 전략은 남과의 다툼에서 살아남아 뜻을 이루고자 하는 깊은 고민의 산물이어서다.

저 자신을 함부로 대하지 않고, 남이 지닌 성정과 장단長短을 살피며, 주변의 환경이 주는 유리함과 불리함을 숙고할 줄 안다. 전략의 안목을 지닌 사람의 특징이다. 한자는 그런 사람들이 만들어낸 감성과 사고의 글자다. 그래서 한자의 또 다른 특징은 원숙圓熟함이다.

그러나 한자는 최고가 아니다. 전략적 안목과 원숙함을 내포하고 있어 세파를 이겨내는 데 큰 도움을 줄 수 있을지는 모른다. 그러나 순결, 지순함을 지녀 더 높은 이타利他의 경계로 가는 길목에서는 큰 도움을 주지 못한다.

그럼에도 우리가 한자를 배제하지 못하는 이유가 있다. 그 체계가 지닌 전략적 안목과 현실에서의 원숙함이 우리사회에는 크게 부족하기 때문이다. 그 이유로 인해 우리에게 한자는 아직 필요한 문자체계다. 늘 감성이 앞서고, 냉정함보다는 격정의 몸짓이 먼저 드러나는 우리사회의 속성을 두고 볼 때 더욱 그렇다.

　이제 조선시대 5백년의 유학적 관념이 지배했던 서당의 한자, 일본이 이 땅을 강점하면서 비틀고 뒤집어 이상하게 엮은 한자, 이도 저도 아니게 막연히 표류만 했던 광복 뒤의 한자와 결별하자. 대신 한자의 원류로부터 다시 연역의 과정을 거치면서 쌓였던 제 모습, 제 색깔의 한자와 만나자.

　그로써 전쟁과 재난, 가혹한 환경 속에서 다지고 또 다진 사람들의 감성과 사고를 제대로 이해해 그 안에 담긴 교훈을 우리에게 '다운로드' 하자. 한자는 그 점에서는 매우 유용하며 아직 시한을 상정하기 힘들다.

　약 4년 동안 1주일에 한 차례 4천 여 명의 지인들에게 이메일로 보냈던 칼럼을 보완해 책으로 엮었다. 한자 낱말은 시사時事의 흐름에 기대 풀었다. 우리에게 가깝고 친근한 생각의 소재를 활용하자는 의도다. 낱말을 이루는 한자의 연원, 그 뒤의 연역, 파생과 굴절의 과정을 추적했다. 한자를 함께 사용했던 각 시대 지식인들이 품은 사고와 감성도 덧붙였다.

　아울러 꼭 알아야 하는 한자는 글 뒤에 사전의 풀이를 붙여 독자들의 이해를 도왔다. 칼럼의 전체 분량은 꽤 넘쳐 앞으로도 계속 책으로 펴낼 계획이다. 싱원을 보내주신 지인, 정갈한 사진으로 책에 광채를 보탠 조용철 전 중앙일보 기자께 감사를 드린다.

2017년 2월 유광종

CONTENTS

漢字本色

한자본색

기로 岐路

　　기로는 곧 갈림길이다. "인생의 기로에 섰다"라거나 "중대한 기로
에 서있다" 등으로 우리가 일상에서 자주 쓰는 말이다. 사람의 삶은
늘 그런 갈림길에 접어든다. 이리 갈까, 아니면 저리 갈까. 한 번 발을
들여놓은 길, 멈춰 돌아가기에는 버겁다. 되돌아온들 달리 뾰족한 방
법도 없다. 제대로 가기 위해서는 처음부터 좋은 길, 내가 가야 하는
길로 걸음을 옮겨야 한다. 갈림이라는 뜻의 '기岐'와 길이라는 새김의
'로路'를 엮어 만든 단어다.

갈라진 길, 기로의 모습이다. 우리가 삶 속에서 자주 닿는 곳이 갈림길이다. 어느 곳으로 향하느냐에 따라
삶의 모습은 많이 달라진다.

양주楊朱라는 중국 춘추전국시대의 사상가가 있다. 일부는 그를 극단적인 쾌락주의자라고 말하지만, 꼭 그렇지만은 않다. 그가 갈림길에 관해 꽤 깊은 사색을 펼쳐 보인 장면이 있다. '소 잃고 외양간 고치기'라는 한반도 버전의 속담이 예서 유래했다.

그의 이웃이 양羊 한 마리를 잃어버렸다. 친지와 하인들을 동원해 양 찾기에 나섰다. 많은 사람이 나섰지만 그들은 결국 빈손으로 돌아왔다. 양주가 "왜 양을 찾지 못했느냐"고 물었다. 그들은 한결같이 "길이 여러 갈래로 나뉘어 있는데 도대체 어느 길로 가서 양을 찾아야 할지를 알 수 없었다"고 대답했다. 양주는 그런 대답을 듣고 어두운 얼굴로 깊은 생각에 잠겼다고 했다.

이 양주의 일화는 『열자列子』라는 책에 등장한다. 갈림길이 많아 결국 양을 찾지 못했다는 말을 들은 양주의 이어지는 깊은 사색이 눈길을 끈다. 그의 일화는 '갈림길에서 양을 잃어버리다'라는 뜻의 '기로망양岐路亡羊'이라는 성어로 지금까지 우리에게 전해진다.

여기서 잃어버린 양은 내가 종국에 이르러야 하는 목적 또는 진실을 의미한다. 길은 그를 찾기 위한 방도이자, 방편이다. 따라서 방법을 제대로 모색하지 못하면 우리가 추구하는 진실에 도달할 수 없는 법이다. '기로망양'은 제 스스로 방향을 잡지 못했을 때 어떤 일이 벌어질까를 예시하는 성어다.

이 성어의 이후 연역은 조금 색다르다. 한반도 버전에서 잃은 대상은 양보다 소가 더 많다. 우리는 '소 잃고 외양간 고치기'라는 맥락에서 기로망양岐路亡羊의 나중 버전을 사용한다.

그러나 우리 용례는 처음부터 단속할 일이지, 잘못을 저지르고 후회해봐야 소용없다는 질책이 섞여 있다. 그러나 소나 양을 잃더라도 착오와 오류의 가능성을 다시 단속하는 일은 필요하다.

그 갈림길에서 양을 잃었더라도 '이제 다시는 잘못을 범하지 말자'라는 각오로 나서면 '양을 잃었어도 외양간을 고치라'는 뜻의 '망양보뢰亡羊補牢'다. 풍파가 이어지는 세상살이에서 잘못은 늘 찾아들 수 있다. 그렇게 잘못이 도졌을 경우 원인을 찾아 추스르며 오류가 다시 번지는 일에 대비하는 게 옳다.

삶은 온갖 변수가 닥치는 거센 현장이다. 우리는 그 속에서 '양'을 잃을 염려는 없을까, 옳은 길을 선택해 잘 가고 있는 것일까를 늘 생각해야 한다. 아울러 앞을 막아설 갈림길은 어떨까. 국가의 발전을 위해 우리는 큰 방향을 놓치지는 않았을까. 잠시 잘못 접어든 갈림길에서도 전체를 돌아보며 스스로 고쳐야 할 우리 마음속의 '외양간'은 무엇일까. 이런 생각들을 늘 품어야 좋겠다.

한자풀이

岐 갈림길 기 갈림길. 산 이름. 날아가는 모양. 자라나는 모양. 지각이 드는 모양. 갈래짓다. 높다. 울퉁불퉁하다.
路 길 로, 길 노, 울짱 락, 울짱 낙 길. 통행. 도로. 도리. 도의. 방도. 방법. 사물의 조리. 중요한 자리. 지위. 요처. 길손. 나그넷길.
亡 망할 망, 없을 무 망하다. 멸망하다. 멸망시키다. 도망하다. 달아나다. 잃다. 없어지다. 없애다. 죽다. 잊다. 업신여기다. 경멸하다. 죽은, 고인이 된. 없다(무).
補 기울 보, 도울 보 깁다. 돕다. 꾸미다. 고치다. 개선하다. 보태다. 맡기다. 채우다. 보탬.

피난 避難

다가오는 무엇인가를 비켜선다는 뜻의 한자가 피避, 어려움을 뜻하는 글자가 난難이다. 그래서 내게 닥치는 위험을 피해 어느 한 곳으로 도주하는 게 피난避難이다. 우리식 한자 씀씀이에서는 별로 구별을 짓지 않지만, 중국은 이 '난'이라는 글자를 소리에 맞춰 함께 내는 높낮이 표시용 성조聲調로 차별화해 뜻을 가른다.

흔히 '어려움'의 새김으로 이 '난'이라는 글자를 알고 있지만, 여기에는 전쟁이나 혹심한 가뭄 등에 의해 발생하는 재난災難의 의미도 담겨 있다. 단순한 어려움을 넘어서 삶과 죽음을 가르는 큰 위기를 표시할 때 이 '난'이라는 글자를 쓴다. 따라서 '피난'이라는 단어의 진정한 뜻은 '전쟁과 대형 재난 등을 피함'이다.

우리사회에 가끔 '조세租稅 피난처'라는 말이 유행한다. 한국의 일부 대기업을 포함해 꽤 많은 사람들이 이곳을 즐겨 사용했다고 알려졌다. '조세 피난처'는 영어로 'tax haven'이다. 엄혹한 어려움을 피해 달아난다는 의미보다는, 세금을 적게 내거나 아예 내지 않아 천국에 다름없다는 의미다.

그런 곳에 '조세 피난'이라는 말을 쓴다면 영락없는 언어 인플레이

6.25전쟁의 상황을 재연한 장면이다. 국가에 닥치는 전쟁은 일종의 재난이다. 그런 재난을 피하는 일이 피난이다.

션이다. 과장도 그런 과장이 없을 뿐 아니라 보는 각도를 달리해 세금을 피해 달아나는 사람을 정당화시켜주는 구석이 있다. 이곳을 즐겨 사용한 기업인들이나 돈 많은 한국의 부자들이 마치 억울한 일을 당하지 않기 위해 몰려든 곳이라는 느낌을 주기 때문이다.

이들은 국가에 속한 국민으로서 이행해야 할 신성한 납세의 의무를 저버린 사람들이다. 따라서 시쳇말로 '먹튀'에 해당하는 인물들일 뿐이다. 그들에게 '가혹한 재난을 피한다'는 뜻의 '피난'이라는 단어는 전혀 어울리지 않는다. 따라서 '조세 피난처'의 이름을 바꾸자.

의무를 저버리고 튀는 '도피逃避'라는 단어가 더 이들에게 어울리므로, 우리는 그 이름을 '조세 도피처'로 해야 옳겠다. 그 사람들 역시

'피난민避難民'이 아니라, 납세의 의무를 회피하려 도망친 '조세 도피민逃避民'으로 불러야 마땅하다.

한자를 점차 잊어가는 세태는 마침내 이들이 향한 곳을 '조세 피난처'로 부르는 과오를 불렀다. 이슬비에 옷 젖는다고 하지 않았는가. 언어의 숨은 뜻을 제대로 알지 못하고 오남용을 하다가는 어느덧 세금을 탈루하고서도 대로를 활보하는 사람들을 불쌍한 피난민과 혼동할 수 있다. 두려운 일 아닐까.

명품名品

　한국에 루이뷔통과 샤넬 등 이른바 '명품'이 발을 디딘 지 30년이라는 한 일간지의 보도가 있었다. 처음부터 고가의 이런 비싼 제품들이 '명품'이라는 이름을 얻었던 것은 아니다. 처음에는 일반적으로 사치품奢侈品, 고가의 제품, 호사품豪奢品 정도로 불렸을지 모른다.

　'명품'이라는 단어로 정착한 계기가 무엇인지는 정확히 알 수 없다. 제법 많은 사람들이 본격적으로 이들 해외 유명 브랜드의 제품 구입에 나서면서 그런 이름을 얻었던 것으로 보인다.

　단어 중의 '품品'이라는 글자는 원래 '많은 사람의 바람'의 뜻으로 출발했다고 보인다. 초기 글자 형태를 보면 기원祈願을 담는 주술적인 도구 셋이 겹쳐 있는 모습이다. 따라서 여러 사람의 희구希求로 풀 수 있다. 그로써 '여럿' '종류' '구분區分'의 뜻도 얻었으리라 보인다.

　나중에 '물건' '제품' 등의 뜻이 보태져 물품物品, 식품食品, 제품製品, 상품商品 등의 무수한 명사가 만들어졌다. 그러나 글자의 본래 뜻은 '여럿'에서 점차 번져나가 '여럿이 의논하는 일', 더 나아가 '감상鑑賞' 또는 '평가評價'의 뜻을 얻기도 한다. 그런 점에서 우리에게 잘 알려진 '품평品評'이다.

　나누고 구분하는 맥락에서 '계급'이나 '서열'의 새김으로 발전한 경우도 있다. 경복궁 근정전 앞마당에 늘어서 있는 품계석品階石이 그 예다. 옛 조선의 관료들이 왕이 주관하는 조회朝會에 참석할 때 자신의 벼슬을 새긴 비석 앞에 서도록 하기 위해 만들었던 것이다. 그들의 서열은 벼슬의 높낮이를 가리키는 각자의 '품계'에 따라 정해졌다.

'품위品位'도 사실은 그와 같은 뜻이다. 서열品의 자리位를 가리키는 말인데, 요즘은 "품위를 잘 지켜라" 등으로 쓴다. '품격品格'이라는 단어도 다를 게 없다. 제 처지에 맞는 격이 곧 품격이다. 역시 제 처지를 잘 모르고 까불거리면 옆의 사람은 "품격도 없이…"라며 끌탕을 친다.

중국은 이 명품을 '명패名牌'로 표기한다. '유명 브랜드'라는 의미다. 왜 같은 품자를 써서 '명품'으로 표현하지 않

경복궁 근정전 앞의 품계석 모습이다. 물건을 지칭하는 경우가 많은 '品(품)'이지만, 원래의 뜻에는 아래와 위를 가르는 위계, 위상의 새김도 있다.

았을까. 여러 답이 있겠으나, 현대 중국어에서는 이 글자를 '평가'의 의미로 사용하는 경우가 많다. 감상한다는 뜻의 단어 '품상品賞: 우리도 사용한다', 맛을 본다는 의미의 '품미品味' 등 그런 용례가 매우 발달했다. 우리처럼 '물건' '제품' 등의 뜻도 없지는 않으나, 그렇게 물건을 직접

지칭할 경우에는 '화貨'라는 글자를 오히려 많이 쓴다.

그나저나 너무 지나치면 부족함만 같지 못한 법이다. 그래서 과유불급過猶不及이라는 말도 나오지 않았을까. 명품이나 명패나 그에 몸을 가누지 못할 정도로 미쳐버리면 탈이 날 법하다. '명품'은 '유명 고가품'이라는 의미에 앞서 '제대로 만든 물건'이라는 의미다. 국내의 장인匠人들이 피나는 노력을 기울여 만든 진짜 '명품'에도 눈을 돌려보자.

돈 좀 있다고 비싼 해외 유명 브랜드 제품 마구 사들인다고 해서 품격과 품위를 갖춘 사람이라고는 볼 수 없다. 빚을 내면서까지 허영을 좇으려는 사람들에게 우리는 품격을 제대로 갖춘 사람이라고 하지 않는다. 과시를 위해 제 몸 치장하는 '명품'은 그 사람의 품격을 허무는 독소毒素이기도 하다.

한자풀이

名이름 명 이름. 평판. 소문. 외관. 외형. 명분. 공적. 글자. 문자. 이름나다. 훌륭하다. 이름하다. 지칭하다.
品물건 품 물건. 물품. 등급. 차별. 품격. 품위. 질. 성질. 품계. 벼슬 차례. 벼슬의 등급. 종류. 갈래. 가지. 법. 규정.
奢사치할 사 사치하다. 낭비하다. 과분하다. 지나치다. 분에 넘치다. 넉넉하다. 많다. 크다. 자랑하다. 뽐내다. 오만하다. 낫다. 아름답다. 사치.
侈사치할 치 사치하다. 무절제하다. 난잡하다. 과장되다. 많다. 과분하다. 오만하다. 크다. 넓다. 벌리다. 떠나다. 벗어나다. 호사.
豪호걸 호 호걸. 귀인. 사치. 우두머리. 호저(豪豬). 물고기 이름. 뛰어나다. 빼어나다. 성하다. 용감하다. 굳세다. 거느리다.
階섬돌 계 섬돌(돌계단). 층계. 한 계단. 품계. 관등. 벼슬 차례. 차례. 실마리. 사다리. 길. 연고. 인연.
牌패 패 패. 간판. 방. 공을 새긴 패. 명찰. 부신(서로 맞추어서 증거로 삼던 물건). 부절(돌이나 대나무·옥 따위로 만들어 신표로 삼던 물건). 포고문.

탈북脫北과 망명亡命

　　세습 왕조 식의 공산독재. 이제 그런 형용을 머리에 이고 있는 나라는 북한뿐이다. 그 가혹한 왕조 식 전제에 시달리다 결국 그곳을 도망쳐 자유의 대한민국으로 향하는 사람들이 바로 탈북자脫北者다.

　　'탈북'이라는 단어는 근래에 만들어진 새 조어造語다. 글자 그대로 해석하면 '북한北을 빠져나오다脫'라는 뜻. 중국 정부는 2002년 경 제법 많은 탈북자들이 베이징北京 주재 외국 공관의 담을 넘는 사건이 벌어지자 이들에 대한 처리 문제를 심각하게 고민하기 시작했다.

　　그 초기의 중국 외교부는 '탈북자'라는 한국식 명칭을 그대로 따르지 않았다. '불법으로 (중국의) 국경을 넘은 사람'이라는 의미의 '不法越境者불법월경자' 등으로 호칭했다. 탈북자의 수가 많아지면서 그 중국식 명칭은 원래의 뜻에 가까운 '북한으로부터 도망친 사람'이라는 의미의 '逃北者도북자'로 바뀌었다. 이제는 '탈북자'라는 한국식 명칭도 혼용하고 있다.

　　탈북의 행위는 결국 '망명亡命'이다. 이 망명이라는 단어는 일차적 한자 의미만으로 볼 때는 이해가 쉽지 않다. '죽다' '사라지다' '없다'라는 뜻의 亡망이라는 글자에, 목숨을 의미하는 命명이라는 글자가 붙어 있

북한 젊은이와 아이들이 두만강에서 시간을 보내고 있다. 엄혹한 북한 체제에서 탈북, 망명을 시도하는 사람은 꾸준히 이어지고 있다.

기 때문이다. 목숨이 사라지다? 그냥 죽는 것? 죽은 목숨?…. 뭐, 이런 식의 의문이 이어질 수 있다.

중국 고전에 등장하는 이 '망명'이라는 단어의 뜻풀이는 대개 이렇다. 우선 앞의 亡망은 '빼내다' '없애다'의 의미, 뒤의 命명은 '이름' 또는 '호적'을 가리킨다. 따라서 이 단어의 뜻은 '(원래 살던 곳에서) 이름을 지우고 빠져나감'이다. 이 때문에 망명은 도망逃亡과 동의어에 해당한다는 것이다.

망명은 또 '죽음을 무릅쓰다'는 의미도 있다. '없다'라는 앞 글자의 새김, '목숨'이라는 뒤 글자의 의미를 직접적으로 사용한 경우다. 이

뜻은 다시 발전해 '목숨 걸고 덤비다'의 의미도 획득했다. 그러나 한국식 한자 사용은 '정치적인 동기 등에 따라 살던 곳을 빠져나와 다른 곳에 정착하는 사람'을 가리키는 경우가 대부분이다.

분단의 시린 아픔이 가장 깊이 배어있는 곳이 북한이다. 엄혹한 김씨 왕조의 세습체제가 범하고 있는 반反 인류적인 압제를 피해 그곳을 빠져나와 대한민국의 품으로 넘어오는 사람들이 늘 줄을 잇고 있다.

탈북에 성공했다가 중국 등 제 3국에서 붙잡혀 다시 북한으로 돌아가는 사람들의 소식이 가끔 우리를 슬프게 만든다. 밝은 곳으로 잠시 머리를 내밀었던 꽃이 어둠에 갇힐 때는 그저 근심이 깊어질 뿐이다. 어서 통일을 맞아야 탈북했다가 좌절한 사람들의 슬픔이 줄어들 텐데….

한자풀이

脫벗을 탈, 기뻐할 태 벗다. 벗어나다. 벗기다. 사면하다. 풀다. 나오다. 빠지다. 떨어지다. 거칠다. 소홀하다. 잃다. 혹시. 만일. 전부. 매우. 기뻐하다 (태).

北북녘 북, 달아날 배 북녘. 북쪽. 북쪽으로 가다. 달아나다. 도망치다 (배). 패하다 (배). 등지다. 저버리다 (배). 나누다. 분리하다 (배).

越넘을 월. 부들자리 활 넘다. 건너가다. 넘기다. 넘어가다. 초과하다. 지나다. 경과하다. 빼앗다. 멀다. (물정에) 어둡다. 어기다. 흐트러지다. 떨어뜨리다. 떨어지다. 드날리다.

亡망할 망. 없을 무 망하다. 멸하다. 멸망시키다. 도망하다. 달아나다. 잃다. 없어지다. 없애다. 죽다. 잊다. 업신여기다. 경멸하다. 죽은, 고인이 된 없다 (무).

命목숨 명 목숨. 생명. 수명. 운수. 운. 표적. 목표물. 명령. 분부. 성질. 천성. 말. 언약. 규정. 규칙.

현충顯忠

6월은 호국보훈의 달이다. 나라를 지키려고 목숨을 바쳤던 사람들을 기념하는 달이다. '현충顯忠'이라는 단어의 구조는 비교적 간단하다. 앞 글자 '현顯'은 무언가를 바깥으로 꺼내 남에게 내보인다는 뜻이다. 그래서 '밝다' '뚜렷하다'라는 형용의 새김도 얻는다. 아울러 출세한 사람, 또는 그 상태를 일컫기도 한다. 세속적인 성공을 거둠으로써 바깥으로 보여줄 만한 게 많을 테니, 자연스런 의미의 덧붙임이다. 거기다가 마지막으로 붙는 새김이 '돌아가신 분에 대한 존경'이다.

우선 '드러내다' '밝다'라는 새김으로 만드는 단어가 현저顯著, 명현明顯, 현시顯示 등이다. 둘, 또는 그 이상의 비교 대상이 서로 큰 차이를 드러내는 게 현저顯著, '뚜렷하다'라는 의미가 명현明顯, 목표나 명령 등을 명확하게 제시하는 일이 현시顯示다.

잘 나가는 고위 관료가 현관顯官, 출세한 사람의 상태가 현달顯達이다. 마지막으로 돌아가신 분에 대한 존경과 그리움을 표현할 때 쓰이는 단어가 현고顯考, 현비顯妣다. 각각 저승으로 떠나신 아버지와 어머니를 이른다. 제사를 지낼 때 자주 사용한다.

충忠은 어떨까. 이 새김의 의미는 잘 알려져 있다. 옛 왕조 시절 임

서울 동작동 국립묘지에 누워있는 호국영령들의 모습이다. 나라를 위해 목숨을 바친 그 영령들의 충정을 우리는 얼마나 기억하고 있을까.

금에게 바치는 충성忠誠의 의미가 일반적이다. 그러나 개인의 덕목으로 따질 때 이는 '거짓 없음', '최선을 다 함' 등이다. 사리사욕私利私慾을 없애고 남을 위해 정성을 다 바치는 행위나 마음가짐을 가리킨다. 그 의미의 갈래는 꽤 다양하지만 큰 맥락을 따지면 그렇다는 얘기다.

따라서 '현충顯忠'이라는 단어의 의미가 명백해진다. 국가와 사회를 위해 목숨 바친 사람忠들을 존경의 마음으로 기려서 드러내는顯 행위다. 매년 6월 6일 국립 현충원顯忠院에 들렀거나, 최소한 마음만이라도 그쪽으로 기울여 존경을 표하셨는지 모르겠다.

대한민국의 평화와 번영을 만든 수많은 충령忠靈들은 그렇게 현충원 마당에 말없이 누워 있는데, 요즘의 불충不忠은 너무 자주 눈에 띈다. 국가와 사회에 기여키는커녕, 그 구석구석을 좀먹는 벌레와 같은 사람들이 바로 그 '불충'이다. 사회를 좀먹는 공직자들의 부정과 비리, 돈을 빼돌리려는 가진 자들의 비겁한 행렬 등이 다 그에 속한다.

그런 현상을 보노라면, '충'이라는 게 결코 옛 사람만의 옛 덕목이 아니라는 생각이 든다. 현충의 달, 현충에 정성을 기울이자. 그리고 내가 남에게, 그리고 사회와 국가에 진심으로 다가서고 있는지 아닌지도 한 번 따져 보자.

한자풀이

顯 드러낼 현 나타나다. 드러나다. 뚜렷하다. 명확하다. 분명하다. 명백하다. 높다. 귀하다. 명성이 있다. 지위가 높다. 밝다. 돌아가신 부모.
妣 돌아가신 어머니 비 죽은 어머니. 어머니. 모친. 할머니.
達 통달할 달 통달하다. 통하다. 막힘이 없이 트이다. 이르다. 도달하다. 달하다. 환하게 알다. 전하다. 전달하다. 통용되다.

적반하장 賊反荷杖

멀리 돌아갈 것 없다. 이 '적'이라는 글자는 도적盜賊을 가리킨다. 남의 물건과 재산 등을 몰래 훔치거나 강제적으로 빼앗는 행위를 일삼는 사람이다. 이 도적은 몽둥이로 때려잡아야 하는데, 오히려 그 도적이 큰소리치며 몽둥이를 휘두르면 '적반하장賊反荷杖'이다. 도적놈賊이 오히려反 몽둥이杖를 들고荷 있음을 말하는 우리 성어다.

적반하장에 조응하는 중국 식 성어는 "도적놈이 '도둑 잡아라'고 소리를 치는" 경우다. 한자로는 '賊喊捉賊적함착적'이라고 적는다. 아무튼 동서고금을 막론하고 이런 경우는 자주 생겼던 모양이다. '방귀 뀐 놈이 성 낸다'는 순우리말 속담이 자주 쓰이는 세태가 그를 잘 말해준다.

이 도적놈의 '적賊'을 우리는 가끔 원수 또는 싸움의 상대를 일컫는 '적敵'과 혼동하는 경우가 있는데 원래 다른 새김이므로 주의할 필요가 있다. 도적의 '적賊'은 비슷한 새김의 한자가 꽤 많다. 우선 도적질은 물론이고 불법을 일삼는 사람들은 '비匪'라고 적는다. 이 두 글자를 합성하면 '비적匪賊'이다. 19세기 말 간도로 이주하는 조선의 사람들에게 행패를 일삼던 사람들이 '마적馬賊'인데, 원래는 '말을 훔치는 도둑'이었다가 나중에 '말을 타고 다니는 도적놈'이라는 뜻도 얻었다. 그

활동범위가 행적이 드문 산이라면 그 도적은 산적山賊이라고 부른다.

중국에서는 거주지 인근에서 활동하는 그런 강도와 도적들을 '土匪토비'로 적는다. 아주 널리 쓰는 단어다. 산에서 활동하는 도적, 즉 산적은 '山匪산비', 호수에서 노략질을 하면 '湖匪호비'라고 적는다. 어엿한 군대의 병사였다가 도적질로 직업을 바꾸면 '兵匪병비'로 적는다.

고려와 조선의 해안가를 침범했던 일본인을 우리는 왜구倭寇라고 부른다. 일본을 낮춰 부르는 '倭왜'라는 글자에 '도적놈'을 뜻하는 '寇구'라는 한자를 붙여 만든 단어다. 이 글자 역시 강도짓을 일삼는

훤하게 넓어 오히려 두려운 평원이다. 이런 외진 곳에 자주 출몰하면서 사람의 재산과 인명을 위협하는 존재가 도적이다. 유무형의 도적은 사회에 늘 넘친다.

사람들이다. 구적寇賊이라는 한자 단어가 그래서 나왔다.

우리 입말에서 늘 사용하는 "도적놈"은 분명한 욕이다. 야비한 짓을 일삼는 대상에게 늘 붙일 수 있는 말이다. 우리가 이 말을 자주 사용한다는 사실은 세상에 욕 얻어먹을 존재가 많다는 얘기다. 그래도 이 말이 우리 입에서 자주 나오지 않았으면 싶다. 그런 욕을 하지 않아도 좋은 세상이 빨리 찾아왔으면 싶은데, 그저 꿈일 뿐이어서 안타깝다.

한자풀이

賊 도적 적 도둑. 도둑질. 역적. 벌레 이름. 사악한. 나쁜. 도둑질하다. 해치다. 학대하다. 그르치다. 죽이다.
荷 멜 하. 꾸짖을 하. 짊어질 가 메다, 짊어지다. 부담하다. 책임지다. 담당하다. 꾸짖다. 따져 묻다. 은혜를 입다. 짐. 화물. 부담. 책임. 담당.
匪 비적 비. 나눌 분 비적. 도적. 대나무 상자. 문채. 채색. 아니다. 문채가 나다. 담다. 넣다. 나누다(분).
倭 왜나라 왜. 구불구불할 위. 나라 이름 와 왜나라. 일본. 구불구불하다(위). 삥 돌다(위). 유순하다(위). 아름다운 모양(위). 나라 이름(와).

동란動亂

우리가 잊을 수 없는 우리의 전쟁이 있다. 6.25전쟁이다. 1953년 체결한 정전협정(7월 27일)으로 총소리만 멎었지, 아직은 전쟁이 아주 끝난 것은 아니다. 우리는 당시의 전쟁을 평범하게 부르지 않는다. 김일성 군대의 남침으로 인해 발생한 거대한 소용돌이라는 의미에서 그를 '동란動亂' 혹은 '사변事變'으로 부른다.

이번 글의 주제는 '란亂'이라는 글자다. 원래는 아래 위의 두 손이 받침대에 있는 실絲을 만지고 있는 형상이라는 설명이 있다. 어쨌거나 이 글자는 '엉클어짐'이 기본적인 뜻이었고, 이에 따라 '혼란混亂', 한 걸음 더 나아가 전쟁 등을 가리키는 명사, 또 sex 등 남녀상열지사男女相悅之事에 빠져드는 음란淫亂함의 새김도 얻었다.

아쉽게도 '동란動亂'이라는 단어 조합의 출처는 분명치 않다. 보통 '亂란'이라는 글자 앞에는 그 혼란스러운 상황을 끌어들인 원인을 적는 게 보통이다. 전쟁으로 인한 혼란이면 전란戰亂, 역시 군사적인 움직임이 원인이면 병란兵亂, 왜적들이 일으켰다고 해서 왜란倭亂, 오랑캐가 쳐들어왔대서 호란胡亂 등이다. 따라서 '동란動亂'의 단어 조합은 썩 좋은 경우가 아니다.

일본식 단어 조합이라고 보이는데, 그럼에도 이 단어는 '전쟁이 일으
킨 거대한 혼란'이라는 말로 정착한 지 오래다. 이 '亂란'이라는 글자는
현대 우리말 속에서도 응용의 빈도가 높은 편이다. 검찰이 풍파를 일
으킨다고 해서 검란檢亂으로 적고, 외환위기가 초래한 상황을 환란換亂
이라고 표기한다.

마구 두드리는 퍼포먼스로 꽤 인기를 끈 작품이 난타亂打다. 말썽,
즉 소요騷擾를 일으켜 어지러운 상황으로 번지면 소란騷亂 또는 요란擾亂
이다. 우리는 "소(요)란을 떤다"면서 이런 행위를 비난한다. 분파적 행
동을 일삼아 평지풍파平地風波를 일으키면 분란紛亂이다. 이 모두가 두서
없이, 아무런 생각 없이, 또는 제 목적만을 달성하려 벌이는 '난동亂動'에

물결은 조용히 있으려 해도 바람 등이 닿아 늘 출렁인다. 엉클어진 상황을 일컫는 한자가 亂(란)이다.
우리 세상살이 자체가 그와 같다.

해당한다.

난동의 반대는 뭘까. 고요한 상태를 유지하는 일인데, 우리가 사람인 이상 움직이지 않을 수는 없다. 움직이면서도 평온함을 이어가는 일이 중요한데, 그런 의미에서 보자면 한자 단어로서 난동의 반대는 율동律動이다. 이는 일정한 박자와 멜로디에 따라 움직이는 일이다. 아울러 가시적이며 투명해 누구나 공감할 수 있는 율조律調에 따라 일을 벌이고 수습하는 방식이다.

우리 사회는 늘 시끄럽다. 바람 잘 날이 별로 없는 요란하고 소란한 사회다. 어지러이 나대는 난동이 쉴 새 없이 펼쳐지는 사회다. 가끔씩 질서정연한 율동의 모습도 보고 싶지만, 그게 여의치가 않다. 그 중에서도 정치적으로, 이념적으로 갈려 싸우는 싸움이 늘 소요를 일으킨다. 나무는 가만히 있으려 해도 바람이 늘 그치지 않으니…. 樹欲靜而風不止수욕정이풍부지라 했던가.

한자풀이

亂어지러울 란, 어지러울 난 어지럽다. 어지럽히다. 손상시키다. 다스리다. 음란하다. 간음하다. 무도하다. 포악하다. 물을 건너다. 가득 차다. 널리 퍼지다. 난리.
擾시끄러울 요, 움직일 우 시끄럽다. 흐려지다. 어지럽다. 길들이다. 탁해지다. 움직이다 (우).
騷떠들 소 떠들다. 떠들썩하다. 근심하다. 급하다. 쓸다. 말을 굵다. 긁어 주다. 비리다. 비린내가 나다. 떨다. 제거하다. 근심. 소동. 시문의 일종.
淫음란할 음, 장마 음, 요수 요, 강 이름 염 음란하다. 탐하다. 욕심내다. 과하다. 지나치다. 간사하다. 사악하다. 도리에 어긋나다. 어지럽다. 어지럽히다.

밀림密林

몇 년 전 누군가 쓴 글의 제목이 '박근혜와 시진핑의 밀통적신密通積信'이다. 중국인들이 보이는 습성, 또는 행위의 특성이 '밀통적신'이며, 이를 잘 이해해야 중국과 상호불신의 벽을 허물고 새로운 관계의 장을 열어갈 수 있으리라는 게 글의 취지다.

취지 자체는 나무랄 데가 없다. 단지 중국식 성어라고 필자가 소개한 '밀통적신密通積信'의 '밀통密通'이라는 단어를 해석하는 데 문제가 있느냐 없느냐를 따져보자는 생각이 든다. 글쓴이는 이를 '은밀히 통하다'로 쓰고 있다. 꼭 그렇지는 않은데, 그렇게 해석한 이유는 뭘까.

'密밀'이라는 글자는 산중의 숨어 있는 곳, 몰래 감추는 곳이라는 원래의 뜻에서 '빽빽하다' '조밀稠密하다'의 뜻을 거쳐 '가깝다' '은밀하다'의 뜻 등을 얻는다. '密通밀통'에 '믿음을 쌓다'는 뜻의 '積信적신'을 붙인 이 말은 사실 족보가 뚜렷하지 않다. 그런 성어를 검색해도 나오지 않을뿐더러, '밀통密通'이라는 단어의 어원조차도 분명치 않다. 따라서 성어 식 단어 구성이지, 그 자체가 성어라고 볼 수는 없다. 아울러 현대 중국에서도 잘 쓰지 않는 표현이다.

그럼에도 '밀통密通'을 굳이 해석해 보자면, '은밀히 통하다' '자주

빽빽하게 나무가 우거진 숲속을 사람들이 걷고 있다. 이런 울창한 숲을 우리는 밀림(密林)으로 적는다.

(소)통하다'의 둘이다. 우리는 이 둘 중에서 어느 쪽을 고르는 게 옳을
까. 은밀히 통해야 서로 믿음을 쌓을 수 있다? 뭔가 번지가 틀렸다는
생각을 지울 수 없다. 뒤의 것이 더 낫다. '자주 소통해야 믿음이 생긴
다'. 훨씬 자연스럽다는 느낌을 준다. 아울러 '通통'이라는 글자는 어느
경우에는 쓰임새가 불량할 때가 있다. 통정通情, 통간通姦의 단어 예에서
보듯이 남녀 사이의 불륜을 이야기할 때 자주 등장한다.

　중국인이 한중 관계의 획기적 개선을 염두에 두고 있는 한국의
박근혜 대통령에게 이 말을 전한 것이라면, '빈번한 소통'의 중요성을
이야기한 내용이리라. 그러나 글을 썼던 이는 '은밀함'에 무게를 더하

고 있다. 그런 '은밀함'은 오해의 여지가 있는 '通통'이라는 글자와 만나면 아주 이상한 화학적 결합을 할 수 있다. 따라서 앞의 '密밀'을 달리 해석하는 게 옳다. '자주' '빈번히'라는 부사적 용법이다.

그 '密밀'이 눈물겹게, 그리고 거룩하게 쓰인 시가 있어서 여기에 옮긴다. 당나라 시인 맹교孟郊의 「유자음遊子吟」이다. '유자遊子'는 길을 떠나는 아들, 길을 떠도는 아들, 또는 흔히 우리가 쓰는 '탕자蕩子' '탕아蕩兒'다. 그 아들이 길을 떠날 때의 정경이다.

慈母手中線, 遊子身上衣
臨行密密縫, 意恐遲遲歸
誰言寸草心, 報得三春暉

자애로운 어머니 손에는 실,
떠나는 아들 몸에 걸친 옷.
길을 나설 때 촘촘히 꿰맵니다,
늦게 돌아올까 걱정하면서…
누가 말했나, 풀잎 같은 마음이
봄날 햇볕의 큰 은덕을 갚는다고.

은밀함만을 사랑하지 말자. 한자 '密밀'에는 그 말고도 빽빽함, 촘촘함, 자주, 빈번히 등의 뜻도 있다. 나무 가득한 곳을 밀림密林이라고 하지 않던가. 맹교의 '유자음'에는 그 촘촘하게 바늘땀을 놓는 어머니의 정성과 거룩함이 들어 있다.

한중 관계도 마찬가지다. 우리가 정성으로, 견고한 노력으로 중국을 설득해 한반도 평화안정의 기반을 다지는 게 중요하다. 작은 길, 소로小路로 우회하는 은밀함도 때론 필요하지만 큰 길에 떳떳하게 나서 광명정대光明正大함으로 한반도의 평화와 번영, 그리고 중국과의 새로운 동북아 시대 창출에 나서는 게 바람직하다.

한자풀이

密빽빽할 밀 빽빽하다. 촘촘하다. 빈틈없다. 착 붙다. 자세하다. 꼼꼼하다. 가깝다. 가까이하다.

通통할 통 통하다. 내왕하다. 알리다. 알다. 정을 통하다. 편지 따위를 세는 단위.

積쌓을 적 쌓다. 원래는 곡식 등을 쌓아놓은 경우를 가리켰다. 축적(蓄積)이 대표적인 경우다. 성적(成績)을 쓸 때는 옷감 등을 짜는 '길쌈'의 '績'을 쓴다는 점에 유의하자. 자주 틀리는 한자다.

信믿을 신 믿다. 신임하다. 맡기다. 신봉하다. 성실하다. ~에 맡기다.

용퇴勇退

중국 춘추시대 월越나라 구천勾踐을 도와 오吳를 꺾는 데 성공한 사람의 하나가 범려范蠡 BC536~BC448 추정다. 그는 중국 역사의 무대에 등장하는 숱한 인물 중에서도 지혜가 매우 뛰어난 사람으로 꼽힌다. 그런 그가 월나라 왕 구천과 함께 오나라를 제압했을 때 보인 행동이 이채롭다.

그는 숨어 지내는 길을 택했다. 오나라를 무찌르는 과정에서 그의 역할은 결정적이었다. 따라서 일등공신의 자리는 당연히 그의 몫이었다. 그럼에도 그는 자신이 사랑한 여인 서시西施와 함께 강호江湖로 숨어들어 이름을 바꾼 뒤 상인으로서 거대한 부를 쌓았다.

그는 구천의 사람됨을 믿지 못했다. 함께 어려운 시절을 겪을 수는 있으나 성공을 거둔 뒤에 그를 함께 즐길 수 있는 인물이 아니라는 점을 간파했다. 그래서 그는 달콤한 유혹을 모두 끊고 강호에 몸을 맡긴다. 그런 그의 행동을 두고 중국인들은 거센 물길에서 용감하게 물러난다는 뜻의 '급류용퇴急流勇退 혹은 激流勇退'라는 표현을 쓴다.

그냥 물러나면 물러나는 것인데, 왜 하필이면 용기라는 의미의 '용勇'을 붙였을까. 그 용의 본질은 '과단果斷'에 있다. 이 과단이 무엇인

급류에 맞서다가 과감하게 물러나는 일을 용퇴(勇退)라고 했다. 때로는 나아가는 것보다 물러서는 행위를 더 중요하게 다룰 필요가 있다.

가. 열매를 뜻하는 果과와 단호히 끊는다는 뜻의 斷단이 붙었다. 앞의 果과는 '열매' '과실'의 새김에서 발전해 '단단하게 맺어진 상태'의 의미까지 얻은 것으로 보인다. 따라서 '果斷과단'은 '과감하게 끊어 버리다'의 뜻이다.

사실 물러나는 일이 더 어렵다. 오욕칠정五慾七情의 감성체인 사람은 그로부터 다시 번지는 수많은 욕망에 눈과 마음이 쉽게 어두워진다. 따라서 그런 욕망을 끊는 것은 아무나 할 수 있는 일이 아니다. 그러니 물러남에 용기가 필요하다는 뜻에서 굳이 '勇退용퇴'라고 적었을 테다.

나아가고 물러남은 모두 용기를 필요로 한다. 그 때를 맞추지 못하면 실패한다. 몸은 몸대로 망가지고, 이름은 이름대로 무너진다. 중국에서는 이를 '身敗名裂신패명렬'이라고 적는다. 늑대가 웅크렸던 자리처럼 이름이 볼썽사납게 망가진다는 뜻에서 '聲名狼藉성명낭자'라고 표현키도 하며, 냄새나는 이름이 멀리 퍼진다고 해서 '臭名遠揚취명원양'이라고도 적는다.

늘 자리에 연연하며 때에 맞춰 물러서지 못하는 사람들이 눈에 띈다. 현세의 권력과 돈맛에 취해 때를 놓쳐 마땅히 물러날 시기에 그 자리에서 비켜서지 못하면 닥치는 것은 망신이기 쉽다. 그러나 그런 때를 알고 용감하게 자리에서 물러나는 일 또한 말처럼 쉽지 않다.

세속에서의 성공을 위해 나름대로 분투해 자리에 오르는 일 또한 '勇용'이라 할 수 있다. 그러나 거기까지는 작은 용기, 즉 '소용小勇'이리라. 제 명예를 옳게 지키려 욕망을 잠재우고 자리에서 물러서는 일은 큰 용기, '대용大勇'이다. 따라서 '용퇴勇退'라는 낱말이 주는 울림을 우리는 늘 생각해 볼 필요가 있다.

한자풀이

急급할 급 급하다, 빠르다, 재촉하다 등의 새김이다. 급행(急行)은 자주 쓰는 단어. 급절(急切)이라고 적으면 급하고 절박한 상황을 뜻한다.

流흐를 류 물길의 흐름을 지칭한다. 퍼지다, 번지다, 전해지다 등의 뜻도 있다.

果열매 과 식물이 맺는 열매의 뜻. 단단하게 굳어지는 상황을 의미해 과감(果敢)이라는 뜻도 얻었다. '과연 그럴까?'의 과연(果然)이라는 새김도 있다.

斷끊을 단 결단(決斷)이라는 단어가 자주 쓰인다. '단호(斷乎)함'은 확실하게 끊는 동작의 형용.

勇용기 용 두려움이 적은 사람에게 따라붙는 글자다. 과감하며 주저하지 않으며, 주눅이 들지 않는 사람의 성격.

急流勇退급류용퇴 거센 물길 앞에서 용기 있게 물러나는 일. 중국 성어지만, 우리말에서도 쓰인다.

臭냄새 취 맡을 후 보통은 나쁜 냄새다. 구린내 정도로 이해하면 좋다.

초草

당唐나라 때의 스타 시인 백거이白居易가 풀을 소재로 다룬 작품이 있다. 그가 젊었을 적 과거를 보러 수도 장안에 들렀을 때 이름 높은 한 시인에게 자신의 시재詩才를 선보이기 위해 건넨 작품이었다. 그 앞부분은 이렇다.

離離原上草, 一歲一枯榮。
野火燒不盡, 春風吹又生。

번역하자면 이렇다.

들판 가득 자란 풀, 세월 따라 자랐다가 사라지지.
벌판을 휩쓰는 불길도 그를 없애지 못하지, 봄바람 불면 또 자라날 테니.

한국의 시인 김수영도 같은 감회를 지니고 있다. 그가 1968년에 발표한 시 「풀」의 앞 내용은 이렇다.

풀이 눕는다

비를 몰아오는 동풍에 나부껴

드디어 울었다

날이 흐려서 더 울다가

다시 누웠다

풀이 눕는다

바람보다도 더 빨리 눕는다

바람보다도 더 빨리 울고

바람보다 먼저 일어난다

들판에 자라난 풀들이 생명력을 뽐내고 있다. 풀은 땅 위 뭇 생명들의 토대이자 생태의 기초라고도 할 수 있다.
그런 기초를 중시하지 않아 생기는 일이 이 사회에 적지 않다.

백거이의 시야에 들어온 풀은 그렇게 가장 약하면서도 가장 강하다. 들판을 모두 태우는 불, 요원지화燎原之火의 맹렬함에 풀은 먼저 사라지지만 이듬해 봄이면 그 따사로움을 좇아 가장 먼저 생명의 시작을 알린다. 한국 시인 김수영의 작품에서도 거의 비슷하게 등장한다. 풀의 이미지는 그렇듯 이중적이다. 변변치 않아 보이는 모습 속에 숨어 있는 강력한 생명력, 굳이 다듬자면 '시원始原의 지평'이다.

그래서 풀을 뜻하는 한자 '草초'는 사물의 근원이자 시작이라는 의미와 함께 변변치 않은 것, 정교함을 결여한 엉터리 상태라는 이중적인 의미를 모두 지닌다. 막 걸음마를 뗀 뒤 무엇인가를 시작하는 단계가 '초창草創'이다. 문장을 쓸 때 먼저 만든 그 바탕을 초고草稿라고 부르고, 계획의 토대로 만든 것을 초안草案이라고 적는다. 사료史料의 처음 원고를 사초史草라고 적는 이유다.

변변찮고 하찮다는 의미로 적는 단어도 많다. 정교하게 다듬지 않는 일을 초략草略, 진중하지 못하게 일을 대충 마무리하면 초솔草率로 적는다. 붓글씨체 중 흘림체로 적은 것을 초서草書라고 부르는 것도 마찬가지 이유다. '목숨을 초개처럼 버리다'의 '초개草芥'도 같은 의미다.

생태계의 바탕을 이루는 풀, 어디를 봐도 눈에 보여 흔하디흔한 풀. 이 두 흐름의 의미로 다가서는 게 草초라는 글자다. 그러나 이를 하찮게만 여길 때 늘 문제가 도진다. 대한민국의 매우 중요한 역사 자료, 즉 사초史草가 사라졌던 경우도 종종 있기 때문이다.

역사를 제대로 적지 못하고, 세우지 못하면 나라의 근간은 망가진다. 사초를 잃음은 역사의 저본底本을 거리의 하찮은 풀처럼 홀대하는 경우다. 생태계의 바탕 자원인 풀의 중요성을 간과한 태도이니 그 위에 존재하는 다른 생명들 또한 온전할까.

한자풀이 ──────────────────────────────────

離떠날 리, 떠날 이, 붙을 려, 붙을 여, 교룡 치 떠나다. 떼어놓다. 떨어지다. 갈라지다. 흩어지다. 분산하다. 가르다. 분할하다. 늘어놓다. 만나다. 맞부딪다. 잃다. 버리다. 지나다. 겪다. 근심.
枯마를 고 마르다. 시들다. 말리다. 약해지다. 쇠하다. 야위다. 텅 비다. 효시하다. 마른나무. 해골.
榮영화 영, 꽃 영 영화. 영예. 영광. 명예. 피, 혈액. 꽃. 영광스럽다. 영예롭다. 성하다. 무성하다.
草풀 초 풀. 거친 풀, 잡초. 황야. 풀숲. 초원. 시초. 초고. 초안. 초서. 암컷. 풀을 베다. 시작하다. 창조하다.
芥겨자 개, 작은 풀 갈 겨자. 갓. 티끌. 흙덩이. 하찮은 사물. 작다. 자잘하다. 작은 풀 (갈).

쥐鼠

이 한여름, 갑자기 쥐에 관한 잡념이 떠오른다. 쥐를 모르는 사람이 어디 있을까. 과거 농사를 천업天業으로 삼던 왕조 시절의 동양에서는 쥐가 절대적인 혐오 동물이었다. 힘들여 생산한 곡식을 훔쳐 먹는 얄미운 동물이었기 때문이다.

"태산이 짜르르 울릴 정도로 소란스러운가 싶었는데, 쥐 한 마리가 지나가더라"는 '태산명동에 서일필泰山鳴動, 鼠一匹'이라는 속담도 쥐에 관한 왠지 모를 노여움을 담고 있다. 그런 정서는 우리보다 중국이 훨씬 더하다.

물산이 풍부해 파라다이스와 같다고 해서 '천부지국天府之國'이라 적었던 지금의 중국 쓰촨四川에서는 쥐를 '하오쯔耗子'라고 불렀다. 무엇인가를 반드시 '축내는耗 우리 발음 모, 消耗(소모)'라는 단어 참조 놈'이라는 뜻이다.

그 쥐에 관한 쓰촨 지역의 수많은 연상 중 중국 현대 개혁개방과 이어진 말이 덩샤오핑鄧小平의 '흑묘백묘黑猫白猫론'이다. "검은 고양이든, 하얀 고양이든 쥐만 잘 잡으면 좋은 고양이"라는 이 말에는 사회주의든 자본주의든 우리를 잘 살게 만드는 틀이 중요하다는 덩샤오핑의 실용적 사고가 담겨 있다. 그러나 그 배경에는 역시 쥐를 바라보는 중국인의 뿌리 깊은 혐오감이 숨어 있기도 하다.

밉고 조잡하거나, 음지만 떠돌며 나쁜 꾀를 내는 사람에 관한 형용에서도 흔히 쥐가 등장한다. 서목鼠目이나 서안鼠眼은 쥐의 눈 모양새를 일컫는 한자 단어다. 이리저리 눈치만 살피다가 남의 것을 훔쳐 먹는 쥐의 행태를 사람의 행위에 덧붙여 비꼬는 말이다. 서담鼠膽이라고 적으면 쥐처럼 한껏 눈치만 살피면서 통 크게 나서지 못하는 사람의 형용이다.

성호사서城狐社鼠라는 한자 성어가 있다. 나라를 지키는 성채 안에 숨어든 여우, 나라의 기틀을 상징하는 사직社稷에 자리를 튼 쥐를 가리킨다. 튼튼한 성벽 틈 안에 굴을 파서 여우 등이 생활하면 성벽은 곧 무너질 수 있다. 사직에 숨은 쥐도 마찬가지다. 쥐들이 번성하면 나라의 견고한 사직도 흔들거린다.

성채는 나라 안보의 초석이고, 사직은 민생의 토대를 이루는 정부의 기능을 의미한다고 볼 수 있다. 그 사직社稷에 숨어든 쥐들이 늘 말썽이다. 국가의 부처나 각 기관에 숨어 있으면서 부정과 비리를 저지르는 사람들 말이다. 이들은 부지런히 검찰에 출입해 카메라 플래시를 받고는 한다.

성채가 허물어지는 것도 문제지만, 나라의 운영을 책임진 공직자들의 부패와 비리가 항상 끊이지 않아 걱정이다. 우리는 이제 그런 '사람 쥐'에 대한 혐오를 감추기 힘든 상황이다. 쥐가 옮기는 전염병의 파괴력은 매우 크다. 페스트라고 불렸던 흑사병黑死病은 쥐가 유럽의 근간을 흔들었던 대표적 사례다. 오죽하면 쥐로 인해 생기는 유행병이라는 '서역鼠疫'이라는 단어가 생겼을까.

　때리면 잠시 숨어들었다가 곧 다시 나타나는 쥐처럼 적지 않은 공직자들이 그런 모습으로 우리 사회에 출몰한다. 그들로 인해 사직의 견고함이 흔들려, 마침내 쥐가 옮기는 대형의 역병疫病으로 번질까 늘 근심이다.

한자풀이

鼠 쥐 서 쥐. 좀도둑. 병 이름. 임파선 결핵. 간신의 비유. 근심하다. 걱정하다.

耗 소모할 모 소식 모 소모하다. 쓰다. 소비하다. 없애다. 흉년 들다. 덜다. 어지럽다. 비다. 공허하다. 척박하다. 해치다.

猫 고양이 묘 고양이. 살쾡이. 삵. 묘족(苗族).

社 모일 사. 토지신 사 모이다. 제사 지내다. 땅 귀신. 토지신. 단체. 모임. 사창(社倉: 각 고을의 환곡(還穀)을 저장하여 두던 곳집). 사학(社學). 행정 단위. 어머니.

稷 피 직 피(볏과의 한해살이풀), 기장(볏과의 한해살이풀). 곡신(오곡의 신). 농관(農官). 빠르다. 삼가다. 합하다. (해가)기울다.

疫 전염병 역 전염병. 돌림병. 역귀.

노익장 老益壯

눈이 침침해지고, 이빨이 어느덧 흔들린다. 기미가 생겨나며, 얼굴에는 주름이 접힌다. 이런 현상이 내게 일어난다면? 바로 나이를 꽤 많이 먹었다는 얘기다. 10년을 단위로 연령年齡에 관해 매긴 호칭이 거저 생긴 것은 아니다.

나이 삼십에 이립而立하고, 사십에 불혹不惑이다. 오십은 지천명知天命이고, 육십이면 이순耳順이다. 서른에 뜻을 세우고, 마흔에는 아무 것에나 끌리지 않으며, 쉰이면 제가 할 수 있는 것과 할 수 없는 것을 구분할 줄 안다. 예순이면 같잖은 의견이라도 흘려들을 줄 아는 여유를 지닌다.

그럼에도 나이를 먹으면서도 생물적 연령을 거스르는 사람들이 많으니, 우리는 한자로 그를 노익장老益壯이라 표현한다. 문물의 수준이 여러모로 뒤떨어졌던 과거에는 이런 노익장이 꽤 드문 존재였다. 그러니 요즘엔 사정이 다르다. 라식 등 각종 안과 수술에, 철심을 넣고 받치는 임플란트, 첨단 레이저로 지져 없애는 수술 등이 선을 보인다. 이로써 눈 침침, 이빨 흔들, 주름 첩첩은 다 아스라이 스러져간 옛날의 그 무엇에 불과하다.

나이 지긋한 이가 훌라후프를 몸에 걸고 젊음을 과시한다. 그러나 노익장은 몸보다 마음을 염두에 둔
충고에 가깝다. 나이 들수록 더 굳세게, 꿋꿋한 마음가짐을 다지라는 취지다.

이 노익장을 낳은 고사 속의 주인공은 마원馬援이라는 인물이다. 동
한東漢의 명장이니 지금으로부터 약 2000년 전 사람이다. 매우 뛰어난
전투력으로 반평생을 변경의 전쟁터에서 보냈으니 훌륭한 장수였음에는
틀림없다. 그를 표현하는 말이었을까. 『후한서後漢書』에는 "궁핍할수록
더욱 견고해지며, 나이 먹을수록 더욱 강해져야 한다"는 말이 나온다.

한자로 적으면 '窮當益堅궁당익견, 老當益壯노당익장'이다. 우리가 흔히
잘 쓰는 '노익장'이라는 단어의 원전인 셈인데, 뜻은 조금 다르다. 우
리가 사용하는 '노익장'은 나이 들어서도 왕성한 능력과 자태를 뽐내
는 사람에게 쓰는 찬사讚辭에 가깝다. 그러나 원래의 뜻은 궁핍한窮 상
황에 놓이더라도 마땅히當 더욱益 단단해지고堅, 나이 들어서도老 마땅

히뿔 더益 왕성하게(또는 젊게)壯 가다듬어야 한다는 뜻이다.

이 두 마디 앞에는 '丈夫爲志장부위지'라는 말이 있어, "사내가 뜻을 다짐에 있어서는…"이라는 전제前提가 등장한다. 따라서 '노익장老益壯'의 원전이 품은 의미는 바로 '마음가짐'에 관한 '권유'다. 늙더라도 마음만은 젊게 유지하라는 뜻인데, 혹여 그를 곡해해 젊은 사람들이 올라서야 할 '현직'에 지나치게 욕심을 낼 필요는 없다.

나이 들어 늙어감에는 나름대로의 처연悽然한 미학이 있다. 부풀렸던 욕심을 줄이고, 벌렸던 관심사를 줄인다. 부귀와 명예를 멀리하며, 한곳에 오로지함으로써 깊이를 지닌다. 단단한 결실結實로 원숙圓熟을 선보이고, 이로써 그 씨앗을 남과 나누면 그만이다.

가끔 권력 핵심이나 국가 주요 자리에 70세를 훌쩍 넘긴 고령의 인사가 올라서는 일이 있어 화제다. 그런 경우에 따르는 말이 '노익장'이다. 그러나 원래 이 말의 새김은 마음가짐에 관한 권유였음을 잊지 말자. 노령에 중요한 공직에 나서는 일은 신중을 기해야 할 일이다.

한자풀이

惑미혹할 혹 미혹하다. 미혹케 하다. 현혹시키다. 의심하다. 의아스럽게 여기다. 미혹, 의혹, 현혹. 번뇌.
益더할 익, 넘친 일 더하다. 이롭다, 유익하다. 돕다. 보조하다. 많다. 넉넉해지다. 풍부해지다. 진보하다. 향상되다. 상으로 주다. 가로막다. 이익.
窮다할 궁, 궁할 궁 다하다. 극에 달하다. 마치다. 중단하다. 궁하다, 궁하게 하다. 가난하다. 이치에 닿지 아니하다. 외지다, 궁벽하다. 작다. 좁다.
堅굳을 견 굳다. 굳어지다. 굳게 하다. 단단하게 하다. 굳세다. 강하다. 변하지 아니하다. 갑옷, 갑주. 굳게, 튼튼하게
壯장할 장 장하다. 굳세다. 기상이 훌륭하다. 씩씩하다. 크다. 기세가 좋다. 젊다. 견고하다. 웅장하다. 단단하다. 성하다.

교정校正

쓰인 글에 잘못이 있느냐 없느냐를 따지는 일이 바로 교정校正이다. 글자 '校교'에 그런 행위를 가리키는 새김이 있고, 그 결과로 나타나는 게 '바로잡다'의 의미를 지닌 '정正'이다. 그러나 이 단어의 뿌리를 좇아 올라가면 우리는 이상한 글자와 마주친다. 바로 원수怨讐를 뜻하는 '讐수, 또는 讎라고도 쓴다'라는 글자다.

교정이라는 글다듬기 작업과 '원수'는 도대체 어떻게 어울릴까. 과거 중국에서는 글 교정 작업을 수서讐書라고 적었다. 교정을 맡은 사람 둘이서 서로 마주 보며 앉아 한 사람은 읽고 한 사람은 내용을 보면서 치밀하게 글을 다듬는 작업이었다. 원래 그 뜻에서 출발한 '讐수'라는 한자는 글을 다듬는 두 사람의 태도가 마치 적을 대하듯 심각하게 다투는 모습을 닮았다는 이유로 '원수'의 의미를 얻었다고 한다.

종이를 발명하기 이전에는 대나무 등을 쪼개 만든 죽간竹簡이나 얇은 비단 등에 글을 썼고, 다시 그 내용을 다른 죽간이나 비단 등에 옮겼다. 그런 작업을 수행하는 사람들이었으니 한 글자 한 글자를 다루는 신중함이 대단했으리라. 따라서 한 글자에 쏟아 붓는 주의력과 그로부터 나오는 스트레스는 현대의 우리가 감당하기 어려운 수준이었을 것이다.

그래서 나온 단어가 수교讐校 또는 교수校讐다. 아울러 교서校書, 두 사람이 마주 앉아 글을 다듬는 다고 해서 대서對書 또는 대교對校라는 단어도 나왔다. 교감校勘과 교열校閱이라는 단어도 마찬가지다. 이 모두 정확하며 그르침이 없는 결과를 얻기 위한 치열한 노력의 과정이다.

교정 작업을 묘사한 옛 중국 도용(陶俑)의 모습이다. 글을 고치면서 검토하는 모습이 마치 원수 대하듯이 한다는 뜻에서 교수(校讐)라고도 했다.

종이가 세상에 선을 보여 글 쓰고 다듬는 과정이 좀 나아졌겠으나 교정에 관한 노력은 여전했을 법. 그러나 컴퓨터가 등장하면서 글을 만지고 다듬는 과정은 매우 수월해졌다. 컴퓨터 자판을 두드리다가 틀리면 지우개나 뭐 그런 것 없이도 그냥 지우고 다시 쓰면 그만이니까 말이다.

가끔 청와대와 정부가 발표하는 정책에 심각한 문제가 드러나는 경우를 본다. 민심의 반발은 전혀 생각지 않고 서둘러 정책 등을 발표했다가 여론의 질타에 밀려 입장을 바꾸는 경우가 한두 번이 아니다. 물론 글 다듬는 작업은 아니겠으나, 막바지에 그를 세심하게 따져보는 '내용의 교정'에서는 실패했기 때문이다.

얼굴을 붉혀가면서 원수를 대하듯 글을 다듬고 다듬었던 옛 동양의 교정자들로부터 정부 당국자들은 아무래도 크게 배워야 할 듯하다. 국민을 상대로 내놓는 정책의 무게에 비춰 그를 다듬고 고치며, 마지막 순간까지 검토하고 또 검토하는 치열함은 어디에도 잘 보이지 않기 때문이다.

한자풀이

校 학교 교 학교, 장교, 부대, 군영, 울타리, 바자울, 바자로 만든 울타리, 차꼬, 형구(刑具)의 총칭, 다리, 헤아리다, 따져보다.

讐 원수 수 원수, 동류, 대답하다, 갚다, 맞다, 바로잡다, 합당하다, 자주, 빈번히.

청문聽聞

들고 보는 행위를 한자로 표현하면 시청視聽이다. 같은 의미의 또 다른 한자 단어는 견문見聞이다. 둘 모두 듣고 보는 동작을 일컫는 한자 단어다. 그러나 고대 전적典籍이 가리키는 새김에 있어서는 조금 차이가 있다. 앞에 나오는 '시청視聽'은 듣고 보는 동작에 관한 직접적 표현이다. 뒤의 '견문見聞'은 듣고 보는 '시청'으로부터 무엇인가를 얻는 행위에 관한 표현이다.

예를 들자면 그저 보고 듣기만 할 뿐 그 정보의 의미 등을 제대로 받아들이지 않는 경우가 있다. 건성으로 보고 듣는다는 얘기다. 이럴 때 쓰는 성어가 '시이불견視而不見, 청이불문聽而不聞'이다. 보되視而 제대로 안 보며不見, 들되聽而 제대로 듣지 않는不聞 사람의 태도를 이르는 말이다. 따라서 단순히 보고 듣는 동작 '시청'은 제대로 보고 듣는 '견문'과 나소 차이가 있다.

유교의 경전인 『예기禮記』의 해석에 따르자면 그렇다. 조금 더 부연할 필요가 있다. 보고 듣는 행위는 결국 올바른 지식을 쌓기 위함이다. 그러나 마음속에 분노가 있거나, 좋고 싫음 또는 걱정과 근심, 나아가 두려움 등이 있으면 그에 이르지 못한다. 감각기관의 기능만 작

태양빛이 구름에 가려 일부만 내리 쬐인다. 사람 불러놓고 제대로 듣지 않는 우리 국회의 청문회와 닮았다. 보고 듣는 동작이 진정한 이해와 배움에 닿지 않는 경우다.

동할 뿐 진정한 보고 들음으로는 이어지지 않는다.

　제대로 보고 듣는 '견문見聞'이라는 단어가 한편으로는 '옳게 쌓은 지식'이라는 의미를 획득하는 이유다. 그러니 『예기』의 해석에 따른다면 건성으로, 때로는 제 이익만을 위해 바른 태도를 지니지 않고 보고 듣는 일이 '시청'이다. 그 안에 무엇이 담겼는지를 정확하게 파악하기 위해 진지하게 상대를 관찰하고 그 소리에 귀를 기울임이 '견문'이다.

　매번 변죽만 요란하게 울리다가 흐지부지 끝을 맺는 대한민국 여의도 국회의 청문회를 떠올린다. 큰 이슈로 떠오른 사안이나 사건 등을 두고 벌인 국정조사 청문회도 늘 같은 꼴의 무기력한 반복이다. 사람 불러다 놓고 제 당파적 입장에 따라 열심히 보고 듣는 척 했지만, 역시 실체적 진실에 전혀 다가서지 못할 때가 많다.

제대로 듣겠다고 한자리에 모인다 해서 붙인 이름이 청문회聽聞會겠으나, 이럴 바에는 이름을 바꾸는 게 좋겠다. 듣되 제대로 듣지 못하는 모임, '청이불문회聽而不聞會'가 어떨까. 조금 길어 외우기 어렵다면, 듣고서도 오히려 귀먹는다는 의미로 '청롱회聽聾會'는 어떨까. 아무튼 수준을 크게 높여야 할 곳이 대한민국 국회다.

한자풀이

視 볼 시 보다. 엿보다. 보이다. 간주하다. 맡아보다. 본받다. 성(姓)의 하나.

見 볼 견. 뵈올 현 보다. 보이다. 당하다. 견해. 뵙다(현). 나타나다(현). 드러나다(현). 보이다(현). 소개하다(현). 만나다(현). 현재(현). 지금(현).

聞 들을 문 듣다. 들리다. 알다. 깨우치다. 소문나다. 알려지다. 냄새를 맡다. 방문하다. 소식을 전하다. 묻다. 질문하다. 아뢰다. 알리다. 틈을 타다.

聾 귀먹을 롱. 귀먹을 농 귀먹다. 캄캄하다. 어리석다. 무지하다. 우매하다. 귀머거리.

한선寒蟬

'차가워진 날寒의 매미蟬'라는 뜻이다. 만물의 기운이 왕성하게 자라나는 여름을 역시 왕성한 울음소리로 채우는 녀석이 매미인데, 놈들은 공기가 차가워지는 가을 무렵이면 울음소리가 완연하게 줄어든다. 어쩌면 가을은 이 매미들의 소리와 함께 오는지 모른다.

요즘 가을이 길에 밟히기 시작한다. 처서가 지나면서 먼 하늘 자락을 떠돌기만 하던 가을의 기운이 엊그제 대지를 적신 비를 따라 길에 내려앉은 뒤 그 위를 부지런히 다니는 사람들의 발아래 조용히 몸을 묻는다.

더위 지나면 차가움이 온다고 했다. 한자로 적으면 서왕한래暑往寒來, 또는 한래서왕寒來暑往이다. 더위가 가서 추위가 오는 것인지, 아니면 추위가 다가와 더위가 몸을 비키는 것인지는 알아서 판단할 일이다. 가는 것이 있으면 앞에서 다가오는 그 무엇이 있다. 세상은 오고 가는 것의 갈마듦이라는 현상의 연속이다.

매미라는 녀석은 추위에 닿아서야 그 왕성했던 여름날의 울음소리를 멈춘다. 더위에 잠 못 들었던 그 많은 여름날의 밤, 사람의 원성을 제법 받았을 매미는 가을에 들어서면서 울음소리를 줄이다가 마침내

여름의 손님, 제비들이 다가오는 가을을 바라보는 듯하다. 매미는 가을의 찬 기운이 닥치면 울음을 멈춘다. 어쩌면 사람보다 현명할지도 모른다.

쓸쓸함의 정조情調까지 읊조린다.

　울음을 멈추면 '차가운 날의 매미가 입을 굳게 닫는다'는 뜻의 성어를 쓴다. 噤若寒蟬금약한선이다. 입 닫는噤 모습이 마치若 차가운 날의 매미寒蟬 같다는 뜻이다. 그 울음소리가 쓸쓸하게 들리는 것은 寒蟬凄切한선처절이다. 매미의 울음소리가 처량하고 슬프게凄切 귀에 들어온다는 뜻이다.

　이런 매미에 사람들의 엉뚱한 오해가 닥친다. 차가워진 날 울음을 멈추는 매미가 '마땅히 해야 할 말을 하지도 못하고 비겁하게 입을 닫는 사람'을 풍자하는 데 쓰이기 때문이다. 차가운 계절이 품은 자연의 섭리를 깨닫고 제 울음소리를 낮춘 매미로서는 억울할 수도 있는 일이다. 가을은 밖으로 번짐보다는 안으로 끌어들임의 계절이다. 곡식과 과일은 가을이 오면 성장의 기운을 멈추고 안으로 더 내밀하게 자신을 숙성시킨다. 그런 점에서 가을은 수렴收斂의 계절이다.

매미가 외려 현명할지 모른다. 안으로 착실하게 거두면서 다가올 추위에 대비하는 모습이 미물微物로 치부하기에는 어딘가 섭섭하다. 사시사철 늘 다툼에 골몰해 소란스러운 우리 사회의 구성원들은 가을에 울음 멈추는 매미를 깔보지 말자. 안으로 거둬들여 무엇인가를 숙성시키거나 대비하는 자세를 그로부터 배우는 게 마땅하다.

한자풀이

寒 찰 한 차다. 춥다. 떨다. 오싹하다. 어렵다. 가난하다. 쓸쓸하다. 식히다. 얼다. 불에 굽다. 싫다. 중지하다. 그만두다. 침묵하다. 울지 않다. 천하다. 지체가 낮다.

蟬 매미 선. 날 선. 땅 이름 제 매미. 날다. 뻗다. 펴지다. 잇다. 연속하다. 겁내다. 두려워하다. 아름답다. 애처롭다. 땅 이름(제).

噤 입 다물 금 입 다물다. 닫다. 열린 문짝을 닫다. 주걱턱.

凄 쓸쓸할 처. 찰 처 쓸쓸하다. 처량하다. 서글프다. 날씨가 차다. 싸늘하다. 무성하다. 초목이 우거진 모양.

구축 驅逐

해군 함정 중에 핵심적인 역할을 하는 게 구축함驅逐艦이다. 이 '구축驅逐'의 우선적인 의미는 몰아내다, 쫓아내다 등이다. 말을 몰고 다니는 일이 구驅요, 그렇게 해서 상대를 몰아가는 게 축逐이다. 물론 해군 함정의 구축함이 지니는 용도가 쫓고 몰아내는 행위에만 있지 않다. 적의 잠수함과 해상 함정을 공격해서 격파하는 게 주 임무다.

영어로 'Destroyer'라는 공격 및 파괴형의 함정을 '驅逐구축'이라는 말로 번역을 했으니, 이 한자 단어에는 아무래도 '쫓아내다' '몰아가다'의 의미를 한 단계 넘어선 공격적 의미가 들어있다고 봐야 한다. 옛 전쟁의 전략적 무기인 말이 적을 향해 공격을 펼칠 때 효과적인 수단이었음은 더 부언할 필요가 없을 것이다.

그런 점을 감안할 때 '구축'은 원래 전쟁 용어다. 상대를 궁지로 몰아가서 종국에는 치명적인 방법으로 없앤다는 의미를 띤다. 그에 따라 파생한 단어들은 제법 많다. 백해무익의 해충을 잡아 없애는 일이 구충驅蟲이요, 그런 약품이 바로 구충제驅蟲劑다. 해충을 대대적으로 박멸하기 위해 벌이는 일을 우리가 '구제驅除 사업'이라고 적는 이유다.

말이나 가축 등을 이리저리 잘 몰아가는 일은 구사驅使라고 하는

데, 문장 등에서 수식어 등을 잘 섞어 사용하는 일에도 이 단어를 붙인다. "단어를 잘 구사했다"고 할 때가 바로 그 예에 해당한다. 逐축이라는 글자도 우리 생활에 바짝 붙어있다. '몰아서 쫓아내다'라는 의미의 축출逐出이라는 단어는 제법 익숙하다. '손님을 쫓아내라는 명령'이 축객령逐客令이다. 중국을 처음 통일한 진시황秦始皇과 관련이 있는, 족보가 뚜렷한 한자 단어다.

　몇 년 전 대한민국 국회에서도 '구축'이 벌어진 적이 있다. 국정원이 내란의 혐의가 있는 통진당 소속의 국회의원과 그 그룹에 속해 있

사람들이 말을 타고 시원하게 해변을 달린다. 상대를 궁지로 모는 驅逐(구축)은 전쟁터에서 쓰였던 단어다. 해군의 공격용 함정인 구축함에 이 단어를 쓴 이유가 분명하다.

는 사람들에 대해 수사를 벌였고, 일부 그 내용이 밝혀지면서 정치권에 몸을 들인 혐의자에게 국회가 '축객령'을 발동했다.

　나라 안보의 초석을 뒤흔드는 요소들을 구축하는 작업은 반드시 필요하다. 그러나 혐의 내용의 정확한 입증, 실정법의 엄밀하면서도 공정한 적용에는 늘 주의해야 옳다. 유해한 대상을 제대로 쫓아내기 위해서는 말머리를 제대로 몰아가는 일이 필요하다. 법으로 정한 절차 등을 빈틈없이 훌륭하게 '구사'하는 능력이 따라야 한다는 얘기다.

한자풀이 ────

驅 몰 구 말을 몰다. 빨리 달리다. 내쫓다. 내보내다. 몰아내다. 축출하다. 내침. 대열. 앞잡이.

逐 쫓을 축. 돼지 돈. 급급한 모양 적　쫓다. 쫓아내다. 뒤쫓다. 뒤따라가다. 도망가다. 달리다. 구하다. 찾다. 추구하다. 다투다. 따르다. 방탕하다. 하나하나, 차례대로. 돼지.

蟲 벌레 충. 벌레 훼. 찔 동　벌레. 벌레의 총칭. 동물의 총칭. 구더기. 해충의 피해. 조충서(서체의 하나). 좀먹다. 벌레 먹다. 벌레(훼).

除 덜 제. 음력 사월 여　덜다. 없애다. 감면하다. 면제하다. 버리다. 제외하다. 숙청하다. 나누다. 벼슬을 주다. 임명하다. 다스리다. 가다, 지나가다. 손질하다.

당당堂堂

　네모에 번듯함을 추구했던 게 과거 동양의 집 모습이다. 대개 남북으로 난 축선을 따라 동서남북의 방위에 맞춰 집을 짓는데, 그 가운데 가장 공개적인 장소이며 전체 건물의 중앙에 놓이는 집채가 바로 당堂이다. 굳이 말하자면, 주택 전체의 중심이자 상징이다.

　적장자를 중심으로 펼치는 종법宗法의 그물망을 제대로 구현한 옛 중국의 주택은 반드시 이런 구조를 지닌다. 가운데 있는 정방正房이 곧 이 堂당이라는 건축물에 들어서며, 이곳에는 집안의 가장 큰 어른이 거주한다. 나머지는 제가 지닌 집안의 신분과 위계位階에 따라 동서남북으로 나뉘어 생활한다.

　문헌에 따르면 한漢나라 이전에는 이곳을 '堂당'이라 적었고, 그 이후에는 '殿전'이라 표기했다고 한다. 그와는 상관없이 이 건물은 당옥堂屋 또는 정옥正屋 등의 이름으로 남아 여전히 '전체 주택의 본채' '무리의 핵심'이라는 의미를 전했다.

　우리말에 '당당堂堂하다'라는 표현은 예서 나왔다. 전체 주택의 핵심으로 가장 번듯하고 그럴듯하게 짓는 건물, 게서 우러나오는 '우뚝함' '자랑스러움' '번듯함'을 의미하는 말이다. 그 앞에 바를 정正이라

북한 평양 인근의 대동문 모습이 의젓하다. 건축의 중심에 있는 멋진 건물의 모습을 형용하면서 생긴 말이 '당당(堂堂)'이다.

는 글자를 반복해서 쓰면 바로 '정정당당正正堂堂'이다.

　변 사또가 옥에 있던 춘향이를 끌어다가 매질하던 곳이 바로 동헌東軒이다. 조선시대 일반 관청의 본채 건물이 들어 있던 곳을 말한다. 이 동헌의 헌軒은 원래 앞이 높고 뒤가 낮은 수레를 뜻히는 글자였다가, 나중에는 처마 등이 높은 건물을 형용하는 말로 정착했다. 그 모습이 우뚝하고 높아 모든 집채의 으뜸이라, 우리는 그 글자를 빌려 '헌헌장부軒軒丈夫'라는 말을 만들었다. 모습이 장대하고 듬직한 사내를 형용하는 말이다.

우리사회에 이른바 '잘 나가는' 사람들의 행보가 종국에는 급전직하의 비참한 경우로 발전하는 모습을 자주 본다. 높은 자리, 많은 재산, 적당한 명예까지 고루 얻었다가 몇 치의 욕심을 더 부리면서 사회가 지탄하는 대상으로 변하는 사람들 말이다. 탐욕으로 저지른 부정과 비리 때문이다.

집의 모양새를 보며 당당함과 헌헌함을 새겼던 동양의 옛 사람들은 사실 그 집의 외형에만 눈길을 두지 않았으리라. 집의 생김새를 보면서 그를 마음속으로 닮고자 했을 것이다. 그러니 우리도 멋지게 하늘을 향해 올라간 높은 빌딩들을 보면서 마음가짐을 추스르는 게 옳겠다. 우리 사회에서 당당하며 헌헌한 멋진 사람 누굴 꼽을 수 있을까. 손가락만 괜히 뻣뻣해질까.

한자풀이

堂 집 당. 집, 사랑채, 마루, 대청, 근친, 친족, 남의 어머니, 관아, 명당, 좋은 묏자리나 집터, 문설주.

殿 전각 전. 전각, 궁궐, 큰 집, 절, 사찰, 전하, 후군, 아래 등급, 진무하다, 진압하여 안정시키다, 평정하다, 신음하다.

正 바를 정. 정월 정. 바르다, 정당하다, 바람직하다, 올바르다, 정직하다, 바로잡다, 서로 같다, 다스리다, 결정하다, 순일하다, 순수하다, 자리에 오르다.

軒 집 헌. 집, 추녀, 처마, 수레, 초헌, 난간, 창, 들창, 행랑.

문안問安

"아버님 전상서, 기체후일향만강하옵시고…"라고 시작하는 편지글은 적지 않은 분들이 기억하고 있다. 50대에 접어든 사람들은 어렴풋이, 60대의 사람들은 글자 몇몇을, 70대의 사람들은 아련한 추억에 젖는 수준으로 기억한다.

기체후일향만강은 한자로 '氣體候一向萬康'이다. 기력氣과 체력體의 컨디션候이 지금까지 줄곧一向 모두 평안萬康하신지를 여쭙는 내용이다. 대개 아버지나 어머니께 올리는 편지의 서두를 장식하는 글이다.

이 글은 한국에서 한때 부모님이 평안하신지를 묻는 이른바 '문안問安'의 가장 보편적인 형식이었다. 한자를 부분적으로 끌어다 썼던 한반도의 문화 지형이 만든, 나름대로의 변형을 가미한 틀이었다. 우리식의 '안부安否를 묻다'의 '안부'와 거의 비슷한 단어다. 안부는 곧 '편안하신가, 아닌가'라는 뜻이다.

'문안'의 유래를 찾으려면 유가儒家의 경전인 『예기禮記』를 뒤적여야 할 듯하다. 그 안에는 '문안시선問安視膳'이라는 개념이 등장한다. 부모님이 평안安한지를 여쭙고問, 드시는 음식膳을 살핀다視는 뜻이다.

이 말고도 비교적 잘 알려졌던 말은 혼정신성昏定晨省이다. 저녁 무렵昏

부모님의 잠자리를 챙기고定, 이른 새벽晨에는 잘 주무셨는지를 살핀다省는 얘기다. 이보다는 덜하지만 동난하청冬暖夏淸이라는 말도 있다. 겨울冬에는 부모님 잠자리를 따뜻하게 하고暖, 여름夏에는 (부채질 등으로) 시원하게 만든다淸, 맑을 淸의 삼수 변 글자와는 다르다는 뜻이다.

유가에서 늘 강조해 마지않는 큰 덕목, 효孝의 구체적인 행동강령인 셈이다. 이렇듯 과거의 예법에서는 부모님을 받들고 모시는 의식이 퍽 발달했다. 그 때에도 불효의 자식들은 있었을 테지만, 어디 지금 같아야 했을까.

'기체후일향만강'으로 시작하는 과거 편지글의 백미는 끝 부분에 있던 게 보통이다. 편지 말미에 '덧붙임'이라는 뜻의 추신追伸이라는 글자를

자식들 잘 키운 뒤 호젓하게 삶을 꾸리고 있을 노년 부부의 사진이다. 낳아주고 키워주신 부모의 은공은 하늘처럼 넓고, 바다처럼 깊다.

적은 뒤 "소자小子 열심히 학업에 매진 중이나, 보내주신 돈이 그만 떨어져…"라는 내용 말이다. 이 부분을 읽는 부모님은 '에구, 이 녀석이 밥이나 굶지는 말아야 할 텐데'라며 홀쭉한 주머니를 어루만졌을 것이고….

요즘 부모님이나 조부모 등 저보다 높은 가족인 존속尊屬 살인이 언론을 장식할 때가 많다. 제 어미를 죽이고, 제 아비를 죽인다. 조부모에 대한 행패도 날로 심해진다. 이 시절에 '문안시선'이나 '혼정신성'을 이야기하는 일이 얼마나 큰 사치일까.

천륜天倫이 무너지면서 가꾸고 다듬어진 사람의 덕성德性보다는 들판과 산림을 넘나드는 짐승의 흉포한 수성獸性이 날뛰는 사회다. 부모에게 드리는 이메일이나 문자 메시지에 이런 말을 반드시 '추신'하자. "사랑합니다, 존경합니다. 아버님, 어머님!"

한자풀이 ─────────────

氣기운 기, 보낼 희 기운. 기백. 기세. 힘. 숨. 공기. 냄새. 바람. 기후.
問물을 문 묻다. 문초(問招)하다. 방문하다. 찾다. 알리다. 부르다. 물음.
膳선물 선, 반찬 선 선물(膳物), 반찬(飯饌), 생육. 제시 때 희생(犧牲)으로 올렸던 고기. 음식. 먹다. 올리다. 드리다. 조리하다. 요리하다.
昏어두울 혼, 힘쓸 민 어둡다. 희미하다. 날이 저물다. 일찍 죽다. 장가들다(婚). (눈 등이) 흐리다. 어리석다.
定정할 정, 이마 정 정하다. 정해지다. 바로잡다. 다스리다. 평정하다. 안정시키다. 머무르다. 준비하다. 자다. 그치다. 이마.
晨새벽 신 새벽. 때, 시일. 진시(辰時). 별 이름. 새벽을 알리다.
省살필 성, 덜 생 살피다. 깨닫다. 명심하다. 관청 또는 관아. 마을. 대궐/덜다(생).
淸서늘할 청, 서늘할 정 서늘하다. 춥다. 차갑다/서늘하다(정). 춥다. 차다.

검찰檢察과 성찰省察

　　우리 사정기관의 축인 검찰도 가끔 대중의 입에 오르내린다. 비리와 부정, 나아가 축첩이나 혼외자식 등의 불명예스러운 단어들과 함께 말이다. 그 검찰이라는 단어는 국어사전에서 '검사하여 살피는 일'로 풀고 있다. 그렇지만 위법이나 탈법의 사례를 적발하는 행위, 즉 검거檢擧에 이어 그 대상자의 잘못 유무를 깊숙이 살핀다察는 게 원래의 엮음이다.

　　경찰警察도 그런 뜻에서 살펴볼 글자의 조합이다. 경계하다는 뜻의 '警경'이라는 글자와 살핀다는 뜻의 '察찰'이라는 글자의 합성이다. 둘의 차이가 있다면 검찰은 사법司法적 차원의 살핌이고, 경찰은 사회질서를 유지하는 치안治安 차원의 살핌이다.

　　그 '察찰'은 사전적으로 보면 '자세히 살핌' '거듭 살핌'의 뜻이다. 세상을 살아가면서 영문도 모른 채 남에게 당하는 일이 가장 어리석다. 그를 피하려면 주변의 상황을 잘 살펴야 좋다. 눈으로 사물이나 상황을 좇으면서 살피는 일이 관찰觀察이고, 시찰視察이겠다. 공무원의 행위가 적법한지를 따지며 살피는 일이 감찰監察이자 독찰督察이다. 사법 기관의 공무원이 일반인 뒤를 잘못 캐다가 얻어맞는 '민간인 불법

사찰査察’도 그 한 행위다.

아무튼 상황의 앞뒤를 자세히 헤아려 옳고 그름의 시비是非, 착함과 못됨의 선악善惡을 제대로 가린다면 얼씨구나 좋을 일이다. 그래서 밝게 살핀다는 뜻의 ‘명찰明察’이라는 단어가 있고, 그 업그레이드 버전으로 훤히 그 속을 꿰뚫는다는 의미의 ‘통찰洞察’이라는 단어도 나왔다.

그렇다고 남만 살피면 뭐하나? 제 속을 깊이 살펴 행위에 진정성과 신중함을 얹는 일이 어쩌면 더 중요하다. 그래서 나온 단어가 ‘성찰省察’일 것이다. 이 단어의 두 글자 모두 ‘살피다’의 뜻이기는 하지만, 여

하루가 저무는 석양 무렵, 사람들은 삶을 반추한다. 삶속에서 늘 필요한 일이 바로 스스로를 돌아보는 성찰(省察)이다. 성찰은 밖으로 향하는 옳고 곧은 시선의 토대이기도 하다.

기서 '省성'은 '반성反省'의 의미로 진화했다. 외부로 나돌기만 하는 살핌의 시선을 안으로 돌려 스스로를 살피는 행위다.

성찰이 충분해야 깨끗한 시선으로 대상을 살피고, 깨끗한 칼로 시비와 선악의 경계를 끊을 수 있다. 이는 비단 검찰의 문제만은 아니다. '察찰'이라는 글자가 들어가는 행위를 업으로 삼는 이 시대의 공무원들에게 먼저 필요한 일이 그 '성찰省察'아니면 달리 무엇일까.

한자풀이

檢검사할 검 검사하다. 조사하다. 단속하다. 말리다. 봉함 또는 법식(法式).

察살필 찰 살피다. 알다. 살펴서 알다. 자세히 생각해보다. 자세하다. 밝고 자세하다. 조사하다. 드러나다. 널리 알려지다. 밝다. 똑똑하다.

警깨우칠 경, 경계할 경 깨우치다. 깨닫다. 총민하다. 경계하다. 조심하다. 경보(警報)하다. 주의하다. 경보(警報). 경비.

査조사할 사 조사하다. 찌꺼기. 풀명자나무. 뗏목. 사돈.

洞골 동, 밝을 통 골. 골짜기. 고을. 마을. 동네. 굴. 동굴. 깊다. 그윽하다. 비다. 공허하다/(통) 밝다. 통하다. 통달하다.

省살필 성, 덜 생 살피다. 깨닫다. 명심하다. 관청. 관아. 마을. 대궐/(생) 덜다. 허물. 재앙.

공갈恐喝과 협박脅迫

　공갈과 협박. 자주 듣는 말이다. 공갈협박에 관한 형사법 상의 죄목까지 있으니, 우리에게는 그리 먼 용어가 아니다. 두려움의 의미를 지닌 공恐과 꾸짖다, 소리치다 등의 새김인 갈喝이 뭉쳐 '공갈'을 이룬다. 남의 재물을 강제로 빼앗는 강도強盜에 조금 못 미치는 행위에 해당한다.

　겨드랑이에서 갈비뼈인 늑골, 때로는 허리 위까지를 가리키는 글자가 협脅이다. 일찌감치 '위협하다'는 뜻을 획득했다. 그곳을 겨냥해 다가서며 압박하는 행위가 박迫이다. 따라서 협박은 위협적인 행동이나 발언 등으로 상대를 압박하는 짓이다.

　공갈은 속이 텅 빈 빵을 일컬을 때처럼 '공갈빵'이라는 단어로도 쓰인다. 시정잡배, 또는 시쳇말로 자주 쓰이는 '양아치' 식의 공갈이 자주 행해지다 보면 그런 행위와 언동 등이 얼마나 보잘 것 없는지는 곧 드러난다. 그래서 속이 텅 빈 놈들의 텅 빈 행위나 언동을 가끔씩 빌 공空자를 써서 '空喝공갈'로 표현키도 한다. '공갈빵'은 속 빈 강정, 허장성세虛張聲勢의 또 다른 표현이겠다.

　문제는 '협박脅迫'이다. 왜 겨드랑이 밑을 가리키는 글자가 쓰였을까. 어렵게 생각할 필요는 없다. 겨드랑이와 그 밑 늑골은 인체의 급소急所에

공갈과 함께 협박을 일삼는 북한의 모습을 표현한 사진이다. 그에 대비하기 위해서는 우리 스스로 강해지는 일이 필요하다.

해당한다. 이곳에 타격이 가해지면 인체는 치명적인 해를 입는다. 아울러 겨드랑이 밑을 남에게 내준다고 생각해 보시라. 또 범인을 연행할 때 형사가 범인의 겨드랑이를 먼저 잡는 장면을 생각하면 답은 금세 나온다.

이는 인체의 아주 긴요한 곳 중의 하나다. 이곳을 남에게 내준다면 행동거지가 부자유스러울 뿐 아니라, 자칫 잘못하면 생명까지 내줘야 한다. 칼이나 창 등으로 그곳을 노리는 상대가 있다면 더더욱 위험하다. 따라서 그곳을 겨누며 두려움을 자극하는 행위가 곧 '협박'인 셈이다.

형사법 상의 해석으로는 공갈이 협박보다 더 큰 범죄의 요소를 지니고 있다. 협박은 그에 다소 못 미치는 행위다. 그러나 이는 어디까지나

법률적인 해석이다. 당하는 입장에서는 둘 다 결코 유쾌한 일일 수 없다.

우리에게 늘 공갈과 협박의 뜻을 생각게 하는 존재가 북한의 김씨 왕조다. 핵무기에 각종 탄도 미사일로 요즘도 우리에게 공갈과 협박을 전하고 있다. 핵개발에 나선 뒤에는 그런 행태가 더 자주 보인다. 恐喝공갈이려니 하면서 듣다가, 때로는 空喝공갈로 들린다. 급기야 이제는 그 횟수가 지나칠 정도로 많아져 아예 드러내 놓고 그 짓을 벌인다는 뜻에서 '公喝공갈'이라는 표현도 떠올려 본다.

공갈빵처럼 겉이 부풀려진 작태라는 생각도 들지만, 국민 굶기면서도 강행한 핵개발 흔적 때문에 우리의 '옆구리'가 시려오는 점도 부인할 수 없다. 그 공갈과 협박에 겁먹지 않고 '오냐 덤빌 테면 덤벼라'며 자신감 있게 나서려면 무엇이 중요할까. 답은 아주 뻔하다. 스스로 강해지는 일 말고는 달리 길이 없다.

한자풀이

恐두려울 공 두렵다. 두려워하다. 공갈하다. 위험하다. 으르다. 염려하다. 조심하다. 두려움. 아마도.

喝꾸짖을 갈. 목이 멜 애 꾸짖다. 나무라다. 으르다. 위협하다. 고함치다. 외치다. 큰소리/(애) 목이 메다. 소리를 죽여 울다. 목이 잠긴 소리.

脅위협할 협. 겨드랑이 협 위협하다. 으르다. 꾸짖다. 책망하다. 비난하다. 웅크리다. 움츠리다. 겨드랑이, 옆구리, 갈빗대. 곁.

迫핍박할 박 핍박하다. 닥치다. 줄어들다. 가까이하다. 가난해서 어렵다. 궁하다. 좁다. 몰리다. 다가오다. 다그치다.

소질素質

소질을 적는 두 한자는 모두 '바탕'을 일컫는다. 아무런 가공이 가해지지 않은 천연 상태 그대로의 바탕을 가리킨다. 앞의 글자는 그래서 '희다'라는 새김을 얻지만, 처음부터 색깔을 일컬었던 것은 아니라고 여겨진다. 아무 흔적도 올리지 않은 백지를 상상하면 좋다.

공자의 어록에 등장하는 성어 가운데 '문질빈빈文質彬彬'이라는 말이 있다. 가공을 거치는 게 '文문', 그렇지 않은 것이 '質질'이다. 둘이 서로 조화를 이뤄 '빛나다'는 의미의 '彬彬빈빈'에 이르러야 한다는 게 공자의 주장이다. 쉽게 말하자면, 타고난 바탕과 그 위에 교육 등의 가공 과정을 거쳐 잘 다듬어진 면모가 서로 잘 어울려야 '군자君子'라 여길 수 있다는 얘기다.

素質소질이라는 단어는 나중에 합성을 거쳐 만들어졌다고 보인다. 그러나 어렵게 생각할 필요는 없다. 소박素朴과 질박質朴이라는 단어를 떠올리자. 별다른 꾸밈이 없어 수수한 상태를 일컫는 단어다. '素소'는 물질의 기본인 원소元素, 핵심 부분인 요소要素 등의 단어를 낳았다.

그보다는 '質질'이라는 글자의 행렬이 장관이다. 이 글자의 용도는 퍽 많다. 본질本質, 형질形質, 물질物質, 체질體質이 우선 떠오른다. 야구 좋

눈이 내려 하얗게 변한 세상이다. 이렇게 희디 흰 모습을 일컫는 글자가 素(소)다. 바탕을 가리키는 글자 質(질)은 사람의 품성과 능력을 고루 이야기하는 대목에도 등장한다.

아하는 사람들에게는 구질球質이 반갑겠고, 명품 좋아하는 사람들에
게는 품질品質이 먼저겠다. 흙의 바탕은 토질土質이고, 물의 그것은 수질
水質이다. 그렇게 '質질'은 마냥 이어진다.

　그러나 '素質소질'을 떠올린 이유는 어디까지나 사람의 자질資質이
생각나서다. 타고난 바탕에다가 일을 어느 징도 수행할 수 있느냐의
능력까지 얹은 단어가 '자질'이다. 국정감사의 철을 맞을 때면 으름장
이나 허풍, 정파적 다툼을 보이는 우리 국회의원 나리들의 자질은 어
떨까. 국정감사라고는 하지만 '쇼'에 가까운 한심한 작태로 일관하는
의원들이 많다. 우리는 흔히 선거를 통해 뽑은 좋은 사람이라는 뜻으

로 이들을 '선량選良'이라고 한다.

그러나 이들의 바탕은 양질良質이라고 할 수 없다. 모두 상태가 비슷해 균질均質인 듯 보이는데, 그 수준을 따지면 분명히 저질低質이다. 아무튼 국정 전반이나 청문회, 국정감사 모두에 이들의 그림자가 어른거리니 문제가 보통 수준을 훨씬 넘어선다.

이 '質질'이라는 글자에는 '저당 잡히다' '맡기다' 등의 새김도 있다. 사람의 목숨 등을 담보로 누군가에게 잡혀 있는 '인질人質'이 그 용례다. '자질'이 '저질'로 보이는 대한민국 국회의원들의 성질性質과 기질氣質에 국민이 인질로 묶여 있다고 적는다면 과장일까. 이 글자 쓰임새가 정말 많다.

한자풀이

質바탕 질. 폐백 지 바탕. 본질. 품질. 성질. 품성. 저당물. 저당품. 맹세. 모양. 소박하다. 질박하다
素본디 소. 흴 소 본디. 바탕. 성질. 정성. 평소. 처음. 흰 깁. 희다. 질박하다. 넓다. 부질없다. 옳다.
資재물 자 재물. 자본. 바탕. 비용. 의뢰. 도움. 돕다. 취하다. 주다. 쓰다.

시비是非

한국사회를 늘 뜨겁게 달구는 단어가 시비是非다. '옳음'을 의미하는 '是시'와 '그름'을 뜻하는 '非비'라는 두 글자가 함께 병렬해 있는 상태다. 이렇듯 서로 뜻이 반대인 글자를 나란히 놓아 상황에 대한 판단 등을 묻거나 가리키는 식의 단어는 즐비하다.

위냐 아래냐를 따지자는 게 상하上下, 낮과 밤을 가리키는 주야晝夜, 밝음의 여부를 묻는 명암明暗, 추위와 더위를 표현하는 한서寒暑, 꽃 등이 피고 짐을 따지는 영고榮枯 와 성쇠盛衰 등이 있다.

이번 글의 주제는 그러나 '시비是非'다. 이와 비슷한 새김의 단어는 곡직曲直이다. 굽었는가曲, 아니면 제대로 뻗었는가直를 묻는다. 정확한가, 아니면 틀렸는가를 가리키는 단어로는 정오正誤가 있다. 색깔을 동원하는 경우도 있다. 우선 흑백黑白이다. 검은 쪽이냐 아니면 흰 쪽이냐를 묻는다. 나아가 파랑이냐 빨강이냐를 따지는 청홍靑紅도 있다.

다 '시비'와 관련이 있는 단어들이다. 시비는 옳고 그름의 새김을 떠나 그 따지는 행위로 생겨나는 혼란과 분규도 가리킨다. '곡직'이라는 단어는 '이런저런 사정 따지지 않고…'라는 의미의 '불문곡직不問曲直'이라는 성어 때문에 우리에게는 매우 친숙하다.

흑백과 시비는 옳고 그름의 상징이다. 그러나 세상살이의 옳고 그름은 기준을 세우기가 쉽지 않다.

'정오正誤'는 출판업계에서 자주 사용했던 정오표正誤表의 용례가 대표적이다. 책을 만든 뒤 잘못 쓴 오자誤字나 누락한 탈자脫字 등을 바로 잡아 만든 표다. 색깔이 등장하는 '흑백'이나 '청홍'은 때로 사람을 압박한다. 당신은 어느 편에 서있는가를 묻는, 이른바 '진영陣營의 논리'로 몰아갈 수도 있기 때문이다.

문제는 국가와 사회의 틀 안에서 벌이는 시비가 제대로 방향조차 잡지 못한 채 진흙밭 강아지 싸움만으로 흐르는 경우다. 차분하게 시비를 따지는 자질은 우리에게 애당초 없는 덕목일지 모른다. 정치적인 다툼이 도질 때마다 차분하게 그 경위를 따져 '정오표'를 작성하는 일은 불가능해 보이니 말이다.

잘함과 잘못함의 '잘잘못', 즉 시비를 가르는 일은 어엿한 법과 제도를 갖춘 우리 사회에게 불가능한 작업이 결코 아니다. 그러나 정파적 이익에서 벌이는 다툼이 아주 그악해 시비가 흑백의 다툼으로 이어지다가, 결국 '너 죽고 나 살자'식 선악善惡의 정쟁으로까지 번지니 한심하기만 하다.

콩과 보리를 제대로 가리지 못하는 사람이 숙맥菽麥이다. "이 숙맥 같은 인간아!"라고 하면, 그는 똥인지 된장인지 구별하지 못하는 어리석은 사람이다. 여의도에도 콩과 보리를 심으면 수확이 좋겠으나 문제는 남는다. 그 확연한 콩과 보리의 차이도 잘 가리지 못하는 '숙맥'의 국회의원들 때문이다.

한자풀이

是 이 시, 울을 시 이, 이것. 여기. 무릇. 옳다. 바르다. 바르게 하다. 옳다고 인정하다(시인). 다스리다.

非 아닐 비, 비방할 비 아니다. 그르다. 나쁘다. 옳지 않다. 등지다. 배반하다. 어긋나다. 벌하다. 나무라다. 꾸짖다. 비방하다. 헐뜯다.

曲 굽을 곡. 누룩 곡 굽다. 굽히다. 바르지 않다. 불합리하다. 정직하지 않다. 공정하지 않다. 그릇되게 하다. 가락. 악곡.

直 곧을 직, 값 치 곧다. 굳세다. 옳다. 펴다. 곧게 하다. 꾸미지 아니하다.

榮 영화 영, 꽃 영 영화. 영예. 영광. 피. 혈액. 꽃. 무성하다. 싱싱하다.

枯 마를 고 마르다. 시들다. 말리다. 약해지다. 쇠하다. 야위다. 마른 나무. 해골.

菽 콩 숙 콩. 대두. 콩잎.

麥 보리 맥 보리. 귀리. 메밀. 작은 매미. 묻다. 매장하다.

심상尋常

우선 고전의 명시 한 구절 감상하자. 당나라 시인 유우석劉禹錫의 시다. 제목은 「오의항烏衣巷」이다. 유비와 관우가 등장하는 삼국시대 때 검은색 옷烏衣을 입은 군대가 주둔했던 거리巷, 나중에는 고관대작들이 살았던 고급 주택가가 시의 배경이다. 이곳에서 시인은 세월이 수백 년 지난 뒤인 당나라 시절 마치 서울의 '강남 청담동' 같았던 고급 주택가가 평범한 거리로 변한 모습을 읊는다.

"옛적 왕사 대인의 처마에 들던 제비, 이제는 평범한 백성의 집에 날아온다舊時王謝堂前燕, 飛入尋常百姓家."

시인은 옛날 고관의 멋진 집에 머물던 제비가 이제는 '심상'한 백성의 집에 살고 있다는 회고懷古의 감회를 시에 담았다. 세월이 덧없이 흘러 무상함을 더한다는 것이 시의 정조다.

심상은 여기서 '평범함'이다. 그러나 이 글자 둘, 심尋과 상常은 원래 길이를 나타내는 척도의 단위였다. 작은 면적, 짧은 거리를 가리키는 글자이기도 했다. 중국 고대의 길이 단위에서 '심'은 대략 1.2~1.6m, '상'은 2.4~3.2m 정도다. 면적으로 따져도 심상은 약 11~13㎡다.

따라서 두 글자를 합칠 경우의 '심상'은 크지 않은 면적, 또는 그리

길지 않은 길이나 거리를 가리킨다. 이 단어는 나중에 '별로 눈에 띄지 않는 것' '그저 그렇고 그런 것' '귀하지 않은 것' '하찮은 것' 등의 의미를 획득한다.

'상'은 우리의 용례도 적지 않다. 우선 조선시대다. 문무文武 양반兩班의 자리에 올라야 사람으로서 대접을 받았던 시절이 조선 때다. 그런 양반을 뜻하는 '반班'과 상민, 나아가 상놈의 뜻으로 쓰는 '상'이 대립적으로 쓰인 사례가 '반상班常'이다. TV 사극에서 "네 이놈, 너는 반상도 제대로 구별할 줄 모르느냐"고 호통치는 조선 양반의 모습이 떠올려지는 대목이다.

어느 농가의 평범한 장독이 보인다. 일상에서 뒹구는 기물(器物) 중 하나다. 그렇듯 평범한 것을 일컬을 때 등장하는 단어가 심상(尋常)이다.

이런 심상의 반대어는 '수상殊常'이다. 정상적인 것과는 많이 다르다는 뜻이다. 사람과 사물 또는 현상이 일반적인 수준을 떠난 상태다. 고국산천과 헤어지는 장면을 읊은 김상헌(1570~1652)의 시조 속 "시절이 하 수상하니 올 동 말 동 하여라"는 구절이 그 예다. "수상한 사람은 간첩이니 신고하라"던 1960~1970년대 반공 포스터에도 자주 등장했던 단어다.

가끔 우리사회에도 과거와는 다른 흐름이 등장한다. 법원에서도 우리사회가 지닌 상식과 전혀 다른 평결이 나올 때가 적지 않다. 이게 바로 '심상찮은' 현상이다. 법리는 거의 무시하고, 일반인의 정서만이 더 두드러질 때다. 검찰이 때로 혼란상을 보이더니, 가끔은 법원마저 비틀거린다. 법원까지 수상해지는 때가 정말 심상찮은 시절이다.

한자풀이

尋찾을 심 찾다. 캐묻다. 탐구하다. 연구하다. 쓰다. 사용하다. 치다. 토벌하다. 잇다. 계승하다. 첨가하다. 거듭하다. 생각하다. 길. 발(길이의 단위). 재(길이 재는 기구). 여덟 자.
常떳떳할 상. 항상 상 떳떳하다. 항구하다. 영원하다. 일정하다. 범상하다. 예사롭다. 평범하다. 숭상하다. 항상.

잔인殘忍

잔殘이라는 글자는 다른 존재 등을 '해친다'는 게 으뜸 새김이다. 거기서 다시 본체本體 등이 잘려나간 상태, 즉 '나머지'의 뜻을 얻는다. 잔여殘餘, 잔존殘存 등이 그 예다. 이어 '잔인하다' '잔혹하다' 등의 새김까지 획득한다.

우리가 자주 쓰는 단어가 '잔인殘忍'이다. 앞의 '殘'이라는 글자는 그 새김이 명확해서 문제가 없다. 뒤에 붙는 '忍'이 아무래도 부자연스럽다. 이 글자의 우선적인 의미는 '참다'다. 인내忍耐의 경우가 대표적이다. 그런데 왜 '殘'에 이어 붙여 '잔인하다'의 조어造語가 가능해진 것일까.

이 글자는 刃인과 心심의 결합이다. 초기 금문金文에 이미 뚜렷한 모양으로 등장한다. 위의 부분은 칼 등을 손에 쥐고 무엇인가를 자르는 행위, 아래 부분은 마음을 가리킨다. 따라서 칼질을 당하는 마음, 극도의 고통 등이라는 새김으로 우선 풀 수 있다.

그런 맥락에서 '참다'의 새김도 번졌으리라 보인다. 마음이나 심장 등을 칼로 그어대는 상황의 고통, 나아가 그를 이겨나가야 하는 상황 등으로 의미가 확산했다고 볼 수 있다는 얘기다. 동양 최초의 자전이라고 해도 좋을 『설문해자說文解字』도 이 글자의 새김을 '능能'이라 풀고 있다.

중국 청나라 때 황제의 명을 거역해 죽은 사람의 가죽으로 만든 집기다. 잔인(殘忍)은 이런 정황을 이야기할 때 등장하는 말이다.

이런 앞뒤의 사정을 감안하면 '잔인殘忍'이라는 낱말은 남의 신체나 마음 등을 해쳐 극도의 고통이 따르게 만드는 행위라고 풀 수 있다. 그저 그런 상해傷害가 아니라 대상에게 모질고 때론 치명적인 피해를 입게 만드는 그런 일이다.

우리사회를 가끔 뒤흔드는 사건이 아동을 숨지게 만드는 어른들의 범죄다. 계부나 계모가, 때로는 아비와 어미가 어린 생명을 상습적으로, 아울러 마구 때려 죽게까지 만드는 잔인함 그 자체다. 잔인에 덧붙여 성정이 포악하면 잔포殘暴, 그래서 독하기 그지없을 정도면 잔혹殘酷, 더 나아가면 잔악殘惡과 잔학殘虐이다.

이런 사람의 성정이 곳곳에서 출현한다면 그 사회는 중증에 걸렸다고 할 수밖에 없다. '잔혹한 역사'를 줄여 잔혹사殘酷史라고 적겠지…. 그를 딴 영화 제목이 〈말죽거리 잔혹사〉인데, 말죽거리 정도가 아니라 대한민국 전역이 그리 변해가는 것은 아닌지 걱정이다.

한자풀이 ─────────

殘잔인할 잔. 남을 잔 잔인하다. 흉악하다. 해치다. 없애다. 죽이다. 살해하다. 사납다. 모자라다. 완전하지 못하다. 남다. 나머지. 재앙. 상처.
忍참을 인 참다. 잔인하다. 동정심이 없다. 차마 못하다. 질기다. 용서하다. 참음.
暴사나울 폭. 쬘 폭. 사나울 포. 앙상할 박 사납다. 난폭하다. 해치다. 모질다. 세차다. 맨손으로 치다. 불끈 일어나다. 업신여기다. 조급하다. 갑자기. (햇볕 등을) 쬐다.
酷심할 혹 심하다. 독하다. 괴롭다. 심히.

경제經濟

옷감을 짤 때 날줄과 씨줄이 있다. 날줄은 세로, 씨줄은 가로 방향이다. 이 두 줄을 겹쳐 놓으면서 옷감을 짠다. 세로 방향으로 난 날줄을 일컫는 단어가 '경經'이고 씨줄이 '위緯'다. 지구를 경도經度와 위도緯度로 표시하는 경우도 마찬가지다.

문제는 경제經濟다. 지금의 '경제'를 모르는 사람은 없다. 먹고 사는 일, 그에 수반하는 여러 조건들을 해결하고 나누며, 때로는 주고받는 모든 행위가 경제에 들어간다. 이 경제라는 낱말의 '경'이라는 글자는 여기서 '운영하다' '다루다' 등의 의미다.

그 뒤의 '제濟'는 원래 나루에서 배 등을 타고 물을 건넌다는 뜻이었다. 이 원래의 뜻이 발전해 '다른 이를 건너게 해주다', 더 나아가 남을 '도와주다' '구해주다'의 의미를 얻었다. 구제救濟라는 단어에서 그 의미가 잘 드러난다.

따라서 '경제'의 원래 뜻은 지금의 그 '경제'와는 어감이 다소 다를 수밖에 없다. 원래의 출발은 '경세제민經世濟民' '경방제세經邦濟世' '경국제세經國濟世' 등이다. 세상世이나 나라邦, 國를 운영하면서, 백성民 등 세상 사람들을 편안케 하는 행위 등을 일컬었던 말이다.

옷감을 짜는 베틀이다. 날줄과 씨줄이 교대로 겹치면서 옷감이 만들어진다. 날줄과 씨줄을 일컫는 한자 단어가 경위(經緯)다.

동양의 고전에 등장하는 '경제'라는 용어는 이 때문에 '나라와 사회를 이끄는 실천적인 일' 등의 뜻을 담고 있다. 나라와 백성을 이끄는 구체적인 업무, 또는 그런 능력을 가리킨다. "공자왈…" 등을 읊조리며 관념과 추상에만 함몰하는 폭 좁은 유생儒生들에게는 찾아보기 어려운 능력일지 모른다.

요즘 그런 경제가 문제다. 기업의 발에 걸린 족쇄를 걷어치우고, 경기를 살려 삶을 윤택하게 해보자는 취지의 입법이 국회의 의결을 기다리고 있지만 정쟁이 불붙다 보니 그 시기가 자꾸 늦춰진다. 그러면서 우리 경제가 식어가는 불씨마저 살리지 못하는 형편에 다다르면 누구의 책임일까. 원래의 '경제'에 담긴 뜻, 즉 나라와 사회를 제대로 이끌어야 할 정치인들 말고는 그를 떠안을 사람은 없다.

　그럼에도 공리공담에 가까운 정쟁에만 몰두하는 국회의 모습이 안타깝다. 하강국면을 맞은 우리 경제의 상황이 계속 어려워지는데, 벌써부터 손과 발이 다 뻣뻣해진다. 경제가 제대로 돌아가지 않으면 나라 운영, 국민의 살림 다 어려워진다. '경제'라는 낱말에 담긴 진정한 국가와 사회 경영의 의미라도 정치인들이 제대로 알아야 좋겠다.

한자풀이

經지날 경, 글 경 지나다. 목매다. 다스리다. 글. 경서(經書). 날. 날실. 불경. 길. 법, 도리(道理). 지경. 경계
濟건널 제 건너다. 돕다. 구제하다. 이루다. 성공하다. 성취하다. 더하다. 쓸모가 있다.
邦나라 방 나라. 서울. 수도. 천하(天下). 형(兄). 윗누이.

마각馬脚

　'진짜의 모습을 드러내다' 또는 '흉한 제 꼴을 남에게 들키다' 등의 표현에 따르는 단어가 마각馬脚이다. 마각은 곧 말의 다리라는 의미다. 말이 사람 말을 알아들으면 억울하겠지만, 마각은 어쨌거나 결코 좋은 뜻의 단어는 아니다.

　그 연원은 비교적 쉽게 찾을 수 있다. 당唐나라 때 유행한 놀이에서 비롯했다는 설이 유력하다. 전설상의 상서로운 동물인 기린麒麟을 등장시켜 벌이는 놀이였다는데, 기린은 실재하지 않는 동물인지라 그로 분장하는 무엇인가가 있어야 했다.

　따라서 사람들은 말馬에다가 상상속의 기린 모습을 그려 입혔다고 한다. 문제는 발이었다. 발만큼은 분장하기가 어려워 그대로 뒀다는 것. 다른 부분은 기린의 형상인데, 발은 감추기 어려워 말의 다리가 그대로 드러난 상태였다. 따라서 사람들은 그 놀이에서 기린으로 분장한 말이 발을 감추지 못해 제 모습을 드러내고 만 상황을 '마각을 드러냈다露馬脚'고 불렀다는 것이다.

　또 다른 추정도 있다. 명明나라를 세운 주원장朱元璋의 부인이 '마馬황후'다. 농촌의 가난한 집안 출신인 이 여인은 어렸을 적 밭일을 하느라 당시 유행했던 전족纏足을 하지 못했다고 한다. 발을 꽁꽁 동여매 자라지 못하도록 하는 전족에서 자유로워 마 황후는 일반의 여인네들에 비해 큰 발을 지녔다고 한다.

주원장이 명나라를 세워 황제 자리에 오른 뒤 그녀가 가마를 타고 궁궐 밖으로 나올 일이 있었다고 한다. 갑자기 바람이 불어 가마의 휘장이 걷히자 그녀의 큰 발이 사람들 눈에 띄었단다. "오우~ 여자 발이 저렇게 커?"라면서 사람들이 놀랐다는 것.

그래서 '마 황후의 발馬脚이 모습을 드러내다'라는 이야기가 유행해서 결국 오늘날의 단어로 정착했다는 추정이다. 설득력은 전자가 훨씬 더 하다. 하지만 황후에 관한 '뒷담화' 성격을 지닌 후자의 스토리가 재미는 더 크다. 이런 이유로 인해 '마각'은 한국에도 널리 알려진 단어로 자리를 잡았다.

몽골의 초원에서 자라는 말들의 모습이 의젓하다. 말의 다리가 드러났다는 흐름에서 생긴 단어가 마각(馬脚)이다.

국회의원이 대통령 경호를 위해 국회에 주차한 경찰과 싸움을 벌인 일이 관심을 끈다. 싸움이 대개 그렇듯 시비를 명확하게 가리기는 쉽지 않다. 문제는 발단이다. 국회의원이 경찰의 차를 발로 걷어차고, 그로 인해 시비가 벌어진 점은 명확하다. 그렇다면 국회의원의 자질이 문제다.

오른 자리, 걸친 명패로 볼 때 어엿한 사람 참 많다. 국회의원도 그렇고, 입각한 장관도 그렇다. 유명 대학의 교수도 마찬가지고, 돈을 제법 모은 대기업 등의 오너나 고위 임원도 마찬가지다. 그러나 거기까지다. 그 안을 구성하는 콘텐츠가 형편없는 사람이 많다.

사회적 신분을 나타내는 윗부분은 어떻게 해서든 그럴 듯한 모양으로 치장하지만, 속을 구성하는 '아랫도리'가 충실치 않아 '말 다리', 즉 마각馬脚으로 진짜 제 모습을 드러내는 사람 적지 않다. 아래와 위가 일치해야 좋은데 그렇지 못한 사람 많다는 얘기다.

사람 발이 아닌 말 다리를 달고 있는 우리사회의 고위층을 잘 골라내야 할 필요가 있다. 사람이 갖춰야 할 양식良識과 양심良心을 제대로 갖추지 못한 채 겉만 요란하게 치장한 사람 솎아내야 사회의 조용한 발전을 꾀할 수 있는 법이다.

한자풀이

馬말 마 말. 벼슬 이름. 산가지. 큰 것의 비유. 아지랑이. 나라 이름. 마한. 크다.
脚다리 각 다리. 물건의 하부. 토대가 되는 것. 다리로 걷는 것같이 보이는 것. 몸 둘 곳. 지위. 밟다.
麒麟기린 동물원. 아프리카 초원의 기린인 giraffe도 이 한자를 쓴다. 그러나 원전에 따르자면 전설 속의 동물이다. 사슴 몸, 말발굽, 소의 꼬리를 한 형상이란다. 용과 거북, 봉황 등과 함께 네 마리 상서로운 동물인 사령수(四靈獸)로 꼽힌다.

퇴로退路

궁지에 몰린 쥐가 고양이를 문다? 그럼, 막다른 길에 몰린 개는 어떨까. 답은 '담을 뛰어 넘는다'다. 중국 버전에서는 그렇다는 얘기다. 앞의 고양이가 등장하는 속담은 한국과 일본에서 쓰는 말이다. 개가 등장하는 뒤의 속언은 중국에서 쓴다.

닥친 경우가 절박하면 사람이나 짐승이나 무슨 짓이든 할 수 있다는 게 이 말의 함의라고 한다. 그러나 두 속언이 궁지에 몰린 쥐, 막다른 길에 몰린 개의 절박함만을 표현할까. 나는 그렇지 않다고 본다. '상황 관리'의 시각도 담겨 있다고 생각한다.

궁지나 막다른 길에 몰리는 경우가 있으면, 그 반대로 상대를 그런 상황으로 모는 쪽도 있다. 위의 말들은 그렇게 상대를 몰아가는 쪽의 우려도 담고 있다. '너무 몰아대면 의외의 상황이 도지는 것 아닐까'라는 그런 생각 말이다.

중국 고대 상나라 현군인 탕湯임금이 들에 나섰을 때 그물을 쳐놓고 새를 모두 잡아들이려는 노인을 보고서는 "우리는 그물의 세 군데를 열라"고 했다는 일화는 유명하다. 상대에게 취하는 관대한 태도를 가리키는 성어 '網開三面망개삼면'이 나온 유래다.

적을 몰아칠 때 여지를 남겨두는 게 전략, 전술적으로는 어떨지 잘 알 수 없다. 그러나 생사를 다투는 싸움이 아니라면 우리는 이런 태도를 한 번 곰곰이 생각해 볼 필요가 있다. 다툼의 상대방을 막다른 골목에 몰아갈 경우 위의 쥐와 개처럼 덤벼들거나, 다른 쪽으로 튀어 일을 더욱 난감하게 만드는 상황이 벌어질 수 있기 때문이다.

중국에서는 나아갈 때 또는 공세를 취할 때의 여러 방법도 중시하지만, 마찬가지로 물러설 때와 내려설 때의 모양새도 중시한다. 물러서는 사람을 위해 시간에 맞춰 빌미와 구실을 주거나 만드는 일은 그래서 중요하다. 상황을 악화시키지 않으면서 문제를 풀어가려는 전략적 태도다.

나아가고 물러서는 게 다 어려운 상황이 진퇴양난進退兩難이다. 나아감, 물러감을 균형 있게 다룬 점에 주의할 필요가 있다. 나아가는 길이

고대 동양 벽화의 사냥 장면이다. 나아감에도 물러나는 길, 퇴로를 생각해야 한다.
남을 몰 때도 역시 대상의 퇴로를 생각해야 전략적으로 성숙한 태도를 취할 수 있는 법이다.

진로進路, 물러서는 길이 퇴로退路다. 퇴각退却이나 후퇴後退는 같은 말이다. 병력 등을 거둬서 물러서는 일이 철퇴撤退 또는 철수撤收다.

참고로, 중국에서는 退堂鼓퇴당고, 下臺階하대계라는 말을 자주 쓴다. 앞은 원래 관리가 공무를 보던 곳에서 물러날 때 울리던 북소리를 뜻했다. 그러나 지금은 물러서는 사람을 위해 핑계거리를 주거나 또는 그 자신이 스스로 그런 구실을 찾는 경우에 쓴다. 뒤의 말은 내려서기 위해 딛는 섬돌, 즉 계단을 말한다. 역시 앞의 것과 쓰임새가 같다.

어쨌거나 위의 여러 단어는 나아가는 길 못지않게 물러서는 길을 중시해 나온 말이다. 모두 다툼 등에서의 상황이 극한으로 내닫는 것을 경계하고 있다. 다툼의 모습이 매우 그악한 곳이 우리사회. 정쟁이 붙으면 민생과 경제의 현안은 아예 관심 밖이다. 그런 모습 보면서 떠올린 '물러섬' '여지를 줌'의 언어적 풍경이다.

한자풀이

網그물 망 그물. 포위망. 계통. 조직. 그물질하다. 그물로 잡다. 싸다. 덮다. 가리다.
開열 개 열다. 열리다. 꽃이 피다. 펴다. 늘어놓다. 개척하다. 시작하다. 깨우치다. 타이르다. 헤어지다. 떨어지다. 사라지다. 소멸하다. 놓아주다. 사면하다.
進나아갈 진 선사 신 나아가다. 오르다. 다가오다. 힘쓰다. 더하다. 선사, 선물(신).
退물러설 퇴 물러나다. 물리치다. 바래다. 변하다. 겸양하다. 사양하다. 떨어뜨리다. 쇠하다. 움츠리다. 줄어들다. 닿다.
撤거둘 철 거두다. 치우다. 제거하다. 줄이다. 없애다. 철회하다. 철수하다. 그만두다. 면하다. 경감하다. 물러나다. 덜다. 피다. 뽑다. 폐하다.

93

섭정攝政

우리가 온도를 표기할 때 쓰는 단어가 '섭씨攝氏'다. 이 단어는 온도 측정의 단위를 만들었던 스웨덴의 천문학자 안데르스 셀시우스Anders Celsius, 1701~1744의 이름을 중국어로 음역한 말이다. 즉, Celsius를 '攝氏'라고 적어놓고서는 '서스'라고 발음한 것이다. '셀시우스Celsius'에 가까운 발음을 고르느라 그런 글자를 선택했을 수도 있고, 중국인들이 스스로의 입맛에 맞추기 위해 성씨姓氏를 가리키는 글자 '氏'를 붙였을 수도 있다.

온도의 다른 단위인 '화씨'도 마찬가지다. 한자로는 '華氏'로 적는데, 원래 발명자인 독일의 물리학자 가브리엘 파렌하이트Gabriel Daniel Fahrenheit, 1686~1736의 이름을 음역한 말이다. 파렌하이트, 즉 Fahrenheit를 중국 사람들은 '華倫海'로 음역했고, 그의 온도 단위를 '華氏'로 적었다는 것.

우리의 이번 회 관심은 그러나 '섭'이다. 이 글자 攝에는 귀를 가리키는 글자 '耳이'가 세 개 들어 있다는 점이 우선 눈길을 끈다. 요즘엔 무엇인가를 '거둬들이다' '빨아들이다' '끌어들이다'라는 뜻의 '섭취攝取'라는 단어가 주요 쓰임새다.

사진 속 꽃처럼 생명은 언젠가는 시들고 만다. 그런 의미에서 시들 줄 모르는 김일성 왕조의 세습은
이상한 풀, 요초(妖草)임에 틀림없다.

　"영양을 섭취하다"는 우리 귀에 아주 익은 표현이다. 때로는 이를
'섭양攝養'이라는 단어로 줄여 부른다. 아울러 몸을 잘 돌보는 일을
"섭생攝生한다"라고 한다. 그러나 원래는 정치적 행위를 일컬었던 것으
로 보인다.

　중국 사전의 뜻풀이로는 우선 이 글자가 '명령에 따라 행동을 통
일하다'라는 뜻이었다고 한다. 전쟁터에서 군대를 지휘하는 장수의 행
위 등에도 이 글자를 썼다고 한다. 어쨌거나 정해진 명령에 따라 집단
을 움직이는 행위가 이 글자의 본래 새김이었다는 것. 여기서 한 걸음
더 나아간 단어가 '섭정攝政'이다.

임금을 대신해서 조정을 이끌어 움직이는 행위가 섭정이니, 군주에 버금가는 권력을 지닌 대리 통치자에 어울리는 말이다. 그 대리 통치를 가리키는 말은 다양하다. 대리청정代理聽政이 우선이다. 누군가를 대신해서 정무政務를 듣는다聽는 뜻인데, '청정'과 관련해서는 나이 어린 임금 뒤에 발簾을 드리우고 그 안에서 정무를 관장했던 '수렴청정垂簾聽政'이라는 성어가 유명하다.

북한의 3대 세습이 성공적으로 안착安着해가는 모습이다. 김씨 왕조의 3대 권력을 세습한 김정은은 제 고모부인 장성택을 잔인하게 숙청까지 했다. 장성택은 당초 북한 권력의 막강한 섭정자로 여겨졌던 인물이기도 하다. 그런 섭정자까지 제거한 뒤에도 김정은은 핵실험에 탄도 미사일로 계속 대한민국을 위협한다.

제 아무리 꽃이 아름답다 해도 열흘은 못 넘기는 법. 그래서 '화무 십일홍花無十日紅'이라고 하지 않았던가. 그러나 북한 김씨 왕조는 아직 왕성하다. 아무래도 이상하다. '꽃'이라고 그들을 부르기에는 아까우니, 이초異草나 요초妖草라고 적으면 어떨까. 그 이상한 식생植生도 언젠가는 움츠러들 때가 있겠지.

한자풀이

攝 다스릴 섭. 잡을 섭. 편안할 녑. 편안할 엽. 깃 꾸미개 삽. 다스리다. 잡다. 가지다. 걷다. 돕다. 거느리다.
垂 드리울 수. 드리우다. 늘어뜨리다. 기울다. 쏟다. 베풀다. 전하다. 물려주다. 가. 가장자리. 변두리. 변방. 국경지대.
簾 발 렴. 발 염. 발. 주렴. 주막 기.
妖 요사할 요. 요사하다. 젊은 나이에 죽다. 요염하다. 아리땁다. 괴이하다. 재앙. 요괴.

실각失脚과 실족失足

발을 헛디디면 넘어진다. 그럴 때 우리는 실각失脚과 실족失足이라는 단어를 사용한다. 그냥 땅에 넘어져 낭패를 당하면 그만이지만, 권력의 무대에서 떨어지는 경우라면 상황이 자못 심각하다. 김정은의 옆에 있다가 숙청당하는 북한 권력 실세들이 퍽 많다.

보통은 그런 이를 '실각했다'라고 표현한다. 발을 잘못 디뎌 넘어진다는 점에서 그 실각과 같은 뜻을 지닌 단어가 있다. 바로 '실족'이다. 그러나 이 말의 원래 의미는 단순히 '넘어지다'가 아니다. 우리가 보이는 행동거지와 관련이 있다.

처음 등장하는 곳은 『예기禮記』다. 고대 예법禮法의 근간을 형성했던 책이니, 그 내용은 주로 사람이 마땅히 지켜야 할 매너 등으로 이뤄져 있다. 그 구절은 다음과 같다. "군자는 사람 앞에서 실족하지 않는다君子不失足於人." 사람 앞에서 넘어지지 말라고? 아니다. 그를 주석한 내용으로 보자면 우리가 아는 일반적 의미의 '실족'과 다르다.

남 앞에서 무게 있게 행동해야 한다는 메시지다. 같은 포맷으로 그 뒤를 잇는 단어들이 실색失色과 실구失口다. 다 사람 앞에서 드러내는 실수를 가리킨다. 앞의 '실색'은 용모가 단정치 못한 경우이고, 뒤의

'실구'는 끊임없이 주절거리다 남에게 비난을 사는 행위다.

높은 사람 앞에서 비굴한 모습을 보이며 지나치게 처신하면 실족이다. 과도하게 자신을 꾸미거나, 그 반대로 옷매무새 등을 다듬지 못해 "칠칠치 못하다"는 말을 들으면 실색이다. 마땅히 그쳐야 할 때를 모르거나, 아예 그를 무시하면서 제 말만 줄줄이 늘어놓으면 실구다. 따라서 이 세 가지 행위를 거듭하면 그야말로 주책없는 사람이다.

그럼에도 실족과 실각은 결국 '발을 헛디뎌 넘어지다'의 뜻으로 발전했고, 그 중 '실각'은 권력의 자리에서 탈락하는 경우를 일컫는 데까지 나아갔다. 북한에서 잇따르고 있는 권력자들의 실각은 어떤 헛디딤일까. 최고 권력자에게 지나칠 정도로 아부하다가 그랬을까, 아니면 경솔하게 처신하다가 괘씸죄를 얻은 것일까. 어느 경우든 처신에 무게를 두지 못해 오늘의 상황을 자초했으리라는 추정은 가능하다.

그나저나 권력 실세들을 자주 제거하면서 버티고 있는 북한의 왕조권력도 '실족'의 상황에 접어들고 있음은 분명해 보인다. 김정은을 수행하는 북한 핵심 권력자들의 한결같은 비굴함이 TV 화면에 등장하는 모습만 봐도 그렇다. 이 권력도 실족을 넘어 실각을 곧 감수해야 할지 모른다. 역사의 무대로부터 말이다.

한자풀이

失잃을 실, 놓을 일 잃다, 잃어버리다, 달아나다, 도망치다, 남기다, 빠뜨리다, 잘못 보다, 오인하다, 틀어지다, 가다, 떠나다, 잘못하다, 그르치다, 어긋나다, 마음 상하다.

足발 족, 지나칠 주 발, 뿌리, 근본, 산기슭, 그치다, 머무르다, 가다, 달리다, 넉넉하다, 충족하다, 족하다, 분수를 지키다, 물리다, 싫증나다, 채우다, 충분하게 하다.

脚다리 각 다리, 물건의 하부, 토대가 되는 것, 다리로 걷는 것같이 보이는 것, 몸 둘 곳, 지위, 밟다.

色빛 색 빛, 빛깔, 색채, 낯, 얼굴빛, 윤, 광택, 기색, 모양, 상태, 미색, 색정, 여색, 정욕, 갈래, 종류, 화장하다, 꾸미다.

99

별천지 別天地

언제부턴가 우리는 이 단어를 썼다. 이상적인 곳, 살기 좋은 곳, 그래서 신선神仙이 머무르는 곳, 꼭 가보고 싶은 곳, 이상하리만치 매력적인 곳…. 뭐, 이런 등등이다. 아이들에게는 판타지 속 캐릭터가 등장하고, 아주 재미난 놀이시설이 있으면 분명 그곳이 별천지다.

가난한 가장에게는 가족의 끼니와 아이들 교육비 걱정 없이, 더불어 아무런 스트레스 없이 돈을 잘 벌 수 있는 곳이 그런 별천지다. 취업 걱정할 필요도 없이 여기저기서 날 모셔가는 곳이 있으면 그곳이 바로 청년 실업자들에게는 별천지다.

이 말은 우리가 잘 아는 당唐나라 시인 이백李白으로부터 나왔다. 그가 지은 시 「산중문답山中問答」의 맨 마지막 구절에 나오는 '별유천지비인간別有天地非人間'이다. 적지 않은 화제와 일화를 뿌렸던 이백이지만, 말년의 그는 현세의 부산스러움을 모두 떨치고 자연에 묻힌다. 그 때 지은 「산중문답」이라는 시의 내용은 이렇다.

問余何事棲碧山
笑而不答心自閑
桃花流水杳然去
別有天地非人間

무슨 뜻으로 청산에 사느냐 묻는데,
웃고 대답 없으니 마음이 한가롭다.
복사꽃 흐르는 물 아득히 나아가니,
여기는 딴 세상, 인간세계 아니로다.

『중국시가선』, 지영재 편역, 을유문화사

깊은 산 속 맑은 내에 꽃잎이 흐른다. 이처럼 편해서 더 할 나위 없이 좋은 상황을 일컫는 말 중의 하나가 '별천지'다. 좋은 별천지만 나타나면 이상적이겠지만 삶은 꼭 그렇지 않다.

그렇게 마음에 닿는, 좋은 뜻만 있으면 좋겠다. 그러나 우리는 요즘 아주 눈에 띄는 '별천지'를 들여다보고 있다. 사람 사는 세상의 상리常理와 인정人情이 통하지 않는 곳이니, 별천지임에는 분명 별천지다. 그러나 이상적인 곳이라기보다, 그 반대다. 그악함이 한없이 뻗치는 곳이라 아주 나쁜 별천지다. 바로 북한의 이야기다.

북한이 보인 저간의 사정이야 새삼 이 자리에 다시 옮길 필요도 없다. 잔인한 피의 숙청이 거듭 이어지니 '어떻게 사람이 저곳서 살 수 있을까'라는 새 개념의 '별천지'가 떠오를 뿐이다. 외국의 그 어느 누가 이리 물으면 어쩔까. "한반도 사람들은 도대체 왜 그래?"라고 말이다.

그러면 위의 시에 적은 이백처럼 행동할 일이다. '웃고 대답 없으니…', 즉 '소이부답笑而不答'이다. 그 웃음이 어떤 웃음일지는 잘 아시겠지. 민망함, 부끄러움, 자괴감, 수치심…. 동포라고 해도 북한 노동당 집권층은 분명 별종 중의 별종이다. 그러나 변명보다는 그저 웃고 마는 게 상책이다. 마음이 한가롭지는 않고, 더욱 불편하겠지만.

한자풀이 ————————————————

別나눌 별. 다를 별 나누다. 몇 부분으로 가르다. 헤어지다. 따로 떨어지다. 떠나다. 다르다. 틀리다. 갈래. 계통. 구별. 차별. 이별. 헤어짐. 따로 달리. 특히.

철마鐵馬

1950년 6월 25일 발발한 전쟁, 우리는 아직 마음속에 그 아픔과 상처를 기억하고 있다. 그 전쟁으로 남북의 철도가 끊겼고 한반도 동맥을 잇던 기차들도 반도의 중부에 만들어진 비무장지대에서 발길을 돌려야 했다. 강원도 철원에는 그 아픔을 상징하듯 녹슨 기관차가 60년 동안 운행을 멈춘 채 서 있다. 언론은 그를 보고 "철마鐵馬는 달리고 싶다"라는 카피를 만들어 민족의 분단을 생생하게 그렸다.

기차를 철마로 지칭한 것은 기관차나 전차tank를 일컫는 영어 'iron horse'의 영향을 받았기 때문이라고 보인다. 지금은 국어사전에도 '쇠로 만든 말, 즉 기차를 가리킨다'라고 나와 있다. 가끔 철도노조의 전면적인 파업으로 기차 운행이 크게 줄어들면 각 신문들은 '철마는 멈출 수 없다'식의 칼럼을 쏟아낸다.

그러나 이 철마는 그냥 우리가 아는 그 철마가 아니다. 원래의 뜻은 둘이다. 우선은 철갑을 두른 말, 즉 전장에서 펄펄 뛰며 공격을 주도하는 그런 말이다. 얇은 철갑으로 겉을 둘러 적진을 공격할 때 다치지 않도록 무장한 말이다. 다음은 풍경風磬이다. 절의 처마 밑에 걸려 있어 바람에 따라 은은한 소리를 내는 그런 풍경이다.

겨울 눈밭으로 변한 대지 위를 달려가는 기관차다. 보통 이런 기차를 일컫는 '철마'라는 단어의 원전은 아주 엉뚱하다. 본래는 절집 처마에 다는 풍경을 일컫는 말이었다고 한다.

전쟁터를 누비는 철마의 뜻은 달리 설명할 필요가 없을 듯하다. 일찌감치 그런 중무장의 말이 전쟁터를 누볐고, 중국의 고전은 그를 명확히 기록하고 있다. 둘째의 의미가 문제다. 기록에 따르면 고구려를 침공했던 수隋나라 양제煬帝와 관련이 있다.

양제의 황후에게는 묘한 습관이 있었다. 바람에 흔들리는 대나무 소리를 들어야 잠을 이룬다는 점이다. 그러나 대나무가 모두 말라죽은 뒤에 문제가 생겼다. 황후가 잠을 못 이루기 때문이었다. 그래서 양제가 옥으로 용龍 모습의 물건을 여러 개 만들어 처마에 걸었다고 한다. 그 소리가 바람에 흔들리는 대나무의 소리를 닮았던가 보다. 황후가 쉬이 잠에 들었다고 하니 말이다.

민간은 그를 흉내 내고자 했으나 감히 황제를 상징하는 용을 만들지 못하고 유리와 비슷한 물질로 각종 형상을 제작해 소리를 냈는데, 처마에 건 그 모습이 마치 전쟁터의 말과 흡사해 보였기에 '철마'라는 이름을 붙였다고 한다. 우리 사전에도 등장하는 풍경의 다른 이름인 '첨마檐馬'에 왜 '馬'라는 글자가 들어가는지 알 수 있게 하는 대목이다.

나중에 중국의 문인들이 이를 두고 바람에 소리를 내는 악기라는 뜻의 '풍금風琴' '풍쟁風箏'이라는 이름을 붙였다. 풍경의 별명은 그 말고도 '풍탁風鐸' '풍령風鈴' 등이 있다. 아름다운 이름들이지만 벌판을 달리는 쇠로 만든 말, 우리가 현재 사용 중인 철마와는 상관이 없다.

그래도 분단의 상징으로 남아있는 그 기차에 우리는 '철마'라는 이름을 달았고, 쉼 없이 달리며 일반 대중의 발이 되어주는 요즘의 '철마'에도 우리는 그저 감사할 따름이다. 절에 걸려 있는 풍경은 늘 깨어 있는 수행자의 상징이라고 한다.

대한민국 교통의 한 근간인 철도는 먼 길에 나서는 국민의 발과 다름없다. 절의 처마에 걸린 풍경이 수행자의 상징이듯이, 우리 국민의 순조로운 여행길을 책임지는 철도 운영자들도 늘 깨어 있는 마음으로 대한민국 철마의 순탄한 운행에 늘 정성을 기울여주면 좋겠다.

한자풀이

磬 경쇠 경 경쇠(옥이나 돌로 만든 악기의 한 가지). 경석. 목매다. 죽다. 굽다. 굽히다. 절하다. 말을 달리다. 비다. 다하다.

檐 처마 첨, 질 담 처마. 전(화로·갓 따위의 전). 지다(담).

짐작斟酌

우리가 자주 쓰는 말이다. '무엇인가를 짐작하다'라고 할 때다. 이 말이 원래 술을 따르는 행위라는 점은 제법 잘 알려져 있다. 사전을 찾아보면 앞의 글자는 '짐작할 짐'이라는 대표 새김을 해놓고, 그 밑의 설명에 '술 따르다'의 의미를 덧붙였다. 뒤의 글자는 '술 부을 작' '잔 질할 작'이라고 했다.

그러나 정확하게 구분하는 뜻이 있다. 둘 다 원래는 술을 상대에게 따르는 행위다. 그러나 斟짐은 상대의 술잔에 술을 채우지 않는, 조금 부족하게 따르는 행위다. 그에 비해 뒤의 酌작은 술을 넘치게 따르는 일이다. 술을 마시는 사람은 다 안다. 모자라도 어딘가 섭섭하고, 가득 채우자니 어딘가 결례라는 점을.

따라서 남에게 술을 잔에 따라주는 요체는 '斟酌짐작'의 딱 중간이 다. 모자라지도 않게, 또 넘치지도 않게 말이다. 그래서 이 '짐작'이라는 단어는 여러 갈래의 뜻을 얻는다. 우선 술을 남에게 따라주는 일, 나 아가 상대를 고려하는 일, 사안의 가벼움과 무거움의 경중輕重을 따지 는 일, 상대 또는 현상의 상황을 체크하는 일 등이다.

따라서 전체의 뜻은 헤아림, 살핌, 생각함 등이다. 모두 신중을 요하는 일이다. 섣불리 일을 서둘러 그르치거나, 완고하게 자신의 입장만을 내세워 상황을 망치는 일을 경계하는 단어다. 그래서 우리는 상황의 전모 또는 속내를 미리 헤아릴 때 이 말을 자주 쓴다.

수작酬酌이라는 말도 있다. 앞의 글자 酬수는 술을 권하는 행동, 뒤의 酌작은 술을 마시는 일을 가리킨다. 따라서 '수작'은 술잔을 서로 주고받는 일이다. 나아가 상대를 헤아리며 교제하는 일, 더 나아가 아예 나쁜 뜻으로 "무슨 수작을 부리냐?"할 때의 그런 나쁜 행동이나 꾀 등을 일컫기도 한다.

'짐작'이나 '수작'이나 원래의 뜻은 헤아림이 큰 취지다. 헤아려 상

우리는 술을 자주 마신다. '술 권하는 사회'라는 말이 거저 나오지 않았다. 남의 사정을 헤아리는 단어 '짐작'은 그런 술자리에서 탄생한 말이다.

황을 살피며, 때로는 상대의 사정까지 감안해 서로의 차이를 좁힌다
는 뜻이다. 교섭交涉, 그리고 타협妥協, 아울러 머리를 맞대고 문제를 해
결하려는 상의相議의 개념이 들어있다.

세월의 흐름에 따라 국회도 늘 새 얼굴로 채워진다. 물론 너무 자
주 보여 이제는 더 보기 싫은 의원도 많지만…. 여의도 의사당에 입성
한 사람들은 자주 맞는 술자리에서 이 '짐작'과 '수작'의 진정한 의미
라도 터득했으면 좋겠다.

술 따를 때는 모자라지도 넘치지도 않게, 그리고 상대를 충분히 헤
아려야 하는 동작 말이다. 그래야 타협과 교섭도 순탄하게 이어질 수
있지 않을까. 그래야만 "또 무슨 수작이냐"는 국민의 핀잔 정도는 면
할 수 있지 않겠나.

한자풀이

斟 짐작할 짐, 짐작할 침 짐작하다. 헤아리다. 술 따르다. 요리하다. 조리하다.
酌 술 부을 작, 잔질할 작 술 따르다. 잔질하다. 잔에 술을 따르다. 술을 마시다.
酬 갚을 수, 갚을 주 갚다. 보답하다. 잔을 돌리다. 술을 권하다. 응대하다.

천마天馬

말의 해를 맞을 때면 말에 관한 말들이 많이 나돈다. 말은 예로부터 중요한 군사적 물자였다. 전쟁의 승패를 가르는 전략적 요소에 해당했다. 그래서 말은 매우 귀했다. 그 중에서도 가장 으뜸으로 치는 말이 하늘의 말, 즉 천마天馬 아닐까. 아무래도 단어에 '하늘'을 가리키는 天천이라는 글자가 붙으면 대상을 높이거나 상찬하는 말이다.

천마의 유래는 흉노 등 중국 서북지역의 유목민들을 물리치고 영토 확장에 관심이 많았던 한漢나라 무제武帝와 관련이 있다. 그가 서역에 훌륭한 말이 한 마리 있어 그를 탐낸 사람들이 잡으려고 애를 써도 결국 잡지 못했다는 말을 들었다. 아울러 사람들이 털색 고운 암말을 풀어 유인해 결국 새끼를 낳았는데, 핏빛과 같은 땀을 흘리며 말굽으로 바위를 디디면 그곳이 움푹 팬다는 얘기도 들었다.

전쟁에 관심이 낳았던 황제인지라 그 말이 탐나지 않을 수 없었다. 갖은 교섭 끝에 엄청난 비단을 보내고 그 새끼 말 한 마리를 얻었다. 명불허전名不虛傳이라, 그 말이 곧 천하의 명마였다고 했다. 역사에 등장하는 천마는 곧 그 말을 가리킨다.

그러나 상상 속의 천마도 있다. 하늘이 내린 말이다. 또는 전설이

벌판을 바람처럼 내달리는 말은 대단한 기세를 나타낸다. 자유로움, 분방함의 의미도 갖췄다.
그러나 마구잡이로 날뛰는 이미지 때문에 부정적인 의미로 쓰일 때도 있다.

나 설화 등에서 신비롭게 나타나 사람들을 위기로부터 구해주는
존재이기도 하다. 그런 하늘의 말이 자유분방하게 '날듯이 뛰어 다니
는 모습'을 가리키는 성어가 '천마행공天馬行空'이다. "공중空을 다닌다行"고
적었으니 날기도 하고 뛰기도 하는 셈이다.

　성어 '天馬行空천마행공'은 문장이나 그림 등의 기세가 아주 대단함
을 가리킨다. 따라서 좋은 뜻이다. 사람의 운세도 그렇게 공중을 자유
자재로 떠다니는 천마처럼 펼쳐지면 더 이상 좋을 수 없다. 그러나 반
대의 뜻도 있다. 그 자유로움이 지나쳐 두서없이 아무데나 발길을 향
하는 경우다. 생각이 걷잡을 수 없이 여러 곳으로 튀거나, 실속을 따지

지 못하는 마구잡이식의 행동에도 이런 말을 쓴다.

말은 사람이 흉내를 낼 수 없는 속도로 천리를 내닫는 긴요한 동물이지만, 이렇듯 사람의 심사心思와 행위에 빗대서는 다른 의미도 함축하는 놈이다. '마음은 원숭이, 생각은 말'이라는 뜻의 한자 성어가 '심원의마心猿意馬'다. 이리저리 의심이 많아 손질만 하는 원숭이, 한 번 들판에 나서면 마구잡이로 뛰어다니는 말을 가리킨다.

얼마 전 말의 해에 나돌았던 말의 의미가 제법 많다. 천리를 내닫는 말의 기상도 좋지만, 그 한 편으로는 펄펄 뛰기만 해 갈피를 잡을 수 없는 말의 경우도 새겨야 한다. 좋은 점을 새기되 나쁜 점은 거를 수 있어야 바람직하다. 대단한 기운으로 내닫는 말, 그러면서도 제 때 제 장소에서 멈출 수 있는 말이 바람직하다. 그 색깔이 푸른색의 청마靑馬이건 하얀색의 백마白馬이건 다 그렇다.

한자풀이 ───

猿 원숭이 원 원숭이. 중국에서는 일반적으로 고릴라와 침팬지 등의 유인원과에 속하는 큰 원숭이를 가리킨다. 그보다 작은 원숭이들은 보통 猴(후)로 적는다.

행림 杏林

    굳이 풀어 옮기자면 '살구나무 숲'이다. 이 단어는 '의사醫師'를 일컫는다. 제법 알려져 있는 내용이다. 조조曹操와 유비劉備가 활약하던 중국의 이른바 '삼국시대' 때 실재했던 사람인 동봉董奉 221~264년과 관련이 있는 단어다.

    그는 화타華陀, 장중경張仲景과 함께 중국 역사 속 3대 명의名醫로 알려진 인물이다. 동봉은 지금으로 따지면 중국 동남부의 푸젠福建 출신으로, 나중에는 경치가 아주 빼어난 인근 장시江西의 여산廬山에 들어가 사람들의 병을 고치는 일에 몰두했다고 한다.

    그는 가난한 이들에게 돈을 받지 않았다. 중병에 걸린 사람을 치료했을 때는 돈을 받는 대신 살구나무 다섯 그루를 심게 했고, 가벼운 병에 걸린 사람에게는 치료의 대가로 살구나무 한 그루를 심도록 했다. 그가 살던 여산의 언저리가 그 살구나무로 가득 채워졌음은 물론이다.

    여산의 한 자락에 가득 들어섰던 살구나무에 살구가 달려 익으면 그는 사람들에게 바구니 하나씩을 들고 와서 한껏 담아가라고 했다. 그 대신 곡식을 조금씩 담아 오라고 했다. 그렇게 쌓인 곡식으로 그는 전쟁과 재난에 시달리는 빈민들을 구제했다는 것이다. 그런 미담의 주인공 동봉은 마침내 중국 인술仁術의 상징으로 떠올랐고, 어짊을 실천하는 바른 의사의 대명사로 지금까지 추앙을 받고 있다.

우리 지명이나 일부 학교 등에도 이 杏林행림이라는 명칭은 자주 등장한다. 이 행림이 동봉의 그 행림인지는 솔직히 자신할 수 없다. 공자孔子가 杏행이라는 나무 밑에서 제자들에게 강의했다고 해서 공자의 사당, 또는 그 학당을 행단杏壇이라고 부른다. 따라서 우리나라 학교 등에 붙는 행림이 살구나무를 뜻하는지, 아니면 우리가 은행銀杏이라고 할 때의 그 은행나무를 가리키는지 분명치 않다는 얘기다. 공자와 관

나무 이름에 등장하는 杏(행)이라는 글자는 달리 살구를 일컫기도 한다. 공자가 제자들을 가르쳤던 곳에 이 나무가 심어져 있었다고 한다. 그 나무가 은행인지, 살구인지는 불분명하다.

련이 있는 그 나무가 살구나무라는 사람도 있고, 은행나무라고 주장하는 사람도 있다.

그것은 차치하고 이 살구나무 杏_행은 운치가 있다. 두목杜牧이라는 당나라 시인이 비 흩뿌리는 청명 때의 길가에서 "술집이 어디냐"고 물었더니, 목동이 저 멀리 있는 '살구나무 꽃 핀 마을', 즉 행화촌杏花村을 가리키더라는 대목 말이다. 이 杏花村_{행화촌} 결국 '술 익는 마을', '술집이 있는 곳' '주막' 등의 뜻으로 발전했다.

그래도 살구나무에 관한 화제로는 아무래도 동봉의 선행이 으뜸이다. 그는 살구로써 어짊을 실천했고, 그 바탕은 곧 의술醫術이었다. 의료계가 때로는 추문에 휩싸일 때가 있다. 언젠가는 전면 파업까지 예고한 적도 있다. 인술을 베풀고자 선서했던 의사들로서는 원래의 초심初心을 잃지 않아야 좋겠다. 살구나무 숲속의 명의, 동봉의 어진 마음을 떠올려도 바람직하겠다.

한자풀이

杏살구 행 살구, 살구나무, 은행(銀杏)나무.
林수풀 림, 수풀 임 수풀, 숲. 모임, 집단. 사물이 많이 모이는 곳. 야외, 들. 시골, 한적한 곳. 임금, 군왕. 많은 모양. 많다.

출마 出馬

총선이나 대선 등의 선거 계절이 오면 이 출마出馬가 유행이다. 누가 어느 지역에서, 어떤 배경으로 총선이나 대선에 나섰다느니 등등의 이야기들이다. 선거에 나가 당선의 영광을 획득하기 위해 앞으로 나서는 일이 出馬출마다. '말을 몰고 나서다'의 뜻이다.

말은 과거의 전쟁에서는 가장 중요한 물자에 속했다. 기동력을 높이는 데, 전쟁터에서 직접 상대를 공격할 때 모두 없어서는 곤란한 존재다. 그런 말에 올라타 진영을 나서 상대와 싸움에 나서는 일이 곧 출마다. 진영을 나선다는 뜻의 출진出陣도 그와 같은 뜻이다.

그에 앞서 말에 올라타는 일, 곧 기마騎馬는 출마에 선행하는 작업이다. 말을 달린다는 말은 우리가 곧잘 주마走馬라고 쓴다. 말을 달리면서 산을 구경하는 일이 주마간산走馬看山 아닌가. 騎馬기마해서 走馬주마하다가 出馬출마하고는 곧 싸움에 들어서겠지. 그 말에서 떨어지는 일은 낙마落馬라고 적는다. 싸움에서 낙마는 곧 패배를 의미한다.

출마나 낙마나 모두 싸움 이외의 뜻도 얻었다. 앞은 전쟁 말고도 '일을 벌이다' '일에 착수하다' 등의 뜻, 뒤는 '경쟁에서 낙오落伍하다' '실패하다' 등의 의미다. 말에서 굴러 떨어지는 일은 모양새가 보통 고약하지 않다. 그러기 전에 말을 돌려세워야 옳다.

그런 경우를 우리는 늑마勒馬라고 적는데, 우리 쓰임새는 별로 없고 중국에서 많이 쓴다. 깎아지른 듯한 절벽 앞에서 급히 말을 돌려세우는 일, 성어로 정착해 懸崖勒馬현애륵마라고 적는다. 적당한 시점에 완급緩急을 조절하며 숨을 고르는 일은 전쟁에서나 어디에서나 다 중요하다.

그런 말이 필요 없어지면 평화의 시절이다. 그런 경우를 귀마歸馬라고 적을 수 있는데, 역시 족보가 있는 단어다. 歸馬華山귀마화산이라고 적는 성어가 그 증거다. 말을 '화산'이라는 산으로 돌려보냈다는 뜻이

말에 올라타 진영을 나아가 벌이는 출마(出馬)는 전쟁터에서 자라난 단어다. 말은 고대사회에서 전략 무기였다. 따라서 전쟁터의 그림자가 엿보이는 경우가 많다.

다. 전쟁이 끝나 더 이상 용도가 없어진 말들을 지금의 중국 산시陝西 시안西安 가까운 화산華山에 보내 방목했다는, 아주 오래전 주周나라 때의 스토리에서 나왔다.

말이 더 이상 전쟁 물자가 아니라는 점이 다행이다. 그럼에도 우리는 옛 사람들의 언어인 출마와 낙마를 여전히 쓴다. 지금의 출마와 낙마가 피를 부르는 전쟁이 아니어서 다행이다. 견고한 법질서 속에 정연히 펼쳐지는 다툼, 그로써 참 인재를 고를 수 있으면 그만이다.

팁 하나 추가하자. 시안 근처의 華山화산은 아주 유명한 산이다. 크고 우람하다. 중국에서는 산의 남쪽을 지칭할 때 보통 음양陰陽의 陽양을 붙인다. 그렇다면 화산의 남녘을 지칭할 때 어떻게 부를까. 바로 화양華陽이다. 우리 서울의 화양동, 충청북도 심산유곡의 화양동 계곡, 화양서원 등에 다 붙인 이름이다. 전쟁이 끝나 화산 남쪽에 방목한 말, 화양은 곧 그를 가리키면서 평화도 의미한다. 평화의 소중함, 다시 말한다면 그야말로 군소리다.

한자풀이

勒굴레 륵, 굴레 늑 굴레. 마함(재갈). 재갈. 다스리다. 정돈하다. 억지로 하다. 강제하다.
懸달 현 매달다. 달아매다. 매달리다. 늘어지다.
崖언덕 애 언덕. 벼랑. 낭떠러지. 모. 모서리. 끝. 경계. 지경. 물가. 기슭. 물기슭. 눈초리. 모나다.

아량 雅量

너그러워 남에게 관대한 사람에게 우리는 "참 아량이 있어 보인다"는 찬사를 낸다. 우아하다는 뜻의 雅아라는 글자와 물질의 많고 적음을 나타내는 量량이라는 글자가 붙었다. 우리 쓰임새로는 무엇보다 사람이 지닌 그릇의 크기가 큼을 표현한다.

그러나 원래의 출전出典을 따지고 보면 주량酒量과 관련이 있다. 술을 어느 정도 마실 수 있느냐의 그런 능력을 나타내는 주량 말이다. 한漢나라 때 술을 좋아하는 사람이 있어 그가 마시는 술잔에 雅아라는 글자를 붙였다는 기록이 있기 때문이다. 그 기록에는 큰 술잔을 백아伯雅, 중간 술잔을 중아中雅, 가장 작은 술잔을 계아季雅라고 했다는 내용이 나온다.

맏이를 백伯, 중간을 중仲 또는 中, 막내를 계季라고 적는 방식은 우리가 익히 아는 내용이다. 큰 술잔은 어림잡아 일곱 되升가 들어가고, 중간 술잔은 여섯 되, 작은 술잔은 다섯 되를 담았다고 한다. 옛 사람들의 술이 대개 탁주濁酒가 근간을 이뤘다는 점을 생각해 보면 그럴 듯하다. 그렇다 해도 작은 술잔이나마 다섯 되를 들이키는 실력도 보통은 아니다.

술집 벽에 걸려 있는 주전자의 모습이 재미있다. '아량'이라는 말은 원래 주량과 관련이 있다.
어떻게 지금의 뜻으로 발전했는지 궁금해진다. 술을 잘 마셔야 남을 잘 이해하는 사람일까.

그래서 후대 사람들은 이런 크기의 술잔에 술을 부어 마시는 사람을 雅量아량이라고 적었으며, 이는 곧 '술을 무척 잘 마시는 사람'의 뜻으로 발전했다고 한다. 그것도 '원샷'으로 들이킨다면, 그는 틀림없이 당대의 대단한 호주가다.

그래도 어쨌거나 호주가의 뜻은 거의 사라지고 우리가 흔히 "아량이 있는 사람"이라고 할 때의 '아량'이라는 뜻만 남아 지금까지 쓰인다. 그런 아량을 우리는 높이 평가한다. 아량의 본질은 너그럽게 남을 대해 그 사람의 과실은 가능한 한 입에 올리지 않는 것이다.

일본을 대하면서 우리가 종군 위안부 문제와 독도 침탈 야욕 등 직접적이면서 가시적인 일본의 잘못을 지적하는 데 그쳤던 것도 그런 아량을 생각했기 때문이다. 그들이 식민지 강점과 제2차 대전 때 보였던 과오는 가능하면 입에 담지 않으려 했다. 그럼에도 이제는 일본 정치인들이 과거의 만행을 전면 부정하고 나선다. 하루가 다르게 쏟아져 나오는 일본 정치인들의 망언을 듣노라면 도둑이 오히려 몽둥이 들고 나서는 적반하장賊反荷杖의 성어가 떠오를 뿐이다.

일본이 '중국의 덫'에 빠지고 있다. 중국이 던진 동북아 판도 변화라는 기류 속에서 정정당당하게 나아갈 방향을 찾지 못하고 우경보수화의 늪에 빠져들고 있다. 과거사 인식에 있어서 이제 일본의 정치인들에게 품위를 찾아볼 수 없다. 남에게 관대하고 스스로에게는 엄격한 아량의 금도襟度를 도저히 기대할 수 없으니, 그런 정치인이 이끄는 일본과 우리의 사이가 점점 멀어져 가는 느낌이다.

한자풀이

雅맑을 아. 바를 아 맑다. 바르다. 우아하다. 아름답다. 고상하다.
量헤아릴 량. 헤아릴 양 헤아리다. 추측하다. 달다. 재다. 되질하다. 가득 차다. 양. 분량. 용기(用器). 용적. 기량.

건괵巾幗

앞은 수건을 일컬을 때의 글자 巾건이다. 뒤의 글자 幗괵이 매우 생소할 법하다. 우리의 쓰임새가 많지 않으니 그렇다. 예전 여성들이 썼던 모자, 또는 머리 덮개 정도의 뜻이다. 천이나 다른 장식품을 활용해 만든 머리 장식, 또는 모자 종류가 이 건괵巾幗이다.

이 모자 또는 장식이 극적으로 등장하는 곳은 『삼국지三國志』의 시공時空이다. 말년의 제갈량이 북벌을 단행할 때다. 그의 가장 큰 적수는 사마의司馬懿였다. 그러나 사마의는 제갈량의 거듭 이어진 도전挑戰에도 불구하고 그에 응하지 않는다. 그러자 제갈량이 사마의 앞으로 물건을 하나 보낸다.

바로 이 건괵이었다. 이는 여성의 머리 장식 또는 모자에 해당하는 물품이었다. 따라서 그 건괵에는 "여자처럼 겁내지 말고 나와서 한 판붙자"라는 메시지가 담겨 있었다. 그러나 사마의는 결국 그에 말려들지 않았다. 제갈량을 겁냈다는 얘기가 있으나, 이는 억측일 가능성이 크다. 제갈량이 오래 버티지 못하리라 내다본 사마의의 계책이 먹혔다는 얘기가 더 설득력이 있다.

이 건괵의 유래는 매우 오래다. 제갈량이 사마의에 보내기 훨씬 전

푸른 초원에서 말을 타고 달리는 여인의 자태가 멋지다.
요즘은 여러 방면에서 여성이 남성의 능력과 수준을 넘어
서는 경우가 많다.

부터 여성의 머리를 장식하는 물건으로 쓰였다는 기록이 풍부하다. 중국에서는 이 단어에 영웅이라는 단어를 붙여 '巾幗英雄건괵영웅'이라는 말을 만들어 출중한 여성을 지칭한다. 여인 가운데 호걸이라는 뜻으로 '女中豪傑여중호걸'로도 부른다.

보통의 건괵이 여성을 지칭한다면, 수염과 눈썹의 수미鬚眉는 남성을 가리킨다. 스포츠 등에서 때로는 여성선수들의 활약에 한국의 '수미' 선수들이 밀리는 경우가 적지 않다. 건괵의 활약상에 못지않게 한국의 '수염과 눈썹'들이 분발할 필요가 있다.

한자풀이

巾수건 건 수건, 헝겊, 피륙.
幗여자 모자 괵, 괵 모자 외에 일반적인 덮개, 또는 모자 등을 가리킨다.
鬚수염 수 수염, 식물의 수염.
眉눈썹 미 눈썹. 노인, 눈썹 긴 사람. 언저리. 가장자리. 둘레. 미녀. 알랑거리다. 교태를 부리다.

소식消息

　자주 쓰는 단어 중 하나가 소식消息이다. 원래는 우리의 호흡과 관련이 있는 낱말이다. 우선 낱말의 둘째 글자인 息식이 특히 그렇다. 내쉬는 숨, 날숨은 호呼다. 들이마시는 숨, 들숨은 흡吸이다. 내쉬면서 들이마시는 게 호흡呼吸이다. 이 한 차례의 호흡을 식息이라고 부른다. 호흡이라는 동작을 통해 들고 나는 기운을 말할 때는 기식氣息이라는 단어를 쓴다.

　내게 닥쳐오는 바람을 막는 장치는 병풍屛風이다. 그 '막다'라는 뜻의 屛병이라는 글자와 息식이라는 글자를 붙이면 '병식屛息'인데, 숨을 참고 쉬지 않는 행위다. 불가항력적으로 숨을 쉬지 못하는 상태는 질식窒息이다.

　息식은 우리에게 '헐떡거리다'는 뜻으로 알려진 천喘과 전체적으로는 비슷한 뜻이다. 단지 차이가 있다면 息식은 천천히 내뱉고 삼키는 호흡인데 비해, 喘천은 급히 숨을 쉬는 행위다. 중국 고대 자전字典 『설문해자說文解字』는 喘천이라는 글자를 '빨리 숨 쉬는 것疾息'이라고 풀었다. 따라서 '천식喘息'이라고 적으면, 원래는 숨을 쉬는 행위 일반을 뜻했다. 그러나 잘 알려져 있듯이 이 단어는 호흡이 곤란한 병의 명칭으로 자리 잡았다.

실망감이 넘쳐서 숨을 크게 내뱉는 행위는 탄식嘆息이다. 息식이라는 글자 앞에 '길다' '크다'는 뜻의 한자를 덧붙이면 탄식, 또는 장탄식의 의미를 지닌 단어가 된다. 태식太息, 장식長息, 장태식長太息 등이 그 경우다.

호흡은 생물에게 가장 중요한 생존의 조건. 우선 숨이 통해야 안정을 찾을 수 있다. 이 점에서 息식은 높이 치솟은 것이 가라앉아 평온함을 되찾는다는 뜻으로 진화한다. 쉬어서 안정을 찾는 것은 따라서 휴식休息이다. 『역경易經』에 나오는 "군자는 스스로 힘쓰면서 멈추지 않는다自强不息"는 말이 그의 좋은 용례다.

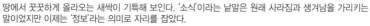

땅에서 꿋꿋하게 올라오는 새싹이 기특해 보인다. '소식'이라는 낱말은 원래 사라짐과 생겨남을 가리키는 말이었지만 이제는 '정보'라는 의미로 자리를 잡았다.

이런 이유로 인해 息식은 생장生長, 즉 '생겨나고 자라남'의 의미를 담는다. 후대後代를 잇는다는 뜻에서 아들과 딸을 자식子息으로 적는 게 대표적인 경우다. 돈을 빌려주고 받는 이자利子를 이식利息이라거나, 그런 돈을 식전息錢으로 부르는 이유도 마찬가지다.

그에 비해 消소라는 글자는 소멸消滅을 뜻한다. 둘을 합치면 소식消息이다. 원래의 뜻은 '사라짐과 생겨남'이다. 그러나 나중에는 사람 또는 사물이 스러지거나 자라나는 상황에 관한 정보의 뜻으로 발전한다. '무소식無消息이 희소식喜消息'이라는 그 뜻이다.

소식에는 좋고 나쁨이 따르기 마련이다. 희소식이 있으면 슬프고 어두운 소식도 있게 마련이다. 언론이 전하는 뉴스에는 좋고 바람직한 소식과 함께 슬프고 어두워, 때로는 절망적이기까지 한 소식도 따른다. 기쁨과 슬픔이 늘 갈마드는 게 인생살이의 속사정이라고 하지만, 때로 너무 암울한 소식이 들려 마음을 흔들 때가 적지 않다.

한자풀이

息숨 쉴 식 숨 쉬다. 호흡하다. 생존하다.
消사라질 소 사라지다. 없어지다. 삭이다. 없애다. 소멸시키다.
窒막힐 질 막다. 막히다. 멈추다. 그치다. 차다. 메이다. 통하지 않다.
喘숨찰 천 숨차다. 헐떡이다. 기침병. 숨. 호흡.

희롱戲弄

요즘 이 희롱戲弄이라는 말 자주 등장한다. 앞에 '성性'이 붙은 상태에서다. 직장에서, 학교에서, 군대에서 다 등장한다. 사회 전반에 퍼져 있는 현상이다. 주로 계급이 높거나 권력이 있는 남성이 그렇지 못한 여성에게 성적인 언어나 행위로 모욕감을 주는 행위다. 심한 경우에는 몸짓으로 직접 성행위에 준하는 행동을 함으로써 여성에게 피해를 입힌다.

희롱은 그 중의 한 행위다. 재미 삼아戲 상대를 가지고 노는弄 일이다. 이 글자 弄농의 대표적인 새김은 따라서 '희롱하다'다. 단어 앞에 놓일 때는 '농', 뒤에 올 때는 '롱'으로 발음한다. 앞에 놓일 때의 대표적인 단어가 농담弄談이고, 뒤에 놓여 우리에게 잘 알려진 단어가 조롱嘲弄이다. 농담의 뜻은 모를 사람이 없다. 우스개로 건네는 말이다. 조롱도 마찬가지다. 남을 비웃으며 놀리는 일이다.

우롱愚弄이라는 말도 마찬가지다. 남을 어리석게 보고 함부로 대하는 일, 또는 남을 우습게 만드는 일이다. 대상을 즐기면서 노는 일이 완농玩弄이다. 玩완은 '즐기다'라는 뜻도 있지만, 여기서는 '희롱'의 뜻에 가깝다. 사전은 '장난감이나 놀림감처럼 희롱함'으로 풀었다.

구름이 달을 희롱하는 것일까, 아니면 달이 구름을 그리 데리고 노는 것일까. 무엇인가를 가지고 어떤 행위를 하다라는 뜻으로 쓰는 글자가 弄(농)이다.

매롱賣弄이라는 단어도 있다. 뇌물 등을 받고 권리를 파는 행위다. 마치 남의 약을 올릴 때 쓰는 "메롱~"과 분위기가 닮아 있는 단어다. 아예 남을 속이면서 장난치는 행위는 기롱欺弄이다. "남을 기롱하다"는 식으로 썼던 단어다.

재롱才弄은 그에 비해 중립적이다. '어린아이의 재미있는 말과 귀여운 행동'이다. 그런 재롱이 많은 신하가 농신弄臣이다. 임금 옆에서 재주를 부려 환심을 사는 신하다. 한漢나라 무제武帝 때 해박한 지식으로 황제를 즐겁게 했던 동방삭東方朔이 대표적이다. '희롱하다'의 새김 말고 이 글자의 또 다른 대표적 뜻은 영어로 do다. '~을(를) 하다'의 의미다. 우리가 아주 흔히 쓰는 말이 농간弄奸이다. '간사奸邪한 짓을 하다'는 의미다. "농간을 부리다"식으로 쓴다. 권력을 가지고 노는 일은 농권弄權이다. 제가 지닌 힘을 방자하게 사용하는 경우다.

'감상하다', 또는 '대상을 즐기며 놀다'라는 뜻도 있다. 대표적인 게 음풍농월吟風弄月이다. 바람을 읊으며 달을 즐긴다는 뜻이다. 자연을 벗 삼아 유유자적하게 노는 행위다. 간혹 '거저 놀기만 하는 일' 정도로 쓰일 때도 있다. 무문농필舞文弄筆도 가끔 사용하는 성어다. 문장과 붓을 함부로 놀리는 짓이다.

비슷한 쓰임이어서 弄농이 들어있지 않느냐는 의심이 드는 단어가 농락籠絡이다. "국민을 농락하다" 등으로 쓸 때 등장하는 단어다. 籠롱은 대나무로 만든 그릇, 絡락은 그물 종류의 물건이다. 남에게 뒤집어씌우기 좋은 물건이다. 국어사전에는 '새집과 고삐'로 풀었다. 따라서 단어는 '남에게 무엇인가를 씌워서 데리고 놀리거나 멋대로 이용함'의 뜻이다. 현대 한국어에서의 쓰임은 거의 없지만 옛 한문에 자주 등장했던 말이 농장弄璋과 농와弄瓦다. 璋장은 '옥구슬'이고, 瓦와는 '기와'의 새김이 우선이나 여기서는 질그릇으로 만든 '실패'다. 아들 낳으면 옥구슬 줘서 놀게 했고, 딸을 낳으면 실패를 주고 놀게 했다는 데서 나온 말이다. 그래서 弄璋은 아들 낳은 경우, 弄瓦는 딸 얻은 사람을 일컬었다.

아들에게 옥구슬을 줬던 의미는 옥처럼 고결하게 커서 높은 지위에 오르라는 뜻이었다고 하는데, 딸에게 쥐어줬다는 실패가 영 마음에 걸린다. 남성을 높이, 여성을 낮춰 보는 시선이 강하게 담겨 있다. 그런 전통이 아직 남아 우리사회에 성희롱이 잦을까. 씁쓸하게 이어지는 弄농의 행렬이다.

한자풀이

戱희롱할 희 희롱하다. 놀다. 놀이. 연극.

嘲비웃을 조 비웃다. 조롱하다. 지저귀다.

籠대바구니 롱, 농 대나무로 만든 바구니. 또는 그릇. 새장.

絡이을 락, 낙 / 얽을 락, 낙 잇다. 두르다. 얽다. 얽히다. 묶다.

璋홀 장 홀(笏). 구슬.

축생畜生

우리는 불교 용어로 알고 있다. 윤회輪回의 긴 여정 속에 있는 여섯 갈래 길, 즉 육도六道의 하나로 말이다. 축생畜生이라는 단어 자체의 뜻은 '짐승畜으로 태어남生'이다. 불교에서는 네 발 또는 두 발 달린 땅 위의 들짐승, 또는 공중을 나는 날짐승, 심지어는 온갖 벌레와 수중 동물을 이 범주에 집어넣는다.

불교는 사람으로서 세상에 생명을 부여받고 태어나 나쁜 일을 많이 하면 육도의 윤회 중 축생의 길에 접어든다고 가르친다. 악업惡業을 짓지 말고 선업善業을 쌓으라는 게 가르침의 요지다. 요즘 애완동물의 처지가 제법 괜찮다고는 하지만, 그로 태어나라고 한다면 기꺼이 나설 사람 누가 있을까.

한자의 쓰임에서 이 축생의 앞을 거슬러 오르면 먼저 눈에 띄는 단어는 축산畜産이다. 우리가 짐승을 길러 생업으로 삼는 그런 축산업畜産業의 뜻이 아니다. 말 그대로 풀자면 '짐승畜이 낳은産 것' '동물로부터 나온 X'의 뜻이다. 중국 동한東漢 AD 25~220년 때라고 한다.

당시의 한 고관이 자신의 머슴을 불렀으나 그 머슴이 저자에 나가 술을 마시고 돌아오지 않자 그를 그렇게 호칭했다는 일화에서 전해졌다고 한다. 신분은 낮으나 버젓한 사람에게 '짐승이 낳은 녀석'이라고 했으니 그는 당시로서는 꽤 모멸스런 욕이었을 테다. 불교가 중국 땅에 본격 뿌리를 내리기 전이었으니 이는 윤회의 길 가운데 하나인 축생에 비해서는 앞섰던 조어造語에 해당한다고 봐야 좋다. 지금의 중국에서도 이는 엄연한 욕이다. 한자를 우리 언어 속에 끌어들였던 한반도의 경우도 예외는 아니다. 사람에게 "에이, 이 축생아~"라고 하면 그는 곧 "예라, 이 짐승아~"라고 하는 일과 같다. 어느 경우든 좋은 뜻으로 쓰일 수 없다.

몽골의 초원에서 키우는 양떼다. 짐승을 일컫는 대표적인 한자 낱말이 축생이다. 사람보다 못한 존재, 악행을 서슴지 않는 이를 지칭할 때 자주 등장하는 용어다.

이 욕을 가장 자주 쓰는 곳은 사실 일본이다. 축생의 일본 발음은 '칙쇼ちくしょう'다. 스스로 '빌어먹을…'이라며 자탄할 때, 혹은 '저 짐 승…' '개XX'라며 남을 욕할 때 흔하게 쓰는 단어다. 욕설이 별로 발 달하지 않은 일본이지만 이는 대표적인 욕에 해당한다. 요즘 다수의 일본인들이 이 욕을 입에 담고 살지 모른다. 과거의 침략 역사를 전면 부정하고 있는 자국의 못난 정치인들을 보면서 '빌어먹을…'이라며 끌 탕 칠 때, 아니면 직접 그런 못난 극우 정치인들을 가리키면서 말이다. 그냥 내 희망에 불과할까.

불교에서는 축생의 특징을 '괴로움이 많고 즐거움이 적으며, 성질 이 사납고 무지하며, 식욕과 음욕이 강하다'고 꼽는다. 이 모두는 짐 승이 제 스스로를 살피는 능력이 없어서 생기는 현상일 테다. 제 잘못 살피지 못하는 존재는 곧 짐승이니, 과거의 잘못을 거꾸로 뒤집으려 는 일본의 극우 정치인들에게는 축생이 딱 어울리는 단어다.

한자풀이 ─────────────────────────────

畜 짐승 축, 쌓을 축, 기를 휵   짐승, 가축, 개간한 밭, 비축(=蓄), 쌓다, 모으다. 쌓이다, 모이다.

작위爵位

　　작위爵位는 우선 벼슬과 지위를 통틀어 이르는 말이다. 아울러 서양의 경우는 왕족이나 공적이 매우 뛰어난 관료에게 주는 명예나 계급을 일컫는다. 서양의 그런 작위를 동양은 일찌감치 존재했던 벼슬 개념으로 적는다. 예를 들어 duke의 경우를 '공작公爵'으로 적는 식이다.

　　이런 작위의 개념은 중국에서 아주 일찌감치 등장해 각 왕조 별로 다양한 차이를 드러내며 발전했다. 그러나 대개는 공작과 후작侯爵, 백작伯爵, 자작子爵, 남작男爵 등이 일반적으로 쓰였다. 그런데 왜 벼슬과 계급을 가리키는 데 爵작이라는 글자가 등장했을까. 중국 고대 청동기靑銅器를 다뤄 본 사람이라면 이를 금세 알아챈다. 이 글자가 원래 가리키는 대상은 '술잔'이다. 뾰족한 주둥이가 앞으로 나와 있고, 둥그런 몸체에 손잡이가 달렸다. 아울러 받침은 세 발형태다. 고대 중국 궁중 이야기

조선시대 제례를 올릴 때 사용했던 술잔 작(爵)의 모습이다. 〈국립민속박물관 제공〉

133

작위(爵位)는 옛 동양사회에서 벼슬아치들이 사용하는 술잔, 그리고 그 잔이 놓이는 자리를 일컫는 데서 나온 말이다. 계단처럼 이어진 관료의 계급을 지칭한다.

를 다룬 영화에서 관료들이 연회를 벌이는 장면에 가끔 나오는 술잔이다.

중국의 고대 사회는 예제禮制가 엄격히 발달한 신분과 계급의 사회다. 벼슬에 나간 관료들의 경우에는 그런 등급에 더욱 민감했다. 최고 권력자인 임금을 정점으로 거리가 가까운 사람의 계급이 높게 매겨지는 법. 따라서 연회를 벌일 경우 그 순서에 따라 놓는 술잔이 작, 그 술잔을 놓는 자리가 바로 작위爵位다.

이 작의 쓰임새는 제법 많다. 고관대작高官大爵은 우리가 자주 쓰는 성어다. 공직에서 승진하는 경우를 진작進爵 또는 晉爵으로 적는다. 작읍 爵邑은 옛 벼슬자리와 그에 따르는 땅이다. 작록爵祿은 벼슬자리와 그에 따르는 급여. 헌작獻爵은 제사 때에 술잔을 올리는 행위를 일컫는다.

대개 벼슬에 매겨진 엄격한 위계를 나타내기 위한 말들이다. 그러나 형식적인 엄격함에만 사로잡히면 곤란하다. 딱딱하고 굳은 작위와 위계에만 머물 일이 아니다. 청와대는 우리식의 과도한 대통령 중심제에 따라 소통에 문제가 생길 위험이 항상 있다. 따라서 늘 술자리에서나 필요한 작위爵位만 따져서는 곤란하다.

한자풀이

爵벼슬 작 벼슬, 벼슬자리, 작위. 술, 술잔. 벼슬을 주다.
祿녹 록 녹, 벼슬아치의 봉급. 복(福), 행복.
獻드릴 헌 드리다, 바치다, 올리다. 나타내다, 표현하다. 술을 권하다.

135

화신花信

소식消息에 대해서는 앞의 글에서 풀었다. 그런 소식을 전하고 받아 상황을 파악하는 일은 인류가 사회를 이뤄 살아오면서 반드시 챙겨야 했던 사안이다. 개인적으로도 가족과 친지 등의 안부를 확인하려면 그런 정보 전달 체계를 통해야 한다.

옛 왕조 시대에 정보의 전달 체계를 이뤘던 근간은 역참驛站이 우선이다. 지금 우리말에서는 그저 기차역 정도로만 쓰이는 이 두 글자는 기차역을 표시할 때 한국과 일본은 驛, 중국은 站을 쓴다 사실 옛 동양사회 통신의 축선이자 혈맥이었다.

역과 비슷한 뜻으로 쓰는 글자가 우郵, 전傳, 치置다. 이들은 시설의 명칭인데, 공무로 오가는 관리와 관청 사이에 오가는 문서가 다 이곳을 거친다. 그런 사람들의 편의를 위해 말馬을 준비해 두고 그들이 묵을 수 있는 숙소도 마련했다. 그곳을 오가는 말이 역마驛馬, 사람이 묵는 장소가 역관驛館 또는 역참驛站, 그곳서 일하는 관리가 역리驛吏다. 우郵도 마찬가지다. 역과 같은 기능을 수행하는 곳이다. 그래서 둘을 합쳐 우역郵驛이라고도 불렀다. 굳이 구별하자면, 郵는 말을 타고 움직이는 문서 전달자가 아니라 도보로 오가는 사람을 일컬었다. 왕조마다

응달에서도 고개를 든 꽃의 자태가 아름답다. 꽃에 묻어오는 봄의 소식을 보통은 화신(花信)으로 적는다.

조금은 다른 명칭이 등장하는데 북송北宋 때는 문서를 지니고 이동하는 사람을 체부遞夫라고 한 모양이다. 우체郵遞는 그런 대목에서 끌어낸 합성어겠다.

역전 마라톤이라는 게 있다. 지금도 신문사 주최로 가끔 열리는 행사다. 그 역전은 한자로 驛傳이다. 驛역과 傳전을 한데 묶었는데, 傳은 驛과 달리 공무 때문에 오가는 관리들에게 제공하는 마차를 두고 있었다.

그러나 역전 역시 역과 역을 오가는 문서 전달 행위의 뜻으로 자리를 잡았다. 置치 또한 그런 시설이다. 그래서 생긴 단어가 치우置郵인데, 우리 쓰임새는 거의 사라지고 없는 편이다. 파발擺撥은 조선시대에 둔

역참 중에서 '특급'에 속한다. 아주 급한 소식을 전하기 위해 설치한 역참의 하나다. 요즘 식으로 표현하자면 KTX 급에 해당하는 정보 전달 시스템이다.

'소식'의 뜻을 나타내는 한자 중의 하나가 신信이다. 이제는 소식과 정보 등의 뜻으로 자리를 잡아 통신通信, 전신電信, 신식信息 등의 단어로 등장한다. 그러나 원래 이 글자는 '소식과 정보 등을 전하는 사람'의 뜻이었다고 한다. 이를테면 우체부郵遞夫 또는 전령傳令이다.

따라서 서신書信이라고 하면 요즘은 그냥 '편지'를 가리키지만, 원래는 그 편지를 전달하는 사람을 지칭했다. 꽃 소식을 한자로는 화신花信이라고 적는다. 信신이라는 글자의 원래 의미를 새기면 화신 역시 '꽃 배달부', 나아가 '봄의 전령'으로 슬쩍 풀어볼 수도 있겠다. 그러나 봄이 오면 그냥 좋다. 봄이 오면 먼저 꽃망울을 터뜨리는 개나리가 눈에 띈다. 날씨가 궂거나 맑거나 꽃은 늘 그 자리에서 그렇게 피어난다. 해마다 봄이면 날 따뜻한 남녘으로부터 꽃 소식이 올라온다. 해마다 맞이하는 꽃 소식에 두근거림은 꼭 따른다. 나이가 들거나 그렇지 않거나….

한자풀이

驛역 역. 역, 역참. 역말. 역관. 정거장
站역마을 참. 우두커니 설 참 역마을. 우두커니 서다. 일어서다

친구親舊

친구는 한자로 親舊다. 원래는 혈연을 지닌 친척親戚, 그리고 오랜 사귐을 한 구교舊交의 '벗'을 합성한 단어라고 한다. 전원田園을 노래한 시인 도연명陶淵明의 작품에 처음 등장한 단어라는 설명이 붙어 있다. 친구는 그러나 이제 우리말에서 그저 벗으로만 쓰인다.

같은 뜻으로 많이 쓰이는 단어가 붕우朋友다. 요즘의 쓰임새로 볼 때 두 글자는 차이가 없지만, 원래는 조금 다르다. 붕朋은 동문同門에서 공부를 함께 한 벗을 말했다. 우友는 뜻을 함께 하는 사람, 즉 동지同志였다.

친구를 뜻하는 비슷한 글자로는 교交도 있다. 고교故交, 구교舊交 등으로 친구를 표시한다. 새로 사귄 친구는 신교新交다. 고구故舊, 고우故友도 벗이라는 뜻이다. 사이가 아주 가까운 벗은 지우至友, 지교至交라고 부른다. 경지 등이 아주 높은 차원至에 있는 친구다. 뜻과 기질 등이 서로 통해 막역한 사이로 발전하면 집우執友다. 원래는 신지眞摯하다의 지摯라는 글자를 썼다가 간소화한 모양이다. 그래서 아버지의 친구는 부집父執으로 불렀다.

어렸을 적 친구가 오래 간다고 했다. 그 친구는 총각교總角交다. 총각 시절에 맺은 친구다. 죽마고우竹馬故友도 잘 알려진 말이다. 대나무 말,

竹馬죽마 자체가 어렸을 적 친구를 뜻하기도 한다. 나이가 크게 차이가 나면서도 친구로 맺어지면 망년교忘年交다. 나이年를 잊는다忘의 엮음이다. 금석교金石交는 쇠와 돌처럼 변하지 않는 우정을 지칭한다. 그런 친구는 석우石友, 석교石交라고 불렀다.

아주 가까워진 사이의 친구는 막역교莫逆交다. 같이 오랜 세월을 지내도 '거스를 게 없다'는 뜻의 莫逆막역이라는 단어를 썼다. 목을 내놓고서도 상대를 지켜주는 우정은 문경교刎頸交다. 아주 험난한 경우에 빠진 친구를 목숨 내놓고 구하는 우정이다.

'두 사람이 함께 길을 가면 그 날카로움은 쇠를 끊고, 마음이 한데 어울려 내놓는 말은 그 향기가 난초와 같다'는 말은 유명하다. 그래서 나온 말이 금란지교金蘭之交다. 난교蘭交라고도 한다. 도움을 주는 친구와 손해를 끼치는 벗이 있다. 앞의 친구는 익우益友, 뒤는 손우損友다. 겉으로는 함께 어울리고 있지만 마음은 서로 다른 곳을 향하고 있는 친구 사이는 면우面友, 면붕面朋이다.

우리사회에는 가끔씩 친구의 관계를 넘어 엉뚱한 거래까지 하는 사람이 있어서 문제다. 법을 어긴 대기업 회장에게 편의를 봐주려는 판결을 내리는 판사가 있는가 하면, 무리한 법 논리를 앞세워 범법자를 마구 두둔하는 변호사도 있다. 개인적인 연고가 그 안에 깔려서 '친구'라고 하기에 큰 문제가 없는 사람들이 보이는 행태다. 이런 이들은 어떤 사이일까.

단단하고 굳기가 쇠와 돌 같아서 金石交금석교일 테고, 그 경지가 높고 높아 至交지교, 서로 거스를 게 없으니 莫逆막역이며, 때론 연령 차이를 크게 보이니 忘年交망년교일 게다. 그러나 그런 고상함에 견주기가 아주 찜찜하다. 그래서 떠올리는 시조가 있다.

다정한 친구가 서로 활짝 웃고 있다. 우리는 가장 가까운 사람을 벗과 친구 정도로 지칭하지만, 한자세계에서는 그런 이를 지칭하는 명사가 매우 발달했다.

조선 태종 이방원이 왕위에 오르기 전 절개의 상징인 정몽주에게 건넸다는 시조 〈하여가何如歌〉다. "이런들 엇더며 져런들 엇더료, 만수산萬壽山 드렁츩이 얼거진들 엇더리…"하는 내용 말이다. '드렁츩'은 언덕 그늘진 곳에 뻗는 칡이라는 설명이다. 그런 칡처럼 이렇게 저렇게 얽힌 정실이 그런 관계를 낳은 것일까.

칡은 한자로 葛갈이다. 그런 칡처럼 뒤엉켜 서로 사이좋게 나눠먹고, 즐기는 사이면 한자로 갈교葛交, 갈우葛友라고 해야 할까 어쩔까. 이방원의 시조 마지막이 가관이다. "우리도 같이 얽거져 백년百年까지 누리리라." 숨이 막힐 일이다. 진짜 그런다면. 에이~, 이 봄에 칡뿌리나 캐야겠다.

한자풀이

親친할 친 친하다. 사랑하다. 가까이하다. 손에 익다. 어버이. 육친.
舊예, 옛 구 예, 옛. 오래. 늙은이. 친구. 묵은 것. 평소.
摯집을 지 나는 모양. 손으로 잡다. 이르다. 올리다. 권하다. 진언하다. 지극하다. 도탑다. 거칠다. 사납다.
葛칡 갈 칡. 갈포(칡 섬유로 짠 베). 나라 이름. 성(姓)의 하나. 덮다.

반격反擊

무엇인가를 때린다는 의미의 격擊은 쓸모가 많은 한자다. 이 글자로 조합할 수 있는 단어가 제법 많다. 전체적으로 볼 때는 완연한 전쟁 글자다. 우선 상대를 몰아가는 흐름에서 펼치는 공격攻擊이 눈에 띈다. 때림의 동작을 어딘가에 붙일 때가 가격加擊이다. 그냥 때리는 일은 타격打擊이다.

습격襲擊은 뭘까. 앞의 글자 襲습에는 '죽은 사람에게 걸치는 옷'이라는 뜻이 있다고 한다. 이어 옷 걸치는 일을 가리키기도 했다. 따라서 사전적으로 보면 습격은 위장용 옷을 걸치고 몰래 상대를 치는 일이다. 종이나 북을 울리면서 공격을 벌이면 벌伐, 조용히 펼치는 공격은 침侵, 그보다 더 가볍게 공격을 벌이는 일을 襲이라고 했다는 설명도 있다. 어쨌거나 몰래 남을 때리는 일이 습격이다.

저격狙擊도 그렇다. 서양에서 나온 개념을 한자로 푼 것이다. 원래는 snipe라는 도요새 과의 늪에 사는 작은 새를 사냥하는 사람인 sniper의 번역어다. 狙저는 사냥개를 가리켰다. 우거진 풀 등에 숨어 있다가 불쑥 튀어나와 사냥하는 개라는 설명이다. 멀리서 조준해서 상대를 넘어뜨리는 sniper를 저격수狙擊手로 옮겼으니 제법 그럴 듯하다.

충격衝擊은 어떨까. 이 앞의 衝충이라는 글자는 옛 시절의 거대한 전차戰車다. 사람이나 말을 공격하는 가벼운 전차가 아니라, 성문城門이나 성벽城壁을 무너뜨릴 때 동원하는 큰 전차다. 그래서 웬만한 타격보다 커다란 게 바로 충격이다. 우리는 이 단어 자주 쓴다. "아주 충격적衝擊的이야…"라면서 말이다. 그러나 실제 맞으면 큰일 나는 셈이니, 충격이라는 말 마구 쓸 일은 아니다.

그 밖에도 나아가서 때리는 진격進擊, 쫓아가 때리는 추격追擊, 갑자기 때리는 돌격突擊, 때려 물리치는 격퇴擊退, 밀치면서 때리는 배격排擊, 가운데 몰아넣고 때리는 협격挾擊, 번개처럼 때리는 전격電擊, 다가오는 물체를 보며 나아가 때리는 요격邀擊, 어딘가 이동하거나 떠돌면서 때리는 유격遊擊 등이 줄줄이 이어진다. 그러나 擊이라는 글자를 두고 너무 때리는 일에만 몰두할 필요는 없다. 목격目擊이라 해서 '눈으로 직접 닿는(보는) 일'을 가리키는 경우도 있으니 말이다.

격양擊壤이라는 말이 있다. 전설상의 요堯 임금 때 그 태평성세를 읊었다는 노래의 제목이라고 알려져 있다. "해 뜨면 나가 일하고, 해 지면 들어와 쉰다日出而作. 日入而息"며 "황제가 나랑 무슨 상관이 있단 말이냐"라고 했던 그 노래 말이다.

여기서 격양을 엉뚱하게 풀었던 기억이 있다. '땅을 두드리다(때리다)'로 번역했는데, 사실은 격양의 壤양은 흙이나 땅을 가리키지 않는다. 예전의 '비석놀이'처럼 뭔가를 던지거나 세워두고 그를 맞추는 게임이다. 중국 고대의 '비석놀이'라고 보면 좋다.

그나저나 요즘 반격反擊이라는 말이 자주 오른다. 상대로부터 공격을 받았을 때 되갚음으로 때리는 일이다. 북한의 도발이 늘 번지기 때문이다. 우리 군의 이 반격능력이 든직하리라 믿는다. 때려서 없애는 일이 격멸擊滅일진대, 저들의 도발이 더 도질 경우 그런 정도의 능력도 선보여야 한다.

도발에 관한 북한의 역사를 외면하면 우리의 안보전선에는 곧 이상이 생긴다. 그에 조금이라도 마음 줄 놓는 이, 그래서 사리事理까지 어두운 이의 상태는 몽蒙이다. 그런 어둡고 미욱한 상태를 때려서 깨는

몽골 초원 하늘에서 번쩍이는 번개가 장관이다. 번개가 치는 장면을 전격(電擊)이라고 적는다. 치고 때리는 행위를 나타내는 擊(격)은 완연한 전쟁 관련 글자다.

일이 격몽擊蒙이다. 조선의 율곡栗谷 이이李珥가 지은 아동 교육서 『격몽
요결擊蒙要訣. 격몽의 중요한 비법』로 우리에게 친근한 단어다.

  꽃피는 계절에 날아다니는 북한의 미사일과 포탄, 무인 비행기가
혼란스럽다. 그에 덧붙여 핵 위협까지 서슴지 않는 북한의 행위 자체
가 현대판 안보 교육용 『격몽요결』이리라. 그러나 안보에 관해서는 이
제 더 이상 '격몽'이 필요 없는 듯한데…. 그럴까 아닐까.

한자풀이

擊칠 격 때리다. 치다. 부딪치다. 공격하다. 마주치다. 보다. 지탱하다. 죽이다.
襲엄습할 습 습격하다. 엄습하다. 치다. 그대로 따르다. 인습(因襲)하다. 잇다. 물려받다. 말미암다.
狙원숭이 저, 엿볼 저 원숭이. 엿보다. 노리다. 교활하다. 찾다.
衝찌를 충, 뒤얽힐 종 찌르다. 치다. 부딪치다. 향하다. 움직이다. 돌다. 회전하다. 용솟음치다. 목, 요긴(要緊)한
곳. 길. 거리. 옛 전차(戰車)의 이름.
挾낄 협 끼다. 끼우다. 끼어 넣다. 두루 미치다. 두루 통하다. 돌다. 만나다. 모이다.
邀맞을 요 맞다. 맞이하다. 만나다. 마주치다. 구하다. 요구하다. 부르다. 초래하다.
壤흙덩이 양 흙덩이. 부드러운 흙. 땅. 경작지. 국토.
蒙어두울 몽 사리에 어둡다. 어리석다. 어리다. 무릅쓰다. 덮다. 받다. 속이다. 입다. 괘 이름. 몽골(Mongol).

모친母親

"이 세상의 부모 마음 다 같은 마음…"으로 시작하는 노래가 있다.
1960년대 유행을 탔던 대중가요 '아빠의 청춘'이다. 노랫말처럼 부모
마음이 다 그렇다. 아들딸이 다 잘 되라고, 행복하라고 바라는 그 마
음 말이다. 그럼에도 어머니의 마음은 더 지극하다. 품어준 사랑, 먹여
준 사랑, 길러준 사랑이 다 더해지기 때문이다.

예로부터 아버지는 엄하고, 어머니는 자애慈愛롭다고 했다. 그래서
엄친嚴親이면 아버지, 자친慈親이면 어머니다. 아버지가 내리는 가르침이
면 엄훈嚴訓, 어머니가 주시는 그것은 자훈慈訓이다. 그만큼 어머니는 한
생명체에게 빼놓을 수 없는 사랑 그 자체다.

어머니를 이르는 호칭은 여럿이다. 우선 남의 어머니를 부를 때 자
당慈堂이라는 말을 썼다. '집'을 가리키는 堂당이라는 글자가 붙은 이유
는 '어머니가 머무시는 곳'을 가리키려 함이다. 북당北堂도 마찬가지다.
남북으로 향한 집의 구조에서 가장 뒤편이자 북쪽의 내실에 머무는
모친을 가리키는 말이다.

훤당萱堂이라는 단어도 있다. 萱훤은 '망우초忘憂草'라고도 한다. 근심
憂을 잊는忘 풀草이다. 먼 길을 떠나는 아들이 어머니 머무시는 곳 섬돌

구름 사이로 내리쬐는 햇빛이 어머님의 사랑처럼 고요하고 띠스하다. 봄날의 다사로운 햇볕은 그런 느낌이 더 강했다. 그를 기리키는 춘휘(春暉) 역시 어머니의 사랑을 뜻한다.

아래에 '잘 돌아올 테니, 근심하지 마시라'는 뜻에서 심어 놓고 길을 떠나던 일에서 유래했다는 설명이 있다. 어머니 머무시는 곳이라며 직접적으로 적는 모당母堂도 마찬가지 단어다.

　　팔모八母는 여덟 종류의 어머니를 가리키는 단어다. 우선 적모嫡母가 있다. 첩妾이 낳은 자식들이 정실正室의 부인을 일컫는 말이다. 계모繼母는 아버지가 다시 얻은 아내를 일컫는 단어다. 후모後母라고도 부른다.

자모慈母는 요즘 '자애로운 어머니'라는 의미지만, 원래는 어머니를 일찍 여읜 첩의 자녀들이 자신들을 대신 길러준 다른 첩을 호칭하는 말이다.

양모養母는 아버지와 부부관계는 아닐지라도 대신 키워준 여성을 일컫는 말이다. 의모義母 또는 기모寄母라고도 했다. 가모嫁母는 아버지를 여읜 자식들이 새로 시집간 어머니를 일컫는 단어다. 출모出母는 아버지가 버린 생모를 지칭한다. 서모庶母는 정실 소생의 자녀들이 아버지의 첩을 부르는 호칭이다.

마지막이 유모乳母다. 원래는 자신에게 젖을 먹인 아버지의 첩을 일컫다가, 나중에는 수유授乳를 위해 고용한 여인을 지칭하는 말로 발전했다. 원래의 아내라는 '정실'이라는 말에 첩을 의미하는 측실側室과 첩실妾室의 개념이 등장한다. 어딘가 개운치 않은 남성 중심의 옛 동양사회가 만든 단어들이다.

한자 단어 가운데 어머니의 사랑을 문학적으로 승화시킨 표현이 있다. '봄날의 따사로운 햇빛'을 의미하는 춘휘春暉라는 단어. 당나라 시인 맹교孟郊의 '유자음遊子吟'이라는 작품에서 나왔다. 맹교는 시에서 어머니의 사랑을 봄날의 햇빛, 자식의 경우를 작은 풀이라는 뜻의 촌초寸草로 표현했다.

따사로운 봄빛이 없으면 풀이 제대로 자랄까. 그런 점에서 이 문학적인 표현의 울림이 아주 크다. 한 계모의 폭력에 짧은 생을 마감하는 아이들의 경우가 우리를 몹시 우울하게 만든다. 그 조그만 풀 같은 생명을 지켜줄 봄날의 따사로운 햇빛과 햇볕의 자리에 학대와 폭력이 내려앉았으니…. 그런 봄은 참 어둑하다.

한자풀이 ─────────────

嚴 엄할 엄 엄하다. 혹독하다. 엄밀하다. 지독하다. 심하다. 급하다. 절박하다. 아버지.
慈 사랑 자 사랑. 어머니. 자비로움. 인정. 동정. 사랑하다.
萱 원추리 훤 원추리(백합과의 여러해살이풀). 망우초.
嫡 정실 적 정실. 본처. 본처가 낳은 아들. 맏아들. 대를 이을 사람.
嫁 시집갈 가 시집가다. 시집보내다. 떠넘기다. 가다. 향하여 가다. 시집.
暉 빛 휘 빛. 광채. 빛나다. 밝다.

149

안색顔色

'머리'를 의미하는 한자는 제법 다양하다. 우선은 首수, 頭두가 있다. 그 밖에 元원도 있다. 元은 우리에게 중국에 들어섰던 왕조의 이름 원나라로 잘 알려져 있으나 원래의 새김은 머리다. 머리는 사람 신체의 으뜸을 의미한다.

그래서 옛 왕조 시절의 최고 권력자인 임금을 元首원수라고 적었으며, 군대의 최고 지휘관을 으뜸 장수라는 의미에서 元帥원수로 적었다. 狀元장원도 마찬가지다. 과거科擧 시험을 치르는 일종의 문서 형식인 狀장에서의 으뜸元이라는 뜻으로 풀 수 있다.

머리에 관한 한자는 즐비하다. 정수리와 꼭대기 등을 가리키는 글자는 頂정과 顚전이다. 顚倒전도라고 하면 머리가 엎어진 모양이니, 나중에 '뒤집힘'의 뜻도 얻는다. 額액과 顙상은 이마, 頤이와 頷함은 턱을 가리킨다. 頤指이지와 頤使이사라는 단어가 있는데 턱으로 이것저것을 지시하는 사람의 행위다. 건방지고 오만한 모습을 의미한다.

얼굴을 가리키는 한자는 面면이 우선이다. 현대 중국에서는 일반적으로 얼굴을 臉liǎn으로 적는다. 面이라는 글자가 먼저 생겼고, 臉은 나중에 생겼다. 우리 한자 생활 속에서 이 臉이라는 글자의 용례는 거의 없다. 顔안은 원래 사람의 이마를 가리켰다가, 나중에 얼굴 전체를 지칭하는 글자로 발전했다.

　따라서 顔色안색이라고 하면 얼굴 색깔, 얼굴 빛, 낯빛 등의 뜻이다. 한자는 표의表意문자다. 따라서 당초에 새긴 의미가 뭔지 살펴야 그 후의 풀어짐을 잘 헤아린다. 顔안은 앞서 적은대로 원래는 '이마'다. 이마 아랫부분이 미간眉間인데, 그 사이에 끼어드는 각종의 기운을 원래는 色색이라고 했단다. 따라서 顔色이라고 적을 경우의 원래 뜻은 '미간에 맺힌 사람의 기분 상태'다. 그러다 결국 '낯빛'이라는 의미로 발전했다.

　이 顔色안색이라는 단어가 현대 중국어에서는 '색깔'로 쓰인다는 점은 제법 잘 알려져 있다. 그에 앞서 얻은 뜻이 위에 적은대로니 참고할 만하다. 그런 사람의 낯빛은 아주 다양하다. 慍色온색이라고 적으면 화가 난慍 얼굴빛이다. 愧色괴색이라고 적을 경우는 사람이 부끄러워愧 짓는 표정이나 낯빛이다. 얼굴색이라고 해서 직접 面色면색이라고도 적는다. 얼굴에 도는 기운의 빛이 氣色기색이고, 역시 얼굴에 나타나는 핏기의 정도는 血色혈색이라 부른다.

분수대에서 물놀이를 하는 어린 아이들의 얼굴이 천진난만하다. 사람의 얼굴에는 희로애락의 감정이 복잡하게 나타난다.

　실색失色은 그래서 쓰는 말이다. 대경실색大驚失色은 우리가 자주 쓰는 성어다. 유교 경전 『예기禮記』에서는 '복장 등이 단정치 못한 상태'의 의미로 나오지만, 여기서는 아주★ 놀라驚 얼굴이 푸르르…, 그러다가 하얘지는 경우다. 핏기가 가신 얼굴이 바로 실색이다.

진도 앞바다의 여객선 침몰에 우리는 대경실색했다. 사고 소식 자체가 그랬는데, 어린 생명을 구하지 않고 먼저 빠져나온 선원들에 놀랐고, 우왕좌왕 갈피를 잡지 못하며 시간만 허비한 정부의 무능함에 또 놀랐다. 놀람이 거듭 이어지고, 실색도 빈번하다. 핏기 가신 얼굴이 창백蒼白함이니, 우리 사회의 그 때 빛깔이 그랬다.

한자풀이

頂정수리 정 정수리. 이마. 꼭대기. 아주. 대단히. 상당히. 머리로 받치다. 머리에 이다. 무릅쓰다. 지탱하다. 버티다. 해내다. 감당하다.

顚엎드러질 전 이마 전 엎어지다. 뒤집히다. 거꾸로 하다. 미혹하다. 넘어지다. 미치다. 산의 꼭대기.

額이마 액 이마. 머릿수. 수효. 수량. 현판. 일정한 액수. 한도.

顙이마 상 이마. 머리. 꼭대기. 뺨. 절하다. 이마를 땅에 대어 절하다.

頤턱 이 턱. 아래턱. 괘 이름. 기르다. 보양하다. 부리다.

頷끄덕일 암. 턱 함 끄덕이다. 턱. 아래턱.

慍성낼 온 성내다. 화를 내다. 원망하다. 괴로워하다. 화. 노여움.

곡읍哭泣

울음 운다. 제 혈육이 목숨을 잃었을 때, 그것도 운명이 아닌 듯 보이는 비명非命에 숨을 거뒀을 때 사람들은 울음 운다. 그런 울음은 지극한 슬픔을 담았다. 눈물을 흘리며, 소리를 지르며, 가슴을 두드리며 마구 운다. 부모를 잃었을 때, 자식을 잃었을 때 슬픔은 하늘 끝에 닿고도 남는다.

대표적인 울음 한자는 哭곡이다. 소리를 지르며 우는 울음이다. 뼈까지 저미는 대단한 슬픔으로 울면 통곡慟哭, 그보다는 덜하지만 아픔에 겨워 소리 내서 울면 통곡痛哭이다. 크게 울면 대곡大哭, 목을 놓아 울면 방곡放哭이다.

다음 글자는 泣읍이다. 아주 작은 소리로 흐느껴 우는 울음이다. 소리가 작거나 없어 슬픔의 크기가 다르다고 볼 수는 없다. 슬픔에 겨우면 소리도 잦아지는 법. 소리를 삼키면서 우는 울음이 음읍飮泣, 훌쩍거리며 우는 울음은 철읍啜泣, 감격해서 울면 감읍感泣, 울면서 하소연하면 읍소泣訴다.

號호는 '번호番號'이기 전에 큰 목소리로 떠드는 모습을 가리키는 글자다. 여기서 '말을 하며 울다'의 뜻으로 나아갔다. 呼號호호와 哀號애호는 뭔가를 부르짖으면서 우는 행위다. 號哭호곡 역시 마찬가지의 뜻이다. 涕체는 눈물이다. 눈물을 가리키는 다른 글자 淚루에 앞서 등장한글자다. 流涕유체라고 적으면 눈물을 줄줄 흘리는 모습이다. 涕泣체읍,또는 泣涕읍체는 소리를 내지 않고 눈물 흘리는 일이다. 破涕파체는 눈물을 거둔다는 뜻이다.

啼제는 동물의 울음소리도 뜻하지만, 사람의 울음도 가리킨다. 제혈啼血이라면 피를 토하면서 우는 울음이다. 제곡啼哭은 소리를 내서 우는 모습, 그보다 큰 소리로 울면 호제號啼로 적을 수 있다. 오열嗚咽과

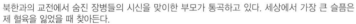

북한과의 교전에서 숨진 장병들의 시신을 맞이한 부모가 통곡하고 있다. 세상에서 가장 큰 슬픔은제 혈육을 잃었을 때 찾아든다.

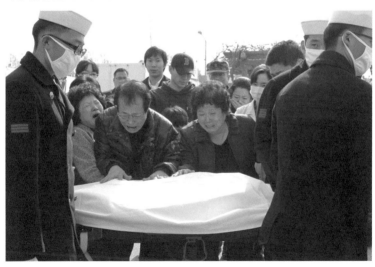

유열幽咽은 소리를 삼키면서 낮은 목소리로 흐느끼는 울음이다.

세월호 등 우리사회를 놀라게 한 큰 사건과 사고를 지켜보면서 떠올린 울음 한자들이다. 자식 잃은 부모의 울음은 이로써 다 형용할 수 없을 정도로 슬프다. 그런 슬픔에 자연스런 공명이 일어 많은 사람의 눈가도 매일 빨개진다. 북송北宋의 소동파蘇東坡가 남긴 사詞의 한 구절이 떠오른다.

그는 어느 날 10년 전 세상을 떠난 사랑하는 아내를 꿈속에서 만났다. 그리고 이런 말을 남겼다. "서로 돌아보는데, 그저 눈물만 천 갈래…(相顧無言, 唯有淚千行: 아래 소동파「江城子강성자」 번역 참조)". 세월호 사고 발생 직후의 아침마다 TV를 보며 들었던 심정이 꼭 그와 같다. 배를 버리고 떠난 선원들, 부정하게 돈만 벌어들인 해운회사, 위기관리에 허점만을 드러낸 대한민국 정부와 공무원을 보면서 드는 분루憤淚도 그 안에 담겼었음은 물론이다.

한자풀이

慟서러워할 통 서러워하다. 서럽게 울다. 대단히 슬퍼하다. 애통하다.
啜먹을 철 먹다. 마시다. 훌쩍훌쩍 울다. 울먹이는 모양. 훌쩍거리며 우는 모양.
涕눈물 체 눈물. 울다. 눈물을 흘리며 울다.
啼울 제 울다. 울부짖다. 소리 내어 울다. 눈물.
嗚슬플 오 슬프다. 흐느껴 울다. 목메어 울다. 탄식하다. 애달파하다. 탄식. 노래 소리. 새 소리.
咽목멜 열. 목구멍 인. 삼킬 연 목메다. 막히다. 목구멍 (인). 목 (인). 북을 치다 (인). 삼키다 (연).

십년 동안 산 사람 죽은 이 모두 망망한데,	十年生死兩茫茫.
생각 않으려 해도	不思量.
잊을 수가 없다.	自難忘.
천리 밖 외로운 무덤,	千里孤墳,
처량함을 하소할 곳이 없다.	無處話凄涼.
설사 만난다 해도 알아보지 못할 것이다,	縱使相逢應不識,
먼지 낀 얼굴,	塵滿面,
살쩍에 서리 내려.	鬢如霜
간밤 꿈에 홀연히 고향으로 돌아갔더니,	夜來幽夢忽還鄉.
작은 창 앞에서	小軒窓.
화장하고 있었다.	正梳粧.
돌아보며 아무 말 없이	相顧無言
눈물 줄줄 흘리고 있었다.	惟有淚千行.
생각하면, 해마다 애가 끊였을 것이다.	料得年年斷腸處.
밝은 달 밤,	明月夜,
다복솔 언덕에서.	短松岡.

– 지영재 편역, 『중국시가선』 을유문화사 참조

금수禽獸

일반적으로 금수禽獸라고 하면 날짐승禽에 네 발과 털을 갖춘 짐승獸을 일컫는다. 그래서 짐승의 통칭으로 사용하는데, 우리말에서의 쓰임은 결코 긍정적이지 않다. 의관금수衣冠禽獸라고 하면 옷과 갓을 걸친 짐승인데, 겉모습은 멀쩡하면서도 야비한 짓만 골라 하는 사람을 일컫는 말이다. 그러나 이번에 말을 걸고 싶은 한자는 禽금이다.

요즘은 날짐승에 국한해 사용하는 경우가 많지만 원래의 뜻은 일반 짐승 모두를 가리켰다. 네 발에 털을 단 짐승도 이 禽금이라는 글자에 모두 들었다는 얘기다. 『설문해자說文解字』 등의 고대 자전字典을 보면 이 禽이 '달리는 짐승走獸' '새와 짐승鳥獸'를 일컫는다고 나와 있다. 이 글자는 때로 '붙잡다'는 뜻의 금擒과 통용한다.

전설적인 명의名醫 화타華陀가 만들었다는 일종의 웰빙 체조인 '오금희五禽戱'는 다섯 동물의 몸짓에서 영감을 얻었다고 했다. 그 다섯 동물五禽이 호랑이虎, 사슴鹿, 곰熊, 원숭이猿, 새鳥다. 그러니 적어도 화타가 살았던 무렵의 개념으로 볼 때 禽은 일반 동물 모두를 지칭하는 글자였다고 볼 수 있다.

그러나 언젠가부터 이 글자가 조류鳥類만 지칭하는 글자로 쓰였고,

눈밭의 학과 고라니다. 금수(禽獸)는 일반적인 동물을 가리킨다. 원래 쓰임에서도 특별한 구별을 두지 않았던 흔적이 있다. 지금은 앞의 禽(금)이 일반적으로 조류(鳥類)를 가리킨다.

그를 분명히 하기 위해 飛禽走獸비금주수라는 성어 식 단어도 출현했다. 새를 가리키는 禽이라는 글자의 쓰임은 제법 많다. 우선 사나운 새가 맹금猛禽이다. 진기한 새는 진금珍禽, 산새는 산금山禽, 들판에 사는 새는 야금野禽으로 부른다. 명금鳴禽은 고운 소리로 우는 새, 북녘 하늘로 나는 기러기는 삭금朔禽, 얕은 물가에서 노니는 '롱(long) 다리'의 새는 섭금涉禽으로 부른다.

닭은 덕금德禽으로 일컫기도 한다. 머리에 난 볏이 의젓한 갓을 상징해 문文의 기질을 갖췄으며, 발톱은 용맹의 무武, 먹이를 봤을 때 동료들을 부르는 행위는 어짊, 때에 맞춰 우는 모습은 신뢰를 상징한다고 해서 붙인 이름이다. 집에서 기르는 조류 일반은 가금家禽이라고 지칭한다.

그러나 비꼬는 단어로도 조합을 이룬다. 중국 고전에 등장하는 금문禽門은 정욕情欲을 주체하지 못해 동물의 경계에 머무는 사람을 일컫는다. 금축禽畜으로 적으면 동물, 즉 금수禽獸와 마찬가지의 뜻이다. '금수만도 못한 녀석'의 그 금수다.

요즘 그런 짐승에 견줄 만한 사람들이 많이 등장한다. 공무원 출신으로 자리에서 물러난 뒤 업계와 결탁해 먹이 사슬을 형성하고 있는 이른바 '관피아', 갖은 부정과 비리로 제 주머니 챙기려 혈안인 업자와 그 주변의 숱한 사람들. 세월호 어린 학생들의 희생으로 드러난 우리 사회의 추하고 비열한 면모다.

낯설지만 가끔 모습을 드러내는 禽만도 못한 이들이다. 평소 숨어 지내지만 거대한 사고나 사건을 비추는 조명등 아래에서는 꼭 등장한다. 이 땅, 이 나라에 늘 있었던 재래종일 테다. 그래서 是邦禽시방금이라 이름 붙일까. 아니면, 보이지 않아도 천지天地 사방팔방四方八方에 다 도사리고 있다고 해서 十方禽시방금이라고 적을까. 봄의 숲에서 속삭이는 새들에게 괜히 미안하다.

한자풀이

禽새 금 새. 날짐승. 짐승. 포로. 사로잡다. 사로잡히다.
獸짐승 수 짐승. 가축. 야만. 하류(下流). 육포.
朔초하루 삭 초하루, 음력 매월 1일, 정삭, 정월 초하루, 처음, 시초, 아침, 새벽, 달력, 북녘, 시작하다. 생겨나다.

감옥監獄

한자 세계에서 이 감옥監獄이라는 단어가 등장하는 때는 퍽 늦다. 청淸나라 이후에야 비로소 지금의 뜻으로 나타난다. 죄지은 사람 가두는 곳이 감옥이다. 그런 뜻으로 가장 먼저 출현하는 단어는 환토圜土다. 흙벽으로 둥글게 두른 형태를 '둥글다'는 뜻의 圜환으로 적었다. 그러나 전설 시대에 해당하는 하夏나라 때 등장하고 있어 실재했는지의 여부는 불확실하다.

다음에 출현해 가장 일반적으로 쓰였던 죄인 가두는 장소가 영어圄圉다. 죄지은 사람 가두고 그 행동을 제약制約한다는 의미에서 생긴 글자라고 한다. 소 잃고 외양간 고친다는 그 '외양간'을 가리키는 한자 牢뢰도 나중에 감옥을 뜻하는 글자로 발전했다. 말을 가두어 기르는 圉어라는 글자도 역시 마찬가지다. 그러고 보니 가축 기르는 곳에 죄지은 사람을 가두는 게 관행이었던가 보다.

獄옥은 주로 일반 사람들 사이에 벌어진 송사訟事를 뜻하는 글자다. 그러다가 다툼에 이은 구금拘禁 등의 의미를 얻어 지금의 監獄감옥이라는 단어로 발전했을 것이다. 이 글자 역시 한자의 세계에서 대표적으로 '죄인 가두는 곳'을 가리킨다.

그러나 監獄감옥이라는 단어가 지금의 뜻으로 쓰이기 전에는 원래 관아官衙의 당직실이라는 뜻이었던 듯하다. 그런 기록이 명明나라 때 나온다. 그러나 관공서 당직실에 왜 監獄이라는 글자가 붙었는지에 관한 설명은 없다. 訟事송사로 관아를 찾은 사람들을 당직실에 머물게 하면서 감시監視했다고 해서 그랬을지 모르겠다.

請室청실이라는 말이 흥미를 끈다. 한漢나라 때 등장했다. 죄 지은 관리들을 가두는 곳이다. 앞의 請청은 '권하다' '청하다'의 새김이다. 그러나 여기서는 '깨끗이 하다'의 淸청과 통한다는 설명이다. 죄를 지은 관리를 가두고 자백하며 용서를 구하라고 만든 감옥이다. 관료 우대의 전통이 엿보이지만, 죄는 같이 다뤄야 마땅한데….

그곳에 갇히는 사람이 囚수다. 우리 쓰임으로는 죄수罪囚, 수인囚人

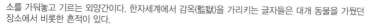

소를 가둬놓고 기르는 외양간이다. 한자세계에서 감옥(監獄)을 가리키는 글자들은 대개 동물을 가뒀던 장소에서 비롯한 흔적이 있다.

등이 대표적이다. 囚徒수도 또는 囚犯수범으로도 적는다. 南冠남관과 楚囚초수도 죄수를 일컫는 용어다. 유래가 있다. 춘추시대 오래 힘을 겨뤘던 楚초나라와 晉진의 이야기다.

당시 전쟁에서 초나라 악사樂師가 진나라에 붙들려 왔는데, 북방인 진나라에서는 볼 수 없는 '남쪽 나라의 모자南冠'를 썼다고 해서 붙은 이름이다. 직업이 악사라서 음악을 잘 연주했던 모양인데, 그런 일화로 유명해서 초나라 죄인을 뜻하는 楚囚초수도 일반적인 죄수를 가리키는 용어로 발전했다.

枷鎖가쇄라는 말이 있다. 죄인 목에 두르는 칼枷과 발에 묶는 족쇄鎖다. 桎梏질곡은 발을 조여 묶는 차꼬桎와 손에 두르는 수갑梏이다. 銀鐺낭당이라는 생경한 한자어가 있다. 두 글자 모두 뜻은 '쇠사슬'이다. 죄인을 묶는 용도다.

대한민국의 감옥은 넓다. 게다가 枷鎖가쇄와 桎梏질곡도 충분하다. 세월호로 몸을 드러낸 비리와 불법의 업자와 공무원, 관피아, 이해관계자를 가두고 묶을 여력이 충분하다는 얘기다. 그러니 이제는 사법계의 분발이 필요하다. 죄는 아주 엄하게 다스리자. 그래서 뭐가 이 사회의 문제인지를 분명히 살피자.

한자풀이

圜둥글 원, 두를 환 둥글다. 돌다. 원형. 감옥. 하늘. 화폐(貨幣). 두르다, 둘러싸다(환).
囹옥 영, 옥 령 옥. 감옥.
圄옥 어 옥. 감옥. 말 기르는 사람. 지키다. 가두다.
枷칼 가 칼. 도리깨.
鋃사슬 랑, 사슬 낭 북(타악기). 사슬. 쇠사슬. 형구(刑具)의 하나.
鐺쇠사슬 당, 솥 쟁 쇠사슬. 종과 북 소리.

선생先生

우리는 선생先生을 스승과 같은 뜻으로 쓴다. 그러나 원래 이 단어는 글자 그대로 먼저先 세상에 나온生 사람을 가리켰다. 공자의 『논어論語』에 그런 쓰임의 단어가 먼저 나온다. "일이 있으면 어린 사람이 나서고, 술과 음식이 있으면 어른이 (먼저) 먹는다有事弟子服其勞, 有酒食先生饌"는 표현이다. 여기서 제자弟子와 선생은 지금의 그 뜻이 아니라, 어린 사람과 어른을 지칭한다.

그러면서 결국 先生선생이라는 한자 단어는 나이 든 사람에 대한 존칭에서 한 걸음 더 나아가 나이도 많고 학문도 쌓은 사람, 더 나아가 지금의 스승이란 뜻까지 얻는다. 공자 시대에 제자들이 그를 호칭할 때 썼던 부자夫子라는 단어도 선생님을 의미한다.

스승을 일컫는 한자 단어는 꽤 많다. 스승을 아버지와 임금의 반열에 올려 함께 존경했던 전통 때문일 것이다. 선생님이 제자를 가르칠 때 앉는 자리를 강석講席이라고 하는데, 이 또한 스승을 경칭하는 단어로도 자리 잡았다. 함장函丈도 마찬가지다. 제자가 자리에 앉을 때 스승과의 거리를 한 장丈 둔다函는 예법에서 나왔다. 한 丈은 옛 길이 단위로 3미터 조금 넘는다.

목탁은 옛 왕조시절의 행정이나 법규 등을 새로 공표할 때 소리를 내 그를 알렸던 사람을 가리켰다. 그로부터 무엇인가를 일깨우는 사람. 스승의 의미로도 발전했다.

옛 중국 예법에서는 주인이 손님을 맞이할 때 동쪽에 서도록 하고 있다. 따라서 東동이라는 글자의 새김 중에는 '주인'의 뜻도 있다. 현대 중국어에서 집 주인을 房東방동으로 적는 이유다. 손님은 그 맞은편인 서쪽에 자리를 잡는다. 그런 경우를 뜻하는 서석西席, 서빈西賓 역시 나중에 '자식 가르치는 선생님'의 호칭으로 발전했다.

우리에게도 제법 알려진 단어가 진탁振鐸이다. 방울鐸을 울린다振는 뜻인데, 이 역시 교직에 있는 사람들을 일컫는 일반 명사다. 鐸탁은 흔들어 소리를 내는 청동제 방울이다. 방울 안에 있는 소리 울림 장치를 나무로 만들었을 경우 목탁木鐸, 금속으로 만들었을 때는 금탁金鐸이다. 일반 백성에게 행정에 관한 법령 등을 알릴 경우에는 목탁, 전쟁이 벌어졌을 때는 금탁을 울렸다고 한다. 그 목탁도 결국 스승의 동의어로 발전했다.

춘잠春蠶은 제법 운치까지 풍기는 단어다. 봄春 누에蠶인데, 실을 뽑기 위해 모든 힘을 다 하는 누에의 모습에서 스승의 이미지를 봤던 모양이다. 당나라 시인 이상은李商隱의 시에 나온 "봄누에는 죽을 때까지 힘써 실을 뽑는다春蠶到死絲方盡"는 구절이 이와 관련해 유명하다. 섶을 다 태워 불길을 살린다는 의미의 성어가 薪盡火傳신진화전이다. 앞서 쌓은 지식을 정열적으로 후대에게 전하는 선생의 이미지다. 그래서 두 글자를 뽑아 薪傳신전이라고 조합해 선생을 가리켰다.

춘우春雨는 봄비다. 메마른 대지를 촉촉이 적셔 새 생명의 움을 틔우는 고마운 비다. 본래는 봄기운을 퍼뜨리는 바람, 그리고 만물에 생기를 주는 비라는 뜻의 춘풍화우春風化雨의 준말이다. 역시 그런 고마운 가르침으로 어린 생명에 지식의 빛을 전하는 스승의 뜻이다. 人梯인제도 같다. 사람人 사다리梯다. 제 몸을 받쳐 남을 올려주는 사다리에서 스승의 그림자를 읽었다.

몽매蒙昧와 미혹迷惑에 지식의 빛을 던져 영혼을 일깨우는 이가 바로 스승이다. 1년에 한 번은 그런 스승의 은혜를 기리는 날이 있다. 찾아가 뵙지는 못하더라도 전화기 한 번 열어 내게 빛을 던져주셨던 스승께 안부라도 여쭙자. 그리고 "선생님, 그저 감사합니다!"라고 한 마디 해보자.

한자풀이

振떨칠 진 떨치다. 떨다. 진동하다. 구원하다. 거두다. 건지다. 구휼하다. 떨쳐 일어나다. 속력을 내다. 무리를 지어 날다. 들다, 들어 올리다. 열다.

鐸방울 탁 방울. 풍경(風磬). 교령 등을 선포할 때 흔드는 큰 방울.

蠶누에 잠, 지렁이 천 누에. 양잠. 누에를 치다. 잠식하다. 지렁이.

薪섶 신 섶. 땔감용 나무. 잡초. 풀. 봉급. 나무를 하다.

梯사다리 제 사다리. 실마리. 새싹. 기대다, 의지하다. 오르다.

해양海洋

　‘바다’가 등장하는 아주 멋진 명구가 있다. 진시황(秦始皇)을 도와 중국 전역을 제패한 인물 이사李斯, BC284~208년의 명언이다. 그는 진시황이 다른 나라에서 온 사람들을 모두 쫓아내라는 내용의 ‘축객령逐客令’을 내리자 그를 제지하는 ‘간축객서諫逐客書’를 올린다. 그 안에 이런 말이 등장한다. "태산은 다른 곳의 흙을 물리치지 않아 그 거대함을 이루었고, 강과 바다는 작은 물줄기를 마다하지 않아 그 깊음을 이루었다泰山不讓土壤, 故能成其大, 河海不擇細流, 故能就其深." 이 말을 한 이사라는 인물도 장하지만, 그 말이 함축한 ‘포용包容’과 ‘관용寬容’의 의미를 받아들여 결국 자신이 내린 ‘축객령’을 철회한 진시황도 장하다. 잠시나마 외부의 요소를 배제한 채 속 좁은 길로 갈 뻔했던 진시황의 배타적 정책은 그로써 멈췄고, 진나라는 마침내 중국 전역의 통일이라는 거대한 판도를 형성하는 데 성공했다.

　물은 높은 곳에서 낮은 곳으로 흐르고, 가득 찬 곳에서 빈 곳으로 향한다. 그런 물은 자연의 섭리를 말해주고 있으며, 그 물의 흐름에서 손자孫子는 남과 싸워서 이기는 방법에 관한 사색, 즉 병법兵法의 체계를 완성한다. 그런 물이 거대하고 웅장함을 이루기 위해서는 이사의 말처럼 '작은 물줄기를 마다하지 않는' 태도를 보여야 한다. 그런 태도가 위의 인용문에서 나온 '不擇細流불택세류'다. 작은細 물줄기流를 가리지擇 않는다不는 엮음이다. 지구의 가장 큰 물은 해양海洋이다. 우리는 보통 바다로 부르지만, 요즘 정의定義로서의 海해와 洋양은 다르다. 먼저 큰 바다를 일컫는 글자가 洋양, 그보다는 작은 바다가 海해다. 洋양은 오대 양五大洋을 떠올리면 좋다. 태평양太平洋, 대서양大西洋, 인도양印度洋, 북빙양 北氷洋, 남빙양南氷洋이다. 지구 전체를 통칭하는 오대양육대주五大洋六大洲 의 그 오대양五大洋이다.

　　洋양은 큰 바다로서 스스로의 체계성을 지닌 바다다. 자체의 조류潮

바다와 작은 배, 그리고 갯벌이 보인다. 바다에도 종류가 있다.
가까운 바다는 海(해), 먼 바다는 洋(양)으로 적는다.

流 특성이 있으며, 일정한 밀물과 썰물의 조석潮汐 체계를 보인다. 육지로부터 멀리 떨어져 있어 그로부터 영향을 받지 않으며, 평균 수심은 3,000~10,000m 정도다. 지구 전체 바다 면적의 89%를 차지하니, 이를 빼고서는 지구의 바다를 이야기할 수 없다.

海해는 그에 비해 육지에서 가까운 바다다. 따라서 육지의 영향을 강하게 받는 수역水域이다. 전체 바다 면적의 11%를 차지하며, 수심은 평균 2,000~3,000m 정도다. 인접한 육지의 바람 등 기후 조건과 하천 유입 등의 영향을 받아 수온水溫과 물색 등에서 잦은 변화를 보이는 게 특징이다.

해양경찰海洋警察의 해체를 두고 떠올려 본 바다 얘기다. 전격적인 해경 해체는 세월호 사고의 여파다. 그럼에도 서로 이권으로 얽혀 끼리끼리 나눠먹고 즐기는 우리 사회의 '문화' 토대가 이로써 전부 가려지지는 않을 것이다. 바다를 지키는 일은 그래도 필요할 터. 새로 바다를 담당할 기관은 가까운 바다, 나아가 먼 바다의 모든 사건사고에 훌륭히 대응하는 능력으로 등장하기를 바란다.

한자풀이

潮밀물 조. 조수 조 밀물. 조수. 바닷물. 흐름. 나타나다. 밀물이 들어오다. 드러나다. 젖다. 축축해지다.
汐조수 석. 빠를 계. 빠를 혈 조수. 간조(干潮). 썰물. 물 이름. 빠르다 (계). 빠르다 (혈).

청렴清廉

물이 맑고 깨끗하면 우리는 淸청이라는 글자를 떠올린다. 그를 활용해 만든 단어의 하나가 淸廉청렴인데, 뒤의 글자 廉렴이 아무래도 마음에 걸린다. 우리는 그저 '청렴하다' '깨끗하다'의 새김으로만 받아들인다. 원래 그랬을까. 의문이 슬쩍 찾아드는 글자다.

이 글자는 원래 건축에 관한 용어다. 집을 지을 때 한 건물의 가장자리, 즉 변邊을 가리키는 명사다. 커다란 집채가 있다고 생각해 보자. 번듯한 건물을 일컫는 당堂 또는 청廳이다. 이 당과 청의 변을 일컫는 글자가 廉렴이라고 생각하면 좋다.

그 선은 반듯해야 마땅하다. 조금이라도 휘어짐이 생긴다면 건물 전체의 모습이 일그러지게 마련이다. 따라서 건물의 정각正角을 잡아주는 기준에 해당하는 부분 중 하나가 바로 이 廉렴이다. 그 변이 모아지는 '구석' '모퉁이'를 한자로는 隅우라고 적는다. 이 隅우 또한 곧아야 한다. 변이 모여 이뤄지는 구석이니 그 각이 정확하지 않으면 건물은 틀어진다.

그래서 생겨난 단어가 廉隅염우다. 곧고 올바른 행실, 절조節操가 분명한 행동거지, 염치廉恥라는 뜻까지 얻었다. 이로써 우리의 의문은 조금 풀린다. 한자 廉렴은 당초의 건축 용어에서 옳고 바름, 곧음, 나아

오랜 한옥의 모습이 정겹다. 廉(렴)은 원래 건물의 가장자리를 일컫는 용어였다. 건물은 가장자리가 곧아야 바로 올라가는 법이다.

가 청렴의 뜻을 얻있다고 볼 수 있는 셈이다.

청렴이라는 단어의 중요성은 달리 부연할 필요가 없다. 높은 공직에 올라 있거나 올랐던 사람이 곧고 바름을 유지함이 廉렴, 제 직위의 후광을 업고서 남의 재물을 엿보거나 받는다면 貪탐이다. 청렴清廉에 이어 그런 관리를 뜻하는 염관廉官과 염리廉吏, 청렴하면서도 뚜렷이 살피는 청렴명찰清廉明察의 염명廉明이라는 단어가 그래서 이어진다.

양속이라는 동한東漢 때 관리가 누군가 선물로 들고 온 생선을 건드리지도 않은 채 마루 앞에 걸어두고서 다른 누군가 또 선물을 들고 오면 그를 말없이 보여줬다는 양속현어羊續懸魚 또는 현어懸魚라는 성어, 뇌물이 성행했던 명明나라 조정에서 "상관에게 바칠 뇌물은 없고 두 소매에는 깨끗한 바람뿐"이라고 했던 우겸于謙이라는 인물의 양수청풍兩袖清風이라는 성어가 다 그런 청렴한 관리를 뜻하는 말들이다. 맹자孟子는 그런 대목에서 항상 멋진 충고를 던진다.

"가져도 좋고, 가지지 않아도 좋을 때, 가진다면 청렴함을 떨어뜨린다可以取, 可以無取, 取傷廉. 줘도 좋고, 주지 않아도 좋을 때, 준다면 은혜의 깊이가 떨어진다可以與, 可以無與, 與傷惠. 죽어도 좋고, 죽지 않아도 좋을 때, 죽는다면 용기의 진정성을 손상한다可以死, 可以無死, 死傷勇."

여운이 남는 말이다. 그 담긴 뜻은 곰곰이 살피시라. 그러나 분명한 점은 공인公人 등의 도리를 따질 때 따라야 할 '아주 높은 강도의 절제節制'를 이야기하고 있다는 것이다. 관직에서 줄곧 청렴함의 이미지를 얻었다가 은퇴 뒤 짧은 시간에 많은 돈을 번 사람들이 있다. 전직 검사, 판사 등이다. 이들이 다시 총리와 장관 등 공직에 복귀할 때 항상 문제로 떠오르는 게 '짧은 시간에 번 많은 돈'이다.

그들은 아마 이 대목에서 약점을 드러낸 듯하다. 돈을 손에 쥠으로써 얻고 잃는 것이 무엇인가에 대한 깊은 성찰 말이다. 청렴의 덕목을 항상 굳고 바르게 간수하기는 참 어려운 일인가보다. 돈맛에 단단히 취한 우리 모두는 그를 얼마나 닦달할 수 있을까.

한자풀이

廉 청렴할 렴, 청렴할 염, 살필 렴, 살필 염 청렴하다. 결백하다. 검소하다. 검박하다. 살피다. 살펴보다. 날카롭다. 예리하다. 끊다. 끊어지다. 곧다. 바르다. 값싸다.
隅 모퉁이 우 모퉁이. 구석. 절개. 정조(貞操).
懸 달 현 달다. 매달다. 달아매다. 매달리다. 늘어지다. 현격하다. 멀다. 멀리 떨어지다. 동떨어지다. 헛되다. 빛. 헛되이. 멀리.
傷 다칠 상 다치다. 해치다. 애태우다. 근심하다. 불쌍히 여기다. 상하다. 상처.

취임就任

새로운 관직에 나아가는 일을 우리는 취임就任이라고 적는다. 때로는 부임赴任, 또는 담임擔任이라고도 할 수 있다. 이들 단어의 조합으로 볼 때 任임이라는 글자는 흔히 알고 있는 '맡기다'라는 뜻에서 몇 걸음 더 나아가 맡은 자리, 맡은 일 등의 새김까지 얻었음을 알 수 있다.

그러나 任임의 원래 뜻은 물건을 지니는 방법과 관련이 있다. 몇 가지 동작이 있는데, 우선 背배는 물건을 등에 지는 행위다. 擔담은 어깨에 메는 동작, 荷하는 물건을 드는 일이다. 그 중 하나가 任임인데, 물건을 품에 안는 동작을 가리킨다고 했다.

따라서 임무任務라고 할 때 원래대로의 의미는 '떠안은 일' '맡은 일'이었고, 나아가 '꼭 해야 할 일'로 발전한 듯하다. 임직任職은 일반 사전에서 '자리를 맡김'으로 흔히 쓰지만, 원래 의미대로 살피자면 '자리를 맡다'가 맞겠다. 임명任命 또한 명령命令에 따른 내용을 맡는다는 뜻이 우선이고, 나아가 누군가를 어느 자리에 세운다는 의미로 발전했다.

자리에 새로 오르는 사람은 늘 나름대로의 동작으로 주변의 시선을 끌게 마련이다. 下馬威하마위라는 말이 그와 관련이 있다. '말에서 내릴 때 부리는 위엄'이라는 뜻인데, 새로 부임하는 관료가 말에서 내릴 때부터

옛 국왕의 복장을 입은 노인이 어린 관광객과 포옹하면서 담소를 나누고 있다. 任(임)이라는 글자는 원래 이렇듯 무엇인가를 안아 들이는 동작을 가리켰다.

뭔가를 과시하려는 행태다. 옛날에는 관료들이 새 임지에 부임할 때 수레를 이용하는 경우가 많아서 원래는 下車威하거위라고 적어야 옳다.

그러나 수레車보다는 말馬이 단출해 보였음인지 나중에는 下馬威하미위로 정착했다는 설명이다. 원전을 따지자면 下馬作威하마작위와 下車作威하거작위인데, 한 글자씩 줄였다. 어쨌든 이 말들은 새로 높은 자리에 오르는 공직자가 현지의 부하 관리들에게 위엄을 부려 기선을 제압한다는 뜻으로 쓰인다.

우리 용례에는 없지만, 중국에서는 새로 부임하는 관원의 행태가 늘 수상쩍었던 모양이다. 그래서 나온 말이 '新官上任三把火신관상임삼파화'다.

새新 관원官의 부임上任 뒤 세三 차례把 불질火이라는 엮음이다. 원래는 『삼국지연의三國志演義』에서 제갈량諸葛亮이 유비劉備의 군사軍師를 맡은 뒤 벌인 세 차례 화공火攻을 일컬었다. 그 유명한 적벽대전赤壁大戰까지를 포함한 공격이다.

그 이후의 중국 사람들은 관료들의 행태와 관련해 한 가지 뚜렷한 흐름을 읽었던 모양이다. 새로 자리에 오른 관료는 윗사람이나, 주변에 뭔가를 보여주기 위해 아주 눈에 띄는 행동을 한다는 점이다. 그러나 그 '세 차례 불질' 다음에는 늘 원래의 상태로 돌아갔다. 그래서 제갈량의 세 차례 화공을 각색해 위의 말을 만들어 냈다. 임기 초반에만 제 업적을 눈에 띄게 포장하는 일을 가리키니 결코 좋은 뜻은 아니다.

우리는 늘 선거나 정부의 인사를 통해 새 공직자들을 맞는다. 그럴 때마다 '불질'이 도지지 않았으면 좋겠다. 당적黨籍이 다르다고 해서 전임자의 공로功勞를 아예 무시하는 일이 없어야 하겠다. 전임자의 공과功過를 냉정하게 가려 이을 것은 잇고, 버릴 것은 버려야 한다. 繼往開來계왕개래라는 말은 그럴 때 쓴다. 앞의 것往을 이어繼 미래를來 열어간다開는 엮음인데, 새 고위 공직에 오르는 사람들이 크게 유념해야 할 말이다.

한자풀이

任맡길 임, 맞을 임 맡기다. 주다. 능하다. 잘하다. 공을 세우다. 배다. 임신하다. 맞다. 당하다. 맡다. 지다. 견디다. 감내하다. 보증하다. 비뚤어지다.

荷멜 하, 꾸짖을 하, 잗달 가 메다. 짊어지다. 부담하다. 책임지다. 담당하다. 꾸짖다. 따져 묻다. 은혜를 입다. 짐. 화물. 부담. 책임. 담당. 연. 연꽃.

擔멜 담 메다. 들다. 들어 올리다. 짊어지다. 책임지다. 맡다. 떠맡다. 짐. 화물. 맡은 일. 부피의 단위. 양의 단위.

관리官吏

공무를 집행하는 사람이 관원官員이다. 그 관官은 본래 다스림을 행하는 관공서의 의미만을 지녔었다. 관서官署, 관부官府 등의 뜻으로 말이다. 그러나 나중에는 그곳에서 일하는 공무원의 새김을 얻는다. 문관文官, 군관軍官, 법관法官의 형태다.

'남을 다스리는 사람'이라는 뜻의 吏리라는 글자도 역시 '관원'의 뜻을 지닌다. 중국을 최초로 통일한 진秦나라 때는 높고 낮은 관원 모두에게 이 글자를 붙였다가, 한漢나라 이후 낮은 계급의 관원들만을 지칭하는 글자로 변했다. 어쨌거나 관리官吏라고 해서 두 글자를 합치면 넓은 의미의 공무원을 가리키는 단어다.

관료官僚라고 할 때의 僚료라는 글자 역시 관원의 의미. 그래서 같은 관공서에서 일하는 관원들은 서로를 동료同僚 또는 요우僚友라고 했다. 비슷한 새김을 지닌 글자로는 仕사와 宦환이 있다. 벼슬길을 표현하는 단어의 조합은 사로仕路, 사도仕途, 환도宦途, 환로宦路 등이다.

음모와 계략이 춤을 추는 벼슬길의 여러 풍파風波를 지칭하는 단어는 환해宦海다. 여느 바다 못지않게 비바람이 갈마들면서 많은 변수가 닥치는 곳이다. 공직에 나섰으나 일은 제대로 하지 않고 권력과 재물

옛 조선왕조 시절의 정사 논의를 재현한 장면이다. 임금 밑의 높고 낮은 관원들을 모두 일컫는 말이 관리(官吏)다. 그와 관련이 있는 단어는 매우 많다.

로 채우는 주머니가 있으니, 그 이름이 환낭宦囊이다.

관리들에게 주는 급여가 봉俸과 록祿이다. 둘을 붙여 봉록俸祿이라 부르기도 하고, 비슷한 새김의 秩질이라는 글자를 동원해 봉질俸秩, 녹질祿秩이라고도 한다. '차례'를 일컫는 질서秩序라는 단어가 원래는 관원의 계급과 그 봉록의 차이를 일컬었던 데서 비롯했다고 추정할 수 있다.

권력자가 벼슬을 내리는 일이 제수除授다. 除제라는 글자는 여기서 '없애다'가 아니라 '바꾸다'는 새김이다. 授수는 '주다'는 뜻이다. 除授제수는 일반적으로 권력자가 특별한 절차 등을 거치지 않은 채 대상자에게 직접 그 자리를 주는 행위를 가리킨다. 拜배도 마찬가지다. 벼슬에 누군가를 직접 임명하는 행위다. 배상拜相이라고 하면 누군가를 재상宰相에 임명한다는 뜻이다.

昇승 또는 升승이라는 글자는 관리의 승진昇進을 의미한다. 陞승이라는 글자도 마찬가지 뜻이다. 拔발과 擢탁 또한 누군가를 추천하거나 선발하는 행위다. 일반적으로는 이미 관직에 있는 관리에 대해 쓰는 글자다. 좋은 자리, 높은 자리에 끌어올려서 쓰는 일이다. 昇進승진의 進진은 晉진과 원래 의미는 조금 다르지만 요즘은 통용한다.

遷천과 徙사는 자리의 이동을 가리킨다. 앞의 遷천은 승진의 의미, 뒤의 徙사는 일반적인 자리 이동의 뜻이 강하다. 그러나 좌천左遷의 경우가 특이하다. 옛 관념에서 왼쪽左은 오른쪽右에 비해 낮다. 따라서 左遷좌천이라고 적으면 직위가 내려앉는 경우를 가리킨다. 같은 뜻의 글자가 貶폄이고, 좀 더 심각한 잘못을 저질러 직위 강등에 이어 먼 곳으로 쫓겨나는 일은 謫적이다.

罷파, 免면, 解해, 革혁, 削삭, 奪탈은 관직에서 관리를 쫓아내는 일이다. 삭탈관직削奪官職이란 성어는 우리가 자주 쓴다. 禁금과 錮고는 그보다 정도가 심해 자리에서 쫓아낸 후 다시 기용치 않는 경우를 일컫는다. 요즘은 법률용어 '금고형禁錮刑'에서나 볼 수 있는 단어지만, 원래 뜻은 그렇다.

장관 자리를 바꾸는 대통령의 개각 행위가 옛날로 치면 除授제수에 해당한다. 새 총리가 나오면 적지 않은 각료가 바뀐다. 각료는 관원

가운데 으뜸이다. 그런 높은 직위의 공무원이라면 현명하고 능력이 있어야 한다. 이른바 현량賢良과 현능賢能이다. 그런 좋은 인재를 제대로 발굴해서 관직에 나아가게 하는 일이 존현사능尊賢使能이다.

고분고분하지만 받아 적기에만 능했던 각료는 물릴 일이다. 새 자리를 탐내 벌써 언론에 이런저런 소문 흘리는 사람도 경계해야 한다. 그 깜냥으로 '자리'에 오르면 그는 제 주머니 먼저 챙길 위인이다. 행정의 시야를 넓게 갖추고 소신이 있으며, 공정하면서 정직한 사람으로 내각을 이뤄야 좋다.

한자풀이 ─────────────

官 벼슬 관 벼슬, 벼슬자리. 벼슬아치. 마을. 관청, 공무를 집행하는 곳. 기관. 일. 직무. 임금. 아버지. 시아버지. 관능, 이목구비 등 사람의 기관. 본받다.

吏 벼슬아치 리 벼슬아치 이. 관리 리. 관리 이 벼슬아치. 관리. 아전. 벼슬살이를 하다.

宦 벼슬 환 벼슬, 관직, 벼슬살이. 내시. 환관. 고자. 벼슬아치, 관원. 공무를 배우다. 벼슬살이 하다.

秩 차례 질 차례, 순서. 녹봉. 벼슬, 관직. 항상, 상규. 십 년. 책갑(册匣). 순서를 매기다. 가지런하다. 조리가 있다.

擢 뽑을 탁 뽑다. 뽑아내다. 뽑아 버리다. 빼내다. 버리다. 제거하다. 발탁하다. 뽑아 올리다. 솟다. 빼어나다. 뛰어나다. 길다. 길게 늘이다.

錮 막을 고 막다. 매다. 땜질하다. 가두다. 가로막다. 단단하다. 고질병.

쥐, 鼠_서

쌀을 비롯한 곡식과 채소를 괜히 축내는 존재가 쥐다. 쥐는 나름 대로 생존을 위해 그런 행태를 보이지만, 어쨌든 사람의 입장에서는 소중한 곡물 등을 훔치는 쥐가 결코 좋게 비칠 리 없다. 따라서 쥐에 관한 한자 표현이 제법 불량하다.

쥐의 눈을 일컫는 한자 단어가 서목鼠目이다. 여기에 손가락 마디 정도에 불과한 안목을 가리키는 촌광寸光이라는 단어를 붙여 만든 게 鼠目寸光서목촌광이다. 쥐의 깜냥으로는 제 눈앞에 어른거리는 음식물만 본다. 조심스러운 성정性情은 있을지 몰라도, 더 멀리 내다보지 못한 채 먹이에만 접근하다가 고양이의 날카로운 발톱이나 덫에 걸린다. 쥐의 그런 속성에 빗대 안목이 짧은 사람을 가리킬 때 쓰는 성어다.

도둑이 물건 훔칠 때는 어떤 표정일까. 여기저기 두리번거리는 일은 보통일 게다. 정당치 못하게 남의 물건 훔치는 사람이니 불안하게 사방을 훑어본다. 그 표정이 결국 사람의 양식을 훔치는 쥐와 다를 바 없다고 해서 만든 성어가 賊眉鼠眼적미서안이다. 도적賊의 미간眉과 쥐鼠의 눈眼이라는 뜻인데, 남의 것을 훔치기 위해 끊임없이 두리번거린다는 점에서는 같다.

首鼠兩端수시양단이라는 말도 있다. 구멍 밖으로 우선 머리를 내민 뒤 이쪽저쪽을 살피는 쥐의 모습을 형용했다. 눈치 열심히 보면서 어디로 향할까를 끊임없이 저울질하는 쥐의 행태. 줏대가 없어 의심만을 잔뜩 품으면서 옳은 방향으로 나아가지 못하는 경우를 일컫는 성어다.

鼯鼠之技오서지기라는 말도 있다. 鼯鼠오서는 梧鼠오서로도 적는데, 우리말로 풀자면 엷은 가죽이 몸을 두르고 있어 공중을 날 수 있는 날다람쥐. 이 날다람쥐는 다섯 가지 재주가 있다. 그렇지만 날더라도 지붕 끝까지 날아오를 역량은 없고, 헤엄을 쳐도 강을 건널 만큼은 아니다. 나뭇가지를 오르더라도 끝에는 이르지 못한다. 그럴 듯한 모양만 갖췄지 깊이가 없는 경우를 일컬을 때 쓰는 성어다.

抱頭鼠竄포두서찬이라는 성어도 있다. 머리頭를 싸안고抱 쥐鼠가 구멍으로 내빼는竄 모습이다. 아주 큰 낭패에 이르러 볼품없이 망가진 모습을 형용한다. 옛 성城과 사직社稷은 국가를 수호하는 가장 큰 상징이

중국 동북지역, 만주 일대에 아직 남아 있는 고구려 성곽이다. 쥐는 성곽의 틈바구니, 의젓한 나라의 건축에 숨어들어 정당치 못한 행태로 그를 허무는 사람을 비꼴 때 자주 등장한다.

다. 안보의 초석이자 사회 공동체의 틀이라서 그렇다. 여기에 숨어 살면서 성과 사직을 허무는 존재를 여우와 쥐에 비유한 성어가 城狐社鼠성호사서다. 국가와 사회의 틀을 좀먹는 존재들이다.

우리 정당인들을 볼 때 가끔 생각이 나는 쥐의 행태들이다. 정파의 이해에 앞서 자신이 몸을 담고 있는 정당의 가치적 지향에 충실해야 하는 사람들이 정치인이다. 그럼에도 이들은 제 정치적 소신을 제쳐두고 눈치만을 볼 때가 많다. 제게 걸려 있는 눈앞의 이해 때문이다.

보수 정당이면 보수 정당인답게 제 가치를 주장할 줄 알아야 하고, 진보 정당이면 역시 제 지향대로 논리와 신념을 펼칠 줄 알아야 한다. 그러나 대개 이들의 행보는 그 반대로 치달을 때가 많다. 가치와 신념은 팽개쳐두고 당리黨利와 당략黨略에만 열중하면 우리 정치의 희망은 더 이상 없다.

쥐야 생존을 위해서 보이는 행태일 뿐이지만, 높고 큰 지향志向보다는 얄팍한 편의便宜만을 좇는 셈이니 이들은 쥐보다 낫다고 할 수 없는 형편이다. 국가 사회의 성채 틈새, 사직 들보에 숨은 쥐들을 가려야 하는데, 우리는 그들을 너무 많이 키워냈다.

한자풀이

鼯날다람쥐 오 날다람쥐.
竄숨을 찬 구멍을 뜻하는 '穴(혈)'과 쥐를 가리키는 '鼠(서)'를 합친 글자다. 구멍에 들어가 숨은 쥐를 가리킨다. 숨다. 달아나다. 숨기다. 내치다. 고치다. 들여놓다.
狐여우 호 여우. 여우털옷. 부엉이. 의심하다.

발분發憤

    승부를 가리는 마당에서 남에게 지는 게 패배敗北다. 손에 무언가를 쥐고서 물건을 두드려 망가뜨린다는 뜻의 敗패, 등을 보이고 앉아 있는 두 사람의 모습을 형상화한 北배의 글자가 합쳐졌다. 옛 한자세계에서는 北배와 사람의 등을 가리키는 背배는 통용했다.

    그런 패배에는 여러 종류가 있다. 모든 승부에서 지는 것이 전패全敗겠고, 아예 겨룸이라고 얘기할 수준에도 못 미치는 게 완패完敗다. 경기 결과가 감당하기 힘들 정도로 참혹慘酷하다면, 그런 패배는 참패慘敗다. 요즘에는 운동경기 등에서 스코어를 한 점도 얻지 못한 채 무릎 꿇는 것을 영패零敗라고 한다.

    가끔 우리 언론을 장식하는 스포츠 뉴스에서 한국 대표팀의 패배 소식이 실릴 때가 적지 않다. 열심히 하다가 아깝게 진 경우라면 석패惜敗, 하는 데까지 했으나 경기에 져서 마음속 울분이 가시지 않으면 분패憤敗라고 할 수 있다.

    '憤분'이라는 글자는 내 마음의 결기가 어떤 결과를 지켜보다가 못마땅함 때문에 모종의 감정으로 일어나기 시작하는 경우를 일컫는다. 그것이 쌓이면 울분鬱憤이 되는 것인데, 분노憤怒 등의 단어로 전화轉化

하면서 흔히는 '노여움'의 동의어同義語로 바뀌었다.

그러나 이 글자를 '노여움'만으로 풀기에는 뭔가 부족하다. 공자孔子가 스스로를 평가한 대목이 있다. '발분망식發憤忘食'이다. '열심히 공부하면서 끼니 때우는 것조차 잊는' 사람이라는 것이다. 이 성어는 더 생각해 볼 여지가 있다.

여기서 발분發憤은 '분을 내다'다. 결국 憤분이라는 것이 문제인데, 뭔가 더 이루고자 애를 쓰면서 마음을 다잡는 행위다. 공자의 『논어論語』에는 이런 구절이 나온다. "마음을 다잡지 않으면 열어주지 못하고, 애태우지 않으면 말해주지 않는다不憤不啓, 不悱不發"는 말이다.

배우려는 자가 뜻한 바를 세워 열심히 나서지 않으면 가르치는 사람으로서는 그를 깨우칠 방도가 없다는 뜻이다. 아울러 스스로 표현하기 위해 이리저리 궁리를 하지悱 않으면 말을 해줘도 알아먹지 못한다는 얘기다. 자신을 더 나은 상태로 이끌어 간다는 뜻의 '계발啓發'이라는 단어는 예서 유래했다.

결국 스스로 몸이 달아 열심히 자신의 수준을 끌어 올리려 애쓰는 것이 憤분이다. 그래서 분발憤發이라는 조어造語가 가능하며, 의지를 내서 강해지려 힘쓰는 모습을 '발분도강發憤圖强'이라고 부르는 것이다.

따라서 이런 맥락의 성어와 단어, 글자 등은 스포츠 경기에만 국한할 게 아니다. 모든 일, 모든 직종에서 완성도 높은 수준에 오르려면 늘 스스로 애를 쓰며 강해지기 위해 노력해야 한다. 發憤발분이 필요하다는 얘기다.

그저 이 단어를 '노여워하다' 정도로 푸는 것은 마땅치 않다. 발분해서 끼니조차 잊는 정도에 이른 공자까지는 아니더라도, 스스로 나아지기 위해 애를 쓰고 땀을 흘리며, 노심초사하는 수준의 노력은 항상 기울여야 한다. 경제 전반의 침체 국면에 사회적 이슈를 두고 혼선을 빚으며 좀체 앞으로 나아가기 힘든 우리사회의 각 분야, 구성원들 또한 곰곰이 생각해 볼 말이다.

한자풀이

憤분할 분 분하다. 원통하다. 성내다. 분노하다. 번민하다. 괴로워하다. 어지러워지다. 어지럽히다. 힘쓰다. 분발하다. 왕성하다. 가득 차다. 분노.
啓열 계 열다. 열리다. 일깨워주다. 여쭈다. 보도하다. 사뢰다. 책상다리를 하다. 안내하다. 인도하다.
悱표현 못할 비 표현을 못하다. 표현하려고 애쓰다. 말이 나오지 아니하다.

빗발 雨脚

　나이 50이 넘어 초로初老의 길에 들어선 당나라 시인 두보杜甫, 712~770년는 만년이 초라했다. 겨우 집 하나를 얻은 게 그의 '초당草堂'이다. 띠를 가리키는 茅모로 얼기설기 지은 집이다. 지금 쓰촨四川의 청두成都에 있는 '두보 초당'은 후대 사람들이 그를 기념코자 만든 것이다.

　그 초당의 지붕이 거센 비바람에 날려 이리저리 흩어진 적이 있다. 동네 아이 녀석들은 바람에 날려 흩어진 두보 집 지붕 띠를 들고 도망쳤던 모양이다. 초로의 나이에 겨우 장만한 집, 그리고 비바람에 날려 없어진 지붕, 비가 새는 집에서 자식들을 잠 재워야 했던 아비 두보의 심정…. 전란에 쫓겼던 천재 시인 두보의 감성이 '가을바람에 부서진 띳집'이라는 그의 시에 잘 드러난다.

　빗방울이 수직으로 땅에 꽂힐 때는 하나의 기다란 선線으로 보인다. 그 모습을 두보는 雨脚우각이라 적었고, 그의 시를 한글로 풀었던 「두시언해杜詩諺解」는 단어를 '빗발'이라는 순우리말로 번역했다. 한자의 표현이 우리말을 풍부하게 만든 하나의 예다.

　비를 가리키는 한자 雨우는 하늘에서 빗물이 떨어지는 모양을 그렸다. 새김은 당연히 '비'다. 24절기의 시작은 입춘立春이고 그 다음이 우

수雨水다. 하늘에서 땅으로 내리는 물이 강수降水인데, 보통 눈과 비로 나눠진다. 우수는 냉랭한 대기가 따뜻해져 강수의 형태가 눈에서 비로 바뀌는 시점이다. 비는 구름에서 만들어지는 까닭에 雲子운자라고도 적는다. '빗발'은 다른 말로 雨足우족이라고도 한다.

우수를 시작으로 대기 중의 습기는 비로 변해 대지를 적신다. 그래도 아직 차가움이 가시지 않아 얼어붙은 상태로 떨어지는 그 빗방울은 동우凍雨다. 얼지는 않았어도 차갑기 짝이 없는 빗물은 찬비, 즉 냉우冷雨다. 대지를 촉촉하게 물들이는 가랑비는 세우細雨다.

수만 마리의 말이 대지를 거침없이 달릴 때의 모습이 떠올려진다는 의미에서 붙인 말이 취우驟雨다. 마구 쏟아지는 소나기다. 그러나 이 비는 오래 내리지 않는다. 잠시 퍼붓고 난 뒤 바로 자취가 묘연해진다. 그래서 나온 말이 '소나기는 오래 가지 않는다驟雨不終日'다. 일시적인 현상이 오래 갈 수 없다는 의미다. 갑작스럽게 쏟아진다는 의미에서 급우急雨라고 하는 비도 소나기의 일종이다.

소나기 형태지만 더욱 오래 퍼부어 피해를 내는 비가 사나운 비, 폭우暴雨다. 폭우는 종류가 많다. 내리는 비의 양이 많으면 그저 호우豪雨일 것이다. 비가 쏟아지는 형태를 구체적으로 묘사한 게 분우盆雨다. 큰 물동이를 거꾸로 기울일 때 쏟아지는 물처럼 비가 내린다는 뜻의 '경분대우傾盆大雨'의 준말이다. 천둥과 번개를 동반한 비는 뇌우雷雨다.

매실 익을 때 내리는 6월 전의 비는 매우梅雨, 땅을 충분히 적실 정도로 내리는 비는 투우透雨다. 땅을 뚫고 내려가는 비, 투지우透地雨의

준말이다. 사흘 이상 이어지는 비
는 임우霖雨다. 임우는 장맛비를 뜻
하기도 한다. 그칠 줄 모르는 비,
그래서 사람들은 '하늘에 구멍이
뚫렸다'는 의미로 天漏천루라고도
적었다. 손님의 발길을 막는다고
해서 留客雨유객우라고도 한다.

좋은 비는 때맞춰 적절하게 내
린다. 이른바 '급시우及時雨'다. 『수호

여름에 내리는 단비를 찍은 사진이다. 하늘에서 내리는
비를 일컫는 한자 단어는 제법 많은 편이다. 비는 대지를
적셔 생명의 움이 트도록 한다.

전水滸傳』 양산박梁山泊 108 두령의 첫째인 송강宋江의 별칭이기도 하다. 남
에게 도움이 되는 사람이라는 뜻이다. 급시우는 단비, 즉 감림甘霖이다.
적절한 때에 한동안 내려 가뭄과 더위를 식히는 비다. 한 해 여름의 비
가 늘 그랬으면 좋겠다. 불볕더위를 때때로 식혀 주면서 많이 내리더라
도 큰 피해 없이 물러가는 그런 비… 장마철에 꿔본 꿈이다.

한자풀이 ────────────────────────────────

驟달릴 취 달리다. 빠르다. 몰아가다. 갑작스럽다. 자주. 여러 번. 갑자기. 돌연히.
透사무칠 투, 놀랄 숙 사무치다. 다하다. 꿰뚫다. 투과하다. 통하다. 투명하다. 환하다. 맑다. 달아나다. 뛰다.
뛰어오르다. 새다. 놀라다(숙).
霖장마 림. 장마 임 장마. 사흘 이상 내리는 비. 비가 그치지 아니하는 모양.

관할_{管轄}

요즘 길거리에 흔한 커피 판매점에서 컵에 꽂아주는 게 스트로우다. 우리식으로 말하자면 '빨대'인데, 일종의 대롱이다. 가운데가 비어 있어 음료 등을 빨아 먹을 수 있다. 한자로 표현하면 관_管이다.

옛 한자 세계에서 이 글자는 흔히 관현_{管絃}이라는 의미가 강했다. 입으로 숨을 불어넣어 연주하는 악기가 管_관, 줄을 튕겨 그 울림으로 연주하는 악기가 絃_현이다. 그러나 管_관이라는 글자가 지닌 원래의 큰 의미 중 하나는 문을 여는 데 필요한 '열쇠'다. 구체적으로는 장관_{掌管}이라는 벼슬이 있었는데, 문 여닫이 용도의 열쇠_管를 맡은_掌 사람이라는 뜻이다.

쇠로 잠금장치를 만드는 기술이 발달하기 전에는 나무로 만든 잠금장치가 쓰였다. 그 안에 꽂아서 잠금장치를 푸는 긴 막대기가 管_관이었다는 설명이다. 그 장치를 손에 쥐고 관리하는 사람이 곧 掌管_{장관}이다.

사람들이 타고 다니던 옛날 수레에도 바퀴가 달려있었다. 둥그런 바퀴를 차축_{車軸}의 양쪽에 걸어야 수레가 움직인다. 그러나 바퀴에 차축을 고정시키는 데에는 별도의 장치가 필요했다. 차축 양쪽에 금속으로 만든 덮개를 두른 다음 이를 차축에 뚫은 구멍에 고정시켜야 한다. 덮개와

몽골 초원의 수레가 보인다. 관할은 나아가고 멈추는 행위를 가리켰다. 세상살이에서 제가 나아가야 할 때와 물러서야 할 때를 제대로 구분하는 일은 매우 중요하다.

차축의 구멍에 길쭉한 철심鐵心을 꽂아 넣는데, 이게 바로 할轄이다.

투할投轄이라는 고사故事가 있다. 서한西漢 때의 진준陳遵이라는 사람이 주인공이다. 술을 좋아했던 그는 손님들이 집에 돌아가 흥이 깨지는 것을 싫어했다. 그래서 집에 온 손님들의 수레에서 이 轄할을 뽑아 우물에 던졌다는 것이다. 아무리 급한 일이 있어도 손님들은 집에 가지 못하고 그와 어울렸다는 내용의 이야기다.

管관과 轄할이라는 두 종류의 장치를 합쳐 만든 말이 관할管轄이다. 관은 '열어서 움직이다'는 뜻의 글자다. 그에 비해 할은 '멈춰서 고정시키다'는 새김이다. 따라서 둘을 한 데 엮어 읽으면 '나아감과 멈춤行

189

止'의 뜻이다.

요즘의 관할은 '관청官廳의 권한이 미치는 범위'의 의미가 강하지만, 원래는 이렇듯 나아갈行 때와 멈출止 때를 잘 알아야 한다는 뜻의 단어다. 쉽게 말하자면, 제가 해야 할 것과 하지 말아야 할 것을 잘 가리는 일이다. 2014년의 세월호 사건 감사 결과가 예상대로다. 사고를 인지한 관청이 서로 管轄관할을 내세우며 책임을 미룬 흔적이 드러났다.

사람이 살고 죽는 순간 관청이 제 본분을 망각했다. 그때 담당 관청이 마땅히 '해야 할 것'은 우선 사람의 목숨을 구하고 보는 일이다. '하지 말아야 할 것'도 물론 국민의 생명이 위험에 빠졌을 때 뒤로 내빼는 일이다. 그 임무에 충실치 않고 그저 제 권한의 관할만 따지고 있었으니 대한민국은 나아감과 그침인 行止행지의 기본조차 헤아리지 못하는 공무원의 나라인가 보다.

한자풀이

管대롱 관, 주관할 관 대롱, 관, 피리, 붓대, 붓자루, 가늘고 긴 대, 고동(기계 장치), 주요(樞要), 열쇠, 집, 저택, 맡다, 다스리다, 주관하다, 불다, 취주하다.
轄다스릴 할, 비녀장 할 다스리다, 관리하다, 관할하다, 굴리다, 비녀장(수레의 바퀴가 벗어져 나가지 않게 하는 쇠), 별 이름.
掌손바닥 장 손바닥, 동물 발바닥, 솜씨, 수완, 늪, 못, 웅덩이, 손바닥으로 치다, 맡다, 주관하다, 주장하다, 바로잡다, 고치다, 받들다, 헌신하다.

입각 入閣

정치를 펼치는 장소, 한자로 적으면 '布政之所포정지소'를 일반적으로는 조정朝廷이라고 부른다. 이 조정朝廷은 외조내정外朝內廷의 준말로 보인다. 공식적이면서 중요한 정치적 행사를 치르는 곳이 외조外朝, 임금이 개인적인 업무를 보는 곳이 내정內廷이다.

그와 동의어는 묘당廟堂이다. 왕실의 조상들을 모시는 사당祠堂에 해당하는 것이 태묘太廟인데, 이 건축물 안에 있는 넓은 홀을 묘당廟堂이라고 적는다. 이곳에서는 임금을 비롯한 대신들이 정사를 논의한다. 그래서 '조정'과 동의어의 열에 올랐다.

같은 의미의 단어는 또 있다. 묘조廟朝, 궁묘宮廟 등이다. 궁전의 섬돌을 가리키는 옥계玉陛라는 말도 마찬가지다. '조정'과 같은 뜻의 단어 중에 눈길을 끄는 게 낭각廊閣이다. 황제가 머무는 곳인 전殿 바깥의 건축물을 낭각廊閣이라고 했다는데, 대신들이 머무는 곳을 가리키는 난어였다가 결국 '조정'의 뜻을 얻었다고 보인다.

원래 閣각이라는 글자는 문이 스스로 닫히는 경우를 막기 위해 문과 설주 또는 문턱 사이에 끼워두는 말뚝 등의 장치를 일컬었다고 한다. 그곳에서 한 걸음 더 나아가 먼 곳을 조망하며 쉴 수 있게끔 만든 건

경복궁 근정전 앞에 놓인 품계석의 행렬이 보인다. 신료들이 이루는 조직을 내각(內閣)이라고 했다. 요즘도 정부의 핵심 공무원들을 일컫는 말이다.

축물, 즉 누각樓閣 등의 의미로 발전했다. 이어 낭각廊閣 등의 뜻이 더해 지면서 이제는 국가의 대사를 논의하는 '조정'의 뜻도 얻었다.

이런 의미에서의 閣각이 쓰이는 단어는 꽤 많다. 우선 조정을 가리키 는 내각內閣이 있다. 그 안에 들어가 일을 보는 관료들이 각료閣僚다. 각원 閣員이라는 말도 그와 동의어다. 그런 내각의 구성원을 뽑아 모양새를 이 루는 작업이 조각組閣이고, 멤버의 일부를 바꾸는 작업이 개각改閣이다.

한동안 많이 썼던 단어가 각하閣下다. 나를 낮춰서 대상을 높이는 방식 의 호칭이다. 누각 아래에 있는 '나'와 누각 위에 있는 '대상'을 견주는 방법 이다. 같은 방식의 호칭이 폐하陛下와 전하殿下 등이다. 모두 왕궁의 섬돌陛이 나 전각殿 아래에 '나'를 둠으로써 대상인 황제와 왕을 높이는 존칭이다.

그런 내각에 몸을 들이는 일이 바로 입각入閣이다. 그러나 우리사회의 입각은 생각보다 까다롭다. 물망에 올라 입각 명단에 이름을 실었다가 낙마하는 경우가 많다. 제 몸을 바른 곳에 두는 처신處身에서 문제가 생겼고, 어떤 이는 거짓 발언으로 뜻을 이루지 못한다. 다 국가의 대사를 논하는 사람으로서는 치명적인 문제를 드러냈기 때문이다.

閣각이라는 글자 꺼냈으니 유명한 누각樓閣 한두 개는 짚어야 좋을 듯하다. 한漢과 당唐의 성세盛世를 이룬 무제武帝와 태종太宗은 그를 뒷받침했던 공신들을 기념하기 위해 유명한 기린각麒麟閣과 능연각凌煙閣을 세웠다. 그 치세에는 그를 이루기 위한 훌륭한 멤버들이 등장함을 예서 엿볼 수 있다.

능력 없고, 소신 없어 눈치나 보는, 나아가 공익보다는 제 사익을 먼저 따지는 사람을 각료로 채우면 어쩔까. 그럴 때 우리는 閣각이 등장하는 성어를 요령 있게 써먹을 수 있다. 원래의 뜻은 그렇지 않지만, 공중누각空中樓閣이나 사상누각沙上樓閣 어떨까. 각료 임명에서는 청와대가 늘 조금 더 신경을 써야 옳다.

한자풀이

朝아침 조, 고을 이름 주 아침. 조정. 왕조. 임금의 재위 기간. 정사. 하루. (임금을)뵈다. 배알하다. 문안하다. 만나보다. 부르다. 소견하다.

廷조정 정 조정. 관아. 관서. 뜰. 앞마당. 마을. 공정하다.

廟사당 묘 사당. 묘당. 빈궁. 빈소. 위패. 정전(나라의 정사를 집행하는 곳). 절.

廊사랑채 랑, 사랑채 낭, 행랑 랑, 행랑 낭 사랑채. 딴채. 곁채. 행랑. 복도.

閣집 각 집. 문설주. 마을. 관서. 궁전. 내각. 다락집. 층집. 복도. 찬장.

단서端緒

누에에서 실을 뽑을 때 거치는 몇 과정이 있다. 우선 누에의 고치를 삶아야 한다. 누에가 지은 고치를 뜨거운 물에 넣은 뒤 실을 골라내는 작업이 핵심이다. 둘둘 말린 고치에서 명주실의 가닥을 잘 잡아내야 하는데, 이를 한자로는 索緒색서라고 적는다.

가닥을 잘 잡았으면 실에 붙어있는 잡티 등을 제거하는 일이 따른다. 그를 理緒이서라고 한다. 아울러 실 가닥을 합쳐서 좀 더 야무진 실로 뽑아내야 하는데, 그 작업이 集緒집서다. 실 가닥 잡아가는 일을 '찾아내다'의 새김인 索색, 고루는 작업을 '다듬다'의 새김인 理이, 얇고 여린 실 가닥을 합치는 작업을 '모으다' 새김의 集집으로 각각 적었다. 그 뒤에 같은 글자 緒서를 붙였으니, 우리는 이 글자가 실 가닥 내지는 실의 줄기 등의 뜻을 지닌다고 미뤄 짐작할 수 있다.

사전적인 정의에서 이 글자를 설명하자면 '실마리'다. 뭉쳐 있는 실 타래를 풀어갈 수 있는 실의 꼭지에 해당한다. 이 가닥을 잘 잡아 풀면 타래의 뭉침은 술술 풀어진다. 그래서 문장의 시작을 緒言서언, 序言과 같다 또는 緒論서론, 싸움의 시작을 緒戰서전으로 적기도 한다. 사물과 현상 등을 풀어갈 때 앞과 뒤, 왼쪽과 오른쪽 등의 정해진 순서를 제대

엉켜있는 실의 뭉치를 제대로 풀어가려면 꼭지에 해당하는 실마리를 잘 잡아야 한다. 그 실마리를 일컫는 한자 낱말이 단서(端緒)다. 모든 것은 순서가 있는 법이다.

로 잡지 못하면 우리는 그런 사람을 "두서가 없다"라고 한다. 그 '두서'는 한자로 頭緒두서다. 이 역시 뭉쳐 있는 타래를 풀기 위한 실마리의 뜻이다. 일의 시작 또는 차례 등을 일컫는 맥락이다.

단서端緒도 우리가 자주 쓰는 단어다. 컴퓨터 체계 안에서 맨 끝을 차지하는 게 단말기端末機다. "용모 등이 단정하다"고 할 때 '단정'의 한자는 端正인데, 그렇게 반듯한 모양을 일컫는 것 외에 이 글자의 핵심적인 새김은 '끝'이다. 그러나 단순한 '끝'은 아니어서, 어딘가 톡 튀어 나와 있는 부분, 또는 아예 시작과 시초라는 새김도 묻어 있는 글자다.

따라서 단서端緒라고 하면 역시 엉킨 실타래를 풀어갈 수 있는 실마리의 한자식 표현이다. 누에의 고치를 풀어갈 때 시작 또는 끝에 해당하는 그 가닥을 잘 잡아야 엉킨 고치의 실을 풀어갈 수 있다. 그 단서를 잡아내지 못하면 엉킨 실타래는 칼로 끊지 않는 한 풀어갈 수 없는 법이다.

세월호 사고의 책임 때문에 도피했다가 주검으로 나타난 유명 종교집단의 회장이 큰 화제에 오른 적이 있다. 경찰은 일찌감치 그를 찾아냈지만, 누구의 주검인지를 가리지 못했다. 현장에 흩어져 있던 여러 실마리 등을 잡아내지 못했기 때문이다. 사건과 사고 현장에서 그 원인과 진상을 캐는 데 핵심적이었던 '단서端緒' 잡기에 실패한 것이다. 아예 그를 깡그리 무시하다시피 했으니 '이런 경찰 믿고 어떻게 사느냐'라는 탄식도 나왔다.

마음은 뭉친 실처럼 갈래가 많아 그를 표현할 때 정서情緒라고 적기도 한다. 세월호에 이어 그 불행한 사고의 원인을 제공했던 주인공들의 도피행각, 그리고 단서조차 잡아내지 못하는 검찰과 경찰의 부실不實함을 보면서 우리는 우울한 마음에 빠졌다. 실타래처럼 서로 엉킨 생각 또는 그런 생각의 가닥이 思緒사서, 우울한 마음이 愁緒수서다. 폭염 끝에 내리는 장맛비가 여느 때처럼 시원하지만은 않다.

한자풀이

端끝 단, 헐떡일 천, 홀 전 끝. 가, 한계. 처음, 시초. 길이의 단위. 실마리, 일의 단서. 까닭, 원인. 막료. 예복. 조짐. 생각, 느낌. 등차, 등급.

緒실마리 서, 나머지 사 실마리. 첫머리, 시초. 차례, 순서. 차례를 세워 선 줄. 계통, 줄기. 사업, 일. 나머지. 마음. 찾다. 나머지(사).

索찾을 색, 노 삭 찾다. 더듬다. 동아줄, 노, 새끼(삭). 꼬다(삭). 헤어지다(삭). 쓸쓸하다(삭). 다하다(삭).

쇄신刷新

'새롭다'는 새김의 한자가 新신이다. 한자의 초기 형태인 갑골문을 보면 왼쪽은 나무, 오른쪽은 도끼 등의 모습이다. 따라서 이 글자의 원래 뜻은 나무를 베는 일과 관련이 있다. 나중에 중국학자가 그 뜻을 이렇게 풀었다. "옷을 처음 만들 때는 初초, 나무를 새로 벨 때는 新신으로 쓴다"고 말이다.

이 새로움은 늘 필요하다. 새 것과 헌 것, 우리는 그 둘을 때로 신진新陳이라고 적는다. 여기서 陳진은 시간이 오래 지난 것을 가리키는 글자다. 우선 '진부陳腐하다'를 떠올리면 좋다. 아무튼 그 新陳신진이 자리를 바꾸는 일이 대사代謝다. 번갈아代 사라지다謝는 엮음이다. 몸속에 새 것을 들이지 않아 헌 것이 오래 자리를 차지하면 병이 생긴다. 신진대사新陳代謝에 문제가 생겼기 때문이다.

그래서 새 것을 늘 맞아들여야 몸의 순환, 사회의 운영, 국가의 발전에 두루 좋다. 그래서 새로움을 바라는 사람들의 지향志向은 뚜렷하다. 긁거나 씻어 없앤 뒤 새로움을 받아들이는 일이 쇄신刷新이다. 刷쇄는 칫솔처럼 솔이 달려 무엇인가를 긁어 없애는 물건, 또는 그런 행위로 봐도 좋다. 게다가 '씻어내다'의 뜻도 갖췄다.

동물 몸에 있던 모피는 무두질을 거쳐야 가죽으로 태어난다. 새로운 모습이 아닐 수 없다. 그래서 나온 한자가 '가죽'과 함께 '뜯어 고치다'는 새김을 지닌 한자 革혁이다. 동사로 쓸 경우 '확 바꾸다'는 뜻이다. 따라서 혁신革新이라고 적으면 원래 모습을 크게 바꾸는 행위다. 改革개혁도 그렇고, 권력의 주인을 무력 등으로 바꾸는 革命혁명도 마찬가지다.

更新경신도 마찬가지다. 그냥 머무는 것을 오래 그대로 둘 수는 없다. 새로움으로 그 자리를 바꿔줘야 한다. 기록의 更新경신이 그렇다. 창의적으로 무엇인가를 새롭게 바꾸는 일은 創新창신이다. 맑아서 새로운 느낌을 주는 경우는 清新청신이다.

嶄新참신 또는 斬新참신은 우리가 자주 쓰는 단어다. 둘을 통용하는 게 요즘 분위기인데, 앞의 嶄新참신이 맞는 글자라고 본다. 嶄참은 우뚝 솟은 봉우리다. 거기서 한 걸음 나아가 '아주' '매우' 등의 부사로 발전했다. 따라서 嶄新참신이라고 적으면 "매우 새로운" 무엇인가를 형용한다. 斬新참신의 앞 글자는 '베다'라는 뜻인데, 무엇인가를 잘랐을 때의 새로운 모습이라고 푸는 사람도 있으나 설득력과 근거는 부족하다.

새로움은 좋다. 마냥 좋다고 할 수는 없어도 사람에게 활력을, 사회에 생기를 북돋기 때문에 새로움을 늘 맞아들이도록 노력해야 한다. 그래서 나날이 새로워지고, 또 그래야 한다는 뜻의 '일일신우일신 日日新又日新'이라는 말도 나왔다. 나날이, 달마다 새로워지며 달라져야 한다는 중국 성어 '日新月異일신월이'도 마찬가지다.

"아내와 자식 빼놓고는 전부 다 바꿔야 한다"는 대기업 회장의 혁신에 관한 열정이 한 때 우리 사회에 유행했다. 그 때만 필요했던 혁신과 쇄신, 창신과 경신이 아니다. '국가 개조'라는 말이 요즘 새삼 나오고 있으나, 사실 늘 필요했던 일이다. 우리가 그 필요성을 절감하지 못했을 뿐이다. 그러나 소를

묵었던 것을 긁어내고 그 위에 새로움을 바르는 작업이 쇄신(刷新)이다. 새로운 요소를 받아들여야 나라와 사회, 개인이 건강해진다.

잃더라도 외양간은 고치는 게 마땅하다. 나머지 기르던 소마저 잃지 않으려면 말이다.

한자풀이

陳 베풀 진. 묵을 진. 베풀다. 묵다. 늘어놓다. 늘어서다. 말하다. 많다. 조사하다. 펴다. 니라 이름. 왕조(王朝) 이름. 방비(防備).

刷 인쇄할 쇄. 인쇄하다. 박다, 등사하다. 쓸다. 털다, 닦다. 솔질하다. 깨끗하게 하다. 가지런하게 하다. 정돈하다. 씻다. 없애버리다. 솔.

更 다시 갱, 고칠 경. 다시. 더욱. 도리어, 반대로. 어찌. 고치다(경). 개선하다(경). 변경되다(경). 바뀌다. 갚다, 배상하다(경). 잇다, 계속하다.

嶄 가파를 참. 가파르다. 뾰족하다. (산이) 높다. 파다. 뚫다. 험준하다. 높고 가파른 모양.

斬 벨 참. 베다. 끊다. 끊기다. 재단하다. 다하다. 가장. 매우. 심히. 상복의 일종.

199

안위 安危

이 두 글자는 우리가 자주 쓴다. 앞의 安안은 집을 가리키는 부수 '宀면'에 여성을 뜻하는 女녀가 들어 있다. 앞의 한자 부수는 보통 '갓머리'라고 하는데, 집의 지붕마루를 이른다고 한다. 그러니 전체적으로 보면 집 안에 여성이 들어 앉아 있는 모양을 가리킨다. 사람이 제 살 곳, 즉 정처定處를 지닌 모양새다. 따라서 '편안하다', '안전하다'의 새김으로 자리를 잡았다.

뒤의 글자 危위는 사람이 높은 곳에 올라가 있는 모양을 가리켰다는 설명이 있다. 그러니 언제 떨어질지 모른다. 따라서 '위험하다' '위기' 등의 새김으로 발전했다. 그러나 한편으로는 '높아서 그럴 듯한' 모양을 가리키기도 한다. 이 글자에 '단정하다'는 새김이 들어 있는 이유다. 그러나 우리에게 잘 알려져 있는 새김은 '위험' '위기' 등이다.

앞의 安안은 더 이상 설명이 필요 없다. 평화로운 상황, 안전한 시절, 걱정이 없는 때 등을 형용할 때 다 쓴다. 뒤의 危위는 그 반대다. 전쟁, 또는 그에 준하는 혼란, 그래서 살아가기 퍽 어려운 상황을 표현할 때 쓸 수 있다. 이 둘을 가장 극적으로 표현한 성구成句가 있다.

『좌전左傳』에 등장하는 말이다. "편안할 때 위험을 생각한다면 미리

먹구름이 다가서는 하늘이 어두워지고 있다. 위기는 그렇게 바람과 비, 구름의 이미지로 곧잘 등장한다. 안전과 안정을 이루려면 다가서는 위기의 요소를 미리 읽어야 한다.

갖출 수 있고, 그러한즉 어려움을 피할 수 있다"는 내용이다. 한자로 적으면 "居安思危, 思則有備, 有備無患거안사위, 사즉유비, 유비무환"이다. 그대로 풀자면 이런 엮음이다. 안전함安에 머물 때居 위험危을 생각하고思, 생각하면思 곧則 대비備를 할 수 있으며有, 대비備를 하면有 어려움患을 피한다無.

당나라 시인 중에 허혼許渾이라는 사람이 있다. 그가 남긴 유명한 명구가 하나 있다. "산비 오려 하니 바람이 누각에 가득 찬다"는 내용의 "山雨欲來風滿樓산우욕래풍만루"다. 원래의 시 내용은 꼭 그렇지 않으나 무엇인가 곧 펼쳐질 위기의 상황을 그릴 때 요즘도 자주 쓰는 구절이다. 곧 들이닥칠 비, 그에 앞서 내가 있는 누각을 가득 메우는 바람이 생생하게 그려졌다.

평안할 때 위기의 요소를 잘 살펴야 한다. 그러지 못하면 개인도 어렵고, 사회도 휘청거린다. 국가 또한 닥치는 조짐을 헤아려 위기의 요소에 대응치 못하면 큰 화에 직면한다. 우리의 사정이 꼭 그렇다. 경제와 외교, 안보와 그 근간을 이루는 국방이 모두 제자리를 찾지 못하고 갈팡거린다. 게다가 정쟁政爭은 무한궤도를 질주하는 성난 기관차와 같은 모습이다.

평안한 상황도 아니다. 위기의 여러 조짐은 누각에 들이닥친 바람처럼 이 땅에 이미 가득한데도 그를 진지하게 살피고 다루려는 사람이 별로 없다. 신중함에서 떨어지고, 어려움에 미리 맞서려는 지혜도 부족해 보인다. 조그만 성취에 우쭐거리다 결국 꺾이고 마는 사람들? 이게 한국인의 기질? 피해가고 싶은 생각들이나, 요즘은 자꾸 그쪽에 기울고 만다.

한자풀이

安편안 안 편안. 편안하다. 편안하게 하다. 즐거움에 빠지다. 즐기다. 좋아하다. 어찌. 이에. 곧. 어디에. 안으로.
危위태할 위 위태하다. 위태롭다. 불안하다. 두려워하다. 불안해하다. 위태롭게 하다. 해치다. 높다. 아슬아슬하게 높다. 엄하다.

풍미風靡

이번엔 바람 이야기다. 샛바람, 하늬바람, 마파람, 높새바람…. 우선 동서남북에서 불어오는 바람의 순우리말 표현이다. 듣기에도 좋고 정겹기까지 하다. 뱃사람들이 표현했던 순우리말 바람 이름은 훨씬 다양하다. 예서 일일이 다 적기에 버거울 정도다.

기상청에서 분류한 바람 이름도 순우리말이 많이 들어 있어서 쉽고 편하다. 바람이 없는 상태를 '고요calm'로 적었고, 가벼운 상태를 실바람light air, 그보다 조금 높은 것을 남실바람, 이어 산들바람, 건들바람, 흔들바람, 된바람으로 차츰 급을 높인다. 중국에서는 순서대로 적으면 無風무풍, 軟風연풍, 輕風경풍, 和風화풍, 淸風청풍, 强風강풍이다.

이 정도까지의 바람이면 별로 피해가 없다. 그러나 센바람near gale, 큰바람gale 뒤로 들어서면 걷기조차 곤란해지거나 걸을 수가 없을 정도에 이른다. 중국식 분류는 疾風질풍, 大風대풍이다. 더 급수가 높아지면 이제 곧 재난에 가깝다. 큰센바람strong gale은 중국에서 烈風열풍으로 적는데, 우리식으로 이를 풀자면 '매서운 바람'이다. 건축물에 다소 손해가 미치는 정도다. 심각하지 않을 수 없다.

노대바람은 한자로 狂風광풍이라고 적는다. 나무가 뿌리 째 뽑히고 건축물에도 상당한 손해가 미친다. storm은 왕바람, 나아가 한자로는 暴風_{폭풍}이다. 그 다음은 싹쓸바람이라고 해서 허리케인과 태풍颱風_{태풍}급 의 바람이다. 더 높은 단계도 있지만, 그들을 표현할 때는 강強_강이나 초 강超強_{초강}이라는 수식을 허리케인과 태풍 앞에 붙이는 형식이다.

이는 공식적으로 정한 바람의 명칭이다. 그 말고도 전적典籍_{전적} 등에 등장하는 바람의 이름은 부지기수다. 돌풍突風_{돌풍}은 갑자기 불어 닥치는 바람이다. 선풍旋風_{선풍}은 회오리의 모습으로 솟구치는 바람으로, 양의 뿔 처럼 말려 오른다고 해서 양각羊角_{양각}으로도 적는다. 또는 그 모습을 형용 한 한자어 扶搖_{부요}로도 부른다. 뜨거운 바람은 炎風_{염풍}, 그 반대는 寒 風_{한풍}, 매서운 바람은 厲風_{여풍}, 부드러운 바람은 融風_{융풍}이다. 飇_표와 狂飇_{광표}는 큰 폭풍이다. '싹쓸바람'이 이에 속하겠다. 동남아 일대에서 불어 닥치는 태풍은 颶風_{구풍}으로도 적었다.

가뭄에 닥치는 비는 반갑지만, 때로는 그로 인해 큰 재난이 빚어질 수 있다. 그래서 비의 조짐인 바람은 늘 관찰의 대상이다.

센 바람이 닥치면 가장 먼저 눕는 게 풀이란다. 풀은 목본木本 식물에 비해 줏대가 약하다. 그래서 빨리 눕는다. 그런 바람과 풀의 모습을 한자로 적으면 풍미風靡다. 뒤의 글자 靡미는 여기서 '쓰러지다'의 새김이다. 바람이 닥쳐 풀이 눕는 모습에 딱 맞는 단어다.

바티칸의 교황이 몰고 온 바람도 거셌다. 이순신 장군의 대첩을 소재로 한 영화 〈명량〉의 바람도 그만큼 컸다. 그런 바람에 우리는 감동의 커다란 물결까지 이뤘다. 그러나 조금은 섭섭하다. 문명의 그늘에 놓여 고통에 울고 있는 북한 동포의 사정을 언급하는 데 인색했던 교황이 그렇고, 400년 전의 전쟁에는 열광하면서 60여 년 전 벌어진 이 땅의 참혹한 전쟁에는 눈길조차 주지 않는 이 사회의 기이한 정서가 그렇다.

어쨌든 바람은 거셌다. 그 앞에 드러눕는 우리 사회 풍미風靡함의 속성도 매우 강했다. 장점도 엿보이지만 단점도 생각지 않을 수 없다. 그래서 외쳐보는 소리지만, 바람은 이마저 다 덮어버릴 듯. 다음 바람은 어디서 어떻게 닥칠까….

한자풀이

靡쓰러질 미, 갈 마 쓰러지다. 쓰러뜨리다. 멸하다. 말다. 금지하다. 호사하다. 다하다. 물가. 갈다 (마).
疾병 질 병, 질병. 괴로움. 아픔. 흠. 결점. 불구자. 높은 소리. 해독을 끼치는 것. 빨리, 급히, 신속하게. 앓다, 걸리다. 괴롭다. 괴로워하다.
颷폭풍 표 폭풍. 회오리바람. 광풍. 폭풍 불어 올리다.
颶구풍 구 구풍(회오리치면서 북상하는 급격한 바람). 맹렬한 폭풍.

추秋

지구가 태양을 한 바퀴 도는 시간을 '해'라고 한다. 한자로는 연年, 세歲라고 적는다. 두 한자는 농작물이 잘 익었음을 뜻한다. 유년有年이라고 할 때는 '풍년豊年', 대풍작을 이야기할 때는 '대유년大有年'이라고 적는 이유다. '망세望歲'라고 적으면 농작물 작황이 좋기를 바라는 마음이다.

주기적으로 운행하는 하늘의 별에 가을 서리를 합친 '성상星霜'도 한 해를 뜻하는 단어다. 추위와 더위를 한 데 붙여 만든 '한서寒暑'도 마찬가지 뜻의 단어다. 사계四季 또는 사시四時 중의 봄과 가을을 뽑아 엮은 '춘추春秋'도 덧없이 흐르는 세월 속의 한 해를 일컫는다.

뿌려진 씨앗이 움을 틔워 따가운 여름 햇볕에 무럭무럭 자라다가 수확의 낫질을 거쳐 창고로 옮겨지는 계절이 가을이다. 이 계절을 적는 한자가 추秋다. 음양오행陰陽五行의 인위적인 가름이 반드시 옳은 것은 아니겠지만, 동양은 자고自古로 네 계절에 색깔과 방위方位의 관념을 입혔다.

봄은 푸르다고 해서 푸르른 청춘靑春, 여름은 덥다고 해서 붉은색의 주하朱夏, 가을은 서늘하다고 해서 흰색의 소추素秋, 겨울은 춥다고 해서 검은색의 현동玄冬이다. 방위로 풀자면 동서남북東西南北의 순서다. 푸르고靑 붉고朱, 희고素 검은玄 색이 각각 네 계절의 기상적인 특징을 드러내고 있다.

가을을 일컫는 한자 단어는 특히 발달했다. 그 중에서도 눈에 띄는 게 金금과 商상이다. 서쪽의 기운은 서늘하다고 쇠金를 붙였다. 궁상각치우宮商角徵羽의 동양 고대 다섯 가지 음音 중에서는 상商이 가을을 대표한다고 여겼다. 쓸쓸해서 처량함을 느끼게 해주는 음조音調다. 그래서 가을을 일컫는 단어들은 금추金秋 · 금상金商 · 금소金素 · 상추商秋 · 상소商素 · 백상白商 · 소상素商 등으로 나타난다.

각 계절은 세 단계로 나누는데, 보통 맹孟 · 중仲 · 계季다. 초가을 맹추孟秋의 별칭은 수추肇秋와 상추上秋다. 중추仲秋는 중상仲商, 늦가을 계추季秋는 모추暮秋 또는 말추末秋라고도 한다.

세월의 흐름을 가장 강하게 느끼게 해주는 계절이 가을이다. 가고 오는 더위와 추위, 즉 한래서왕寒來暑往의 기후적인 변화에서 한 해의 끝

들녘의 갈대가 가을을 알리고 있다. 한여름 무더위가 가신 뒤 자리를 차지하는 것은 가을의 선선함이다.

을 예감케 하기 때문이다. 그 가을에는 이미 익은 곡식들을 거둬들이는 작업이 필요하다. 그래서 가을을 수성收成의 계절이라고도 적는다.

같은 맥락에서 봄을 적을 때는 발생發生이라고 한다. 움을 틔워發 생겨나는生 만물의 동태를 그렇게 적었다. 여름은 장영長嬴이다. 자라서長 가득해진다嬴는 새김이다. 그런 식생들을 거둬들여 편안하게 쉴 수 있는 계절인 겨울은 안녕安寧이다.

제대로 움을 틔운 게 없는 탓일까, 그래서 잘 키운 게 없는 까닭일까. 우리사회의 이 가을은 도대체 거둬들일 게 없는가 보다. 정치권 얘기다. 심어서 키운 게 없어 거둘 것도 없는 정치판. 의정議政의 온갖 절차를 무시하고 거리로 또 나도는 야당, 그와 동전의 양면을 이루고 있는 여당이 다 그렇다.

거둬들이는 계절, 가을에 생각해볼 '收成수성'이라는 의미에 전혀 들어맞지 않는 행동만이 난무한다. 사정이 그러하니 이번 겨울에 안녕安寧을 이루기는 또 저만치 물 건너간 형편이다. 대한민국 사람들이 그려내는 인문人文에서의 봄과 여름, 가을과 겨울은 어느덧 자취도 없이 사라졌나 보다.

한자풀이

寒찰 한 차다. 춥다. 떨다. 오싹하다. 어렵다. 가난하다. 쓸쓸하다. 식히다. 얼다. 불에 굽다. 삶다. 중지하다. 그만두다. 침묵하다. 울지 않다. 천하다. 지체가 낮다.

暑더울 서 덥다. 더위. 여름. 더운 계절.

嬴찰 영 차다. 가득 차다. 남다. 나타나다. 펴다. 끝. 풀다. 이기다. 바구니. 성(姓).

素본디 소, 흴 소 본디. 바탕. 성질. 정성. 평소. 처음. 흰깁. 희다. 질박하다. 넓다. 부질없다. 옳다.

정야사 靜夜思

　　이제 곧 추석이다. 이 중추가절仲秋佳節을 맞을 때면 곧 떠오르는 게 고향이자 가족이다. 객지에 멀리 떠도는 이 있으면 그는 한가위 보름달을 보면서 먼저 고향과 부모님, 그리운 형제자매를 떠올린다. 고향에 머물지 못하면서 외지에 나가 떠도는 나그네의 심정을 가장 아리게 만드는 시절이 바로 한가위, 추석이다.

　　그래서 먼 객지의 나그네 몸으로 한가위 보름달을 올려보며 고향을 그려보는 시를 적어본다. 당나라 최고의 가객인 이백李白의 고요한 밤의 생각, 즉 '정야사靜夜思'다. 이 시는 중고교 시절에 배운 기억이 있다. 아울러 시구가 평이해 암송이 쉬워 친근하다.

　　床前看月光, (상전간월광)
　　疑是地上霜. (의시지상상)
　　擧頭望山月, (거두망산월)
　　低頭思故鄕. (저두사고향)

　　이 시는 사실 판본版本이 여럿이다. 이백이 활동했던 연대와 비교적

한가위 무렵에 몸을 드러낸 달이 정겹다. 찼다가 기우는
달의 모습에서 우리는 때로 세월의 무상함도 읽는다.

가까운 송대宋代의 판본이 위에 적
은 내용이다. 그 뒤에 정리 과정을
거쳐 정착한 내용은 다음과 같다.

床前明月光, (상전명월광)
疑是地上霜. (의시지상상)
擧頭望明月, (거두망명월)
低頭思故鄕. (저두사고향)

　　　번역이 문제다. 맥락이 같아 뒤
의 판본만을 풀자면 이렇다. 床상 앞前에 밝은 달明月 빛光/ 땅위地上의 서
리霜로 보인다疑是// 머리 들어擧頭 밝은 달明月 바라보고望/ 고개 숙여低頭
고향故鄕을 생각한다思.

　　먼 객지를 떠도는 나그네로서 문득 떠오르는 생각 한 가닥. '나는 지
금 어디에 있는 걸까?' 바닥에 깔린 훤한 달빛, 그리고 이어지는 찬 서리
의 이미지. 고개 들어 바라보는 달, 다시 숙여 생각하는 고향…. 아주 평
범한 흐름이지만, 객지에서 고향 생각하는 그리움의 정서가 절절하다.

　　그래서 명시名詩다. 쉽고 간결하며, 뜻이 깊어 곧 음미吟味의 지경에
푹 빠지니 그렇다. 그러나 床상의 풀이에는 논란이 따른다. 보통은 이
를 '침대' '침상'의 床상으로 풀었다. 우리는 보통 이 풀이를 따른다. 그
러나 원래의 뜻은 우물 주변에 치는 난간欄干이 맞을 듯하다.

銀床은상이라고 해서, 고대 우물 주변에 설치했던 난간을 가리키는 단어도 있다. 아울러 이백이 살았던 당나라 때는 이 글자가 '침대'를 가리켰는지 불확실하다. 당나라 때는 지금의 침대가 아니라 바닥에 이불 등을 깔고 자는 게 보통이었다. 아울러 당시에는 '침대'라기보다 접을 수 있는 간이의자를 가리키는 경우도 있었다.

그런 점에서 볼 때 이는 그저 '침대' '침상'으로 풀 수가 없다. 시를 지은 이백의 상황도 실내라기보다는 실외에 있다고 보는 게 적절하다. 발아래 깔린 달빛을 보고 '서리 아닐까疑是地上霜' 여기는 낌새가 그렇다. 침대나 침상 아래에 서리 내릴 일은 거의 없지 않은가. 그러니 여기서 床상은 우물 주변에 두른 난간, 또는 접는 의자 정도로 보는 게 적절하지 싶다.

그러나 글자 풀이에만 너무 매달리지 말자. 이 시가 지니는 고향과 가족의 이미지가 살갑게 와 닿는다. 고향과 가족은 뭔가. 우리 마음속 깊은 곳에 숨어 있는 뿌리다. 뿌리는 또한 '중심'이기도 하다. 우리는 요즘 그런 '중심'을 놓치면서 갈팡질팡하는 모습이 역력하다. 올해 한가위에는 가족을 향한 그리움에 더해 우리가 지향해야 할 '중심'이 뭔지를 잘 생각하자. 우리기 이루는 사회 공동체가 저 한가위 보름달처럼 둥글고 원만하면 오죽 좋을까.

한자풀이

靜 고요할 정 고요하다. 깨끗하게 하다. 깨끗하다. 쉬다. 휴식하다. 조용하게 하다. 조용하다. 조용히.
床 평상 상 평상. 상. 소반. 마루. 우물 난간. 기물을 세는 단위. 상 위에서 졸다.

추성秋聲

쓰르라미라고 부르는 매미의 한 종류가 있다. 정식 명칭은 쓰름매미다. 일반 매미보다 몸집이 좀 작다. 이 쓰름매미의 한자 호칭은 寒蟬한선이다. 이슬 내리는 가을에 우는 매미라서 아마 '춥다'는 뜻의 寒한이라는 글자에 매미蟬를 갖다 붙인 듯하다.

일반 매미를 가리키는 경우도 있다. 날씨가 차가워진 무렵 매미의 울음소리는 현저하게 줄어든다. 가을의 쌀쌀함이 매미의 울음소리를 줄어들게 만드는 큰 요인이다. 그래서 날씨 차가워진 뒤 울음 멈추는 매미를 통틀어 寒蟬한선이라고도 부른다.

사람들은 추위에 소리 멈추는 매미를 그냥 두지 않는다. 대상을 비꼴 때 결국 이 단어를 등장시킨다. 겁을 집어먹고 움츠러드는 사람, 환경의 변화에 적극 대처하지 못하는 이, 제 소신이 부족해 뒤로 물러서는 자를 이 寒蟬한선에 비유한다. '꿀 먹은 벙어리'와 흡사한 맥락이다.

오늘 글 제목은 가을의 소리, 秋聲추성이다. 북송의 문장가인 구양수歐陽修, 1007~1072년가 가을의 소리를 묘사한 '추성부秋聲賦'를 내면서 그에 관한 감회를 적은 글들이 적잖게 뒤를 따랐다. 가을밤, 책을 읽다가 문득 들은 소리를 묘사하는 그의 문필이 날카롭다.

초록이 무성했던 숲이 어느새 가을의 색으로 단장했다. 가을 숲을 걷다보면 들려오는 소리에서도 계절을 느낄 수 있다.

"사물에 닿는구나, 쟁그렁 쟁그렁, 쇠붙이가 모두 울리는 듯. 적진을 향해 다가서는 병사들처럼, 입에는 자갈 문 채 빨리 달리는데, 호령소리는 오간 데 없고, 그저 사람과 말이 달리는 소리 뿐其觸于物也, 鏦鏦錚錚, 金鐵皆鳴. 又如赴敵之兵, 銜枚疾走, 不聞號令, 但聞人馬之行聲."

귀로 들은 가을바람, 나뭇가지와 숲을 스치며 나가는 그 소리를 이렇게 묘사했다. 깊어가는 가을밤의 스산한 정경이 그대로 묻어난다. 구양수의 귀에도 들렸듯이 가을은 금속이 서로 부딪히는 그런 소리에 가깝다. 수선스러움과 뻗침보다는 숙성과 메마름의 정서를 더 일깨우는 계절이기 때문이다.

매일 밤낮으로 걷는 남산길에도 가을은 벌써 소리로 다가왔다. 우거진 수풀을 헤집고 다니는 꿩이 메마른 소리를 낸다. 한여름 무성했던 잡풀이 고개를 숙이고, 품었던 여름의 습기가 빠져 꿩이 그를 헤치며 지나갈 때 나는 소리다. 굳이 적자면 "서걱서걱"이다.

매미 울음소리도 줄기는 확연히 줄었다. 그 녀석이 쓰르라미인지는 모르지만 한여름 내내 우렁찼던 소리가 땅으로 빨려 든 듯하다. 가지에 매달려 원숙함을 그렸던 도토리가 바닥에 떨어지는 소리도 밤의 남산길을 걸을 때 유독 크게 들린다. 다 가을의 소리 아니라면 무엇이랴.

떨어지는 잎사귀 하나에 가을이 왔음을 안다는 성어가 있다. 一葉知秋일엽지추다. 당나라 문인의 시에 등장하는 "一葉落知天下秋잎사귀 하나 떨어지니 이 땅에 가을이 왔음을 알도다"에 등장하고, 그보다 더 멀리는 『회남자淮南子』에 나온다. "見一葉落而知天之將暮한 잎 지니 해 저무는 것을 알겠다"다.

작은 조짐으로 닥칠 무엇인가를 미리 알아보는 일이다. 가을은 길렀던 것을 익히고, 풀었던 것을 거두는 때다. 그래서 옷깃을 조용히 여미고 자성自省으로써 내 마음과 영혼을 여물도록 하는 시간이다. 올해 서울의 광화문 광장에선 이 가을의 소리를 들을 수 없을 듯하다. 다투는 소리가 너무 드세고 높다.

한자풀이

聲소리 성 소리. 풍류. 노래. 이름. 명예. 소리 내다. 말하다. 선언하다. 펴다. 밝히다.
蟬매미 선 날 선. 땅 이름 제 매미. 날다. 뻗다. 펴지다. 잇다. 연속하다. 겁내다. 두려워하다. 아름답다. 애처롭다. 땅 이름 (제).

요령 要領

뭔가를 잡아내지 못하고 갈팡질팡하는 사람에게 "요령 없다"는 말을 쓴다. 핵심, 중요한 무엇, 문제를 풀어가는 실마리 등의 뜻을 지닌 단어가 요령要領이다. 그런 요령 없다고 여겨지면 당장 날아오는 게 핀잔이다. "요령부득이네…"라는 끌탕과 함께 말이다.

글자의 새김으로 보면 얼핏 이해는 간다. '중요하다'는 의미의 要요, '옷깃'을 가리키는 領령과 함께 붙어 있으니 '중요한 옷깃' 정도로 이해할 수 있다. 그러나 의문도 살짝 든다. 要요가 왜 '중요하다'는 새김을 얻었으며, 조금은 생뚱맞은 '옷깃'이 왜 그 뒤에 붙을까라는 궁금함이다.

이럴 때는 찾아 움직이는 게 정답이다. 자료를 뒤적이면서 글자가 남긴 여러 흔적들을 수색해야 옳다. 要요라는 글자의 당초 새김은 '허리'다. 그러니까 지금 우리가 쓰는 '허리'라는 뜻의 腰요와 같다. 아니, 뒤의 글자 나오기 훨씬 전에 앞의

거미줄에 이슬방울이 맺혀 있다. 거미줄을 들여다보면 중심 축선과 그렇지 않은 주변 선이 이어져 있음을 알 수 있다.

글자가 '허리'라는 새김으로 오래 행세했다.

초기 한자에 해당하는 갑골문 등의 풀이에 따르면 그렇다. 아울러 고대 중국 문헌에도 이 글자는 '허리'라는 새김으로 등장할 때가 많다. 갑골문에서는 이 글자가 허리에 손을 얹은 사람의 모습으로 나온다. 다음 글자 領령은 '옷깃' '거느리다'라는 새김이 우선인데, 신체 부위의 하나인 '목'을 가리키는 경우도 있다.

그런 맥락에서 살피면 要領요령은 사람이 목숨을 이어가는 데 있어서 매우 중요한 허리와 목을 일컫는 셈이다. 실제 기록에도 나온다. 고대 유교 경전인 『예기禮記』에는 "허리와 목을 보전하다全要領"는 표현이 나온다. 그를 풀어놓은 주석은 "무거운 죄를 지은 사람은 허리를 자르고, 그보다 가벼운 죄질의 사람은 목을 벤다"고 했다.

허리를 자르는 형벌은 腰斬요참, 목을 베는 일은 斬首참수다. 요즘 IS라는 이슬람 국가 단체가 서방의 인질들을 잡아 참수라는 고약한 옛 형벌을 집행한 뒤 동영상으로 장면을 공개하고 있다. 공포 유발을 위한 제스처다. 그러나 고대의 형벌에서는 참수보다 요참이 더 지독했다. 형벌을 당하는 사람의 입장에서는 당장 목숨이 끊어지지 않아 고통이 훨씬 심하기 때문이다.

어쨌든 모두 끔찍한 얘기다. 그러나 어쩌랴. 要領요령이라는 말속에는 사람 사는 세상의 모질고 그악했던 풍경이 그대로 담겨 있다는 점은 알아야 하니까 말이다. 要요라는 글자는 그래서 '중요하다'의 새김을 확실히 얻은 모양이다. 우선 重要중요라는 단어 자체가 그렇고, 緊要

긴요, 要綱요강, 要因요인, 要人요인, 要員요원, 要衝요충 등의 단어로 줄줄 이 어지고 있으니 그렇다.

요령을 얻지 못하면 요령부득要領不得이다. 우리 주변에 이런 사람 참 많다. 원래 능력이 모자란다면 어쩔 수 없다. 나름대로 사회적 성취를 이뤘으면서도 중심을 잡지 못한 채 비틀거리는 사람이 문제다. 이슬에 젖은 채 새벽거리를 다녀야 하는 대리 운전기사 폭행 사건으로 구설에 올랐던 국회의원의 경우다.

처신의 부적절함, 사법적 절차를 무시하는 배짱을 선보여 이맛살을 찌푸리게도 했다. 이 정도면 요령부득이 아닐지 모른다. 자질의 문제로 넘어간다. 그러나 입법의 영역에서 출몰하는 요령부득의 사람이 어디 한둘인가. 자질의 문제를 드러내는 사람은 또 얼마나 많은가. 그러니 대한민국 사회가 이리 어두운가.

한자풀이

要요긴할 요 요긴하다. 중요하다. 요약하다. 모으다. 합치다. 원하다. 바라다. 요구하다. 맞히다. 적중하다. 바루다. 얻다. 취득하다.

領거느릴 령, 거느릴 영 거느리다. 다스리다. 받다. 통솔하다. 깨닫다. 알아차리다. 차지하다. 소유하다. 목. 요소. 요점. 중요한 부분. 옷 한 벌.

파체 破涕

이전에 '울음'이라는 주제로 쓴 글에서 먼저 소개했던 단어다. '깨뜨리다'는 새김의 破파에 '울음'을 지칭하는 涕체를 붙였다. 필자가 근무하는 출판사에서 낸 소설의 제목(이규진 저, 『파체』)도 이리 썼다. 조선의 땅에 내려앉은 천주교의 빛을 그린 소설이었다. 말이 담은 뜻은 '눈물을 거두다'다. 권유 형태로 써도 무방하다. '이제 눈물을 거두시길…'이라는 뜻으로 말이다.

슬픔, 차마 이기지 못할 깊이로 그것이 닥쳤을 때 사람들은 운다. 기뻐서도, 허탈해서도 울지만 그 울음이야 슬픔에 몸을 가누기조차 힘들 때와는 다르다. 제 혈육이 세상을 떠났을 때 사람들은 가없는 슬픔에 빠진다. 그래서 울고 또 운다. 우리 일상에서 흔히 마주치는 장면이다. 때로는 내가 그 복판에 들어앉기도 한다.

그래서 우리는 서로를 조문弔問한다. 흔히들 단어 속의 두 글자를 한 묶음으로 이해하지만, 내용은 조금 다르다. 조상弔喪과 문상問喪으로 나눌 수 있는 글자의 조합이다. 앞의 弔조라는 글자는 죽은 이를 애도하는 행위다. 뒤의 問문은 가족의 죽음을 당한 사람, 즉 유족을 위문하는 일이다.

중국에서는 앞의 弔조를 우리식과 마
찬가지의 새김으로 쓰고, 뒤의 問문은 대
개 唁언이라는 글자로 쓴다. 唁언은 '위로
하다'는 새김의 글자다. 우리의 경우보
다 정확하게 이를 가르는 점이 특징이
다. 가족을 위로할 때 중국인들은 '節哀
절애'라는 표현을 많이 쓴다. '슬픔을 잘
누르시라'라는 뜻이다.

유명 정치인이 눈물을 흘리고 있다. 살아
가면서 슬픔에 젖어 울 때가 많다. 그러나
멈출 때도 잘 알아 멈출 수 있어야 한다.

　　슬픔은 받아들이기 힘든 현실이지만,
그를 한없이 이어갈 수는 없다. 그런 유
족의 정황을 잘 어루만지는 단어가 '節哀절애'다. 함께 그 슬픔을 공감
하면서도 지나친 감정으로 인해 의례儀禮의 틀을 깨지 말도록 넌지시
일깨우는 말이다.

　　슬퍼서 우는 哭곡도 세상 등진 이를 위한 예의지만, 그런 울음을 적
절하게 끌어들여 안으로 여미는 일도 예다. 그래서 졸곡卒哭이라는
절차도 설정했다. 일정 기간 동안 시도 때도 없이 우는 일이 '무시애곡
無時哀哭'이다. 그러나 장례절차를 어느 정도 진행한 뒤에는 졸곡에 접어
든다. 고인을 위해 상을 차릴 때만 울도록 정했다. '무시애곡'의 울음哭
을 끝낸다卒는 의미다.

　　울음을 뱉을 때도 있지만 삼켜야 할 때도 있다. 예禮는 그런 점을
감안해 설정했다. 사람 살아가는 정리情理를 가다듬어 만든 사회적 약

속이기도 하다. 유족이 울음을 삼키면서 몸을 추스를 때 보는 이의 슬픔은 더 커진다. 그런 의연한 모습에서 혈육의 상실이 지닌 슬픔의 크기를 더 진하게 읽기 때문이다.

여야의 오랜 다툼 끝에 세월호 특별법이 합의를 이뤘다. 어린 자녀들을 세상으로 떠나보낸 유족들의 마음이야 우리가 왜 모를까. 그러나 슬픔은 견디면서 넘어가야 마땅하다. 슬픔이 마구 번지면 상례喪禮의 사회적 틀도 어지러워진다. 이제는 세월호 유족들이 슬픔을 삼키며, 울음을 그쳐야 할 때다.

한자풀이 ─────────────────────────────

涕눈물 체 눈물. 울다. 눈물을 흘리며 울다.
節마디 절 마디. 관절. 예절. 절개. 절조. 철. 절기. 기념일. 축제일. 명절. 항목. 제한하다.
弔조상할 조, 이를 적 조상하다. 조문하다. 문안하다. 위문하다. 안부를 묻다. 불러들여 조사하다. 불쌍히 여기다. 마음 아파하다. 매달다. 매어달다.
喪잃을 상 잃다. 잃어버리다. 복 입다. 죽다. 사망하다. 망하다. 멸망하다. 도망하다. 달아나다. 잊어버리다. 허비하다.

조짐兆朕

이 '조짐兆朕'이라는 단어 뜻을 모르는 사람은 별로 없다. 어떤 일이 벌어지기 전에 나타나 앞으로의 상황을 미리 보여주는 사물이나 현상이다. 굳이 풀 필요도 없을 만큼 우리에게는 친숙한 단어다. 그러나 왜 두 글자의 조합이 그런 뜻을 얻었는가를 물으면 답이 궁색해진다.

앞의 兆조라는 글자는 億억보다 큰 단위라는 뜻이다. 특히 돈을 헤아리는 단위로 우리에게 익숙하다. 그에 앞서 이 글자가 가리켰던 대상은 점 등을 칠 때 그 자리에 나타난 흔적이다. 초기 동양사회에서 점을 칠 때 썼던 물질은 거북이 등껍질이나 소의 견갑골 등이다. 그를 통칭할 때 보통은 甲骨갑골이라고 적는다.

그곳에 구멍을 낸 뒤 불에 달군 막대기를 꽂으면 "피시식"하는 소리와 함께 사이가 벌어지면서 금이 나타난다. 그런 금의 흔적을 형상으로 보여주는 글자가 兆조다. 그 금의 모양새를 보고 하늘의 계시가 어떤 내용인지를 짐작했다고 한다. 점 친 결과를 거북이 등껍질이나 소의 견갑골에 적은 게 바로 초기 한자 형태인 갑골문甲骨文이다.

다음 글자 朕짐도 사실은 우리가 자주 듣는다. TV 사극에서 왕이 스스로를 부를 때 등장하는 호칭이다. "짐이 말하지 않았는가"등의

대사에 등장하는 왕의 자칭自稱이다. 그러나 "왜?"를 물으면 역시 답답
해진다. 원래는 중국 고대에 일찍 등장한 '나'라는 뜻의 1인칭 표시, 또
는 '나의'라는 1인칭 소유격의 뜻이었다고 한다. 적어도 진시황秦始皇이
등장하기 전까지는 일반인 모두 스스로를 호칭할 때 이 글자를 썼다
고 한다.

진시황은 중국 전역을 최초로 통일한 막강한 군주였다. 그는 황
제 자리에 오른 뒤 여러 가지를 통일했다. 문자와 법률, 교통 등을 비
롯한 문물과 제도 일반을 일정한 규격과 형식으로 통일했다. 그러면서
황제의 1인칭 호칭도 통일했다고 한다. 그로부터 황제를 비롯한 군왕
이 스스로를 부를 때 이 글자가 본격적으로 쓰였다는 설명이다.

하늘에 비낀 노을의 모습이다. 하늘과 땅, 각 사물에 드리우는 조짐(兆朕)은 앞으로 다가올 무엇을 암시
한다. 그를 잘 읽어야 곧 닥칠 위기 등에 대비할 수 있다.

그러나 군왕 등이 제 호칭으로 쓰기 이전의 본래 뜻은 '틈'이었다. 사전적인 해석으로는 배舟를 만들 때 보이는 '틈'이다. 잘 만든다고 만들었지만 어딘가 생긴 '틈'의 뜻이다. 혹자는 배뿐만 아니라 일반적인 사물에 드리운 빈 구석, 틈새의 뜻도 있었다고 푼다. 그 작은 틈, 즉 별 볼 일 없는 하찮은 것의 의미에서 스스로를 낮춰 부르는 '나'의 호칭으로 발전했으리라는 추정이 있다. 제법 그럴 듯하다.

그 틈은 언제 더 갈라질지 모른다. 배에 난 틈이나 구멍이라면 물에서 그를 가라앉힐 수도 있다. 그런 점 때문에 아마 '미리 무엇인가를 보여주는 현상'이라는 뜻 하나를 더 얻었을 수 있다. 따라서 점을 칠 때 생기는 금, 배를 만들 때의 틈과 구석이 만나면 兆朕조짐이다. 이로써 단어를 이루는 글자의 뜻이 알기 쉽게 다가선다.

북한이 보이는 불안정성은 이름이 높다. 이들은 핵실험에 미사일 발사를 감행하다가도 뜬금없이 협상을 제안하기도 한다. 워낙 종잡을 수 없는 사람들이라 이런저런 구석을 다 따져야 한다. 그들이 드러내는 조짐이란 뭘까. 아무튼 신중에 신중을 기하면서 읽어야 할 대상이다. 우리 국가안보와 직접 관련이 있는 대목이라 더 그렇다.

한자풀이

兆조 조 조(억의 만 배). 점괘. 빌미. 조짐. 빌미. 제단. 묏자리. 묘지. 백성. 사람. 처음. 비롯하다. 시작되다.
朕나 짐 나. 군왕의 자칭. 조짐. 전조. 징조.

목적 目的

이 단어 모르는 사람 별로 없다. 활이나 총을 쏠 때의 과녁, 나아가 제 스스로의 지향이 종국에 닿아야 할 곳의 뜻이다. 과녁이라는 단어가 순우리말일 수도 있지만, 목표로 정한 가죽革을 뚫는다貫의 뜻으로 생긴 貫革관혁이라는 한자어에서 비롯했다고 보인다.

활이나 총 등 살상을 위한 무기를 겨냥할 때 가장 중요한 곳이 눈일까, 그래서 그를 가리키는 한자 目목이 등장한 것일까. 이런 의문이 생긴다. 그럴 수도 있다. 그러나 다른 추정이 가능한 스토리도 전해진다. 양견楊堅이 북주北周를 무너뜨리고 수隋나라를 세우던 580년 무렵이었다고 한다.

양견에 쫓겨난 북주의 대신 두의竇毅라는 이가 있었다. 딸을 두고 있었는데 용모나 재주가 뛰어났을 뿐만 아니라 사내를 능가하는 용맹함도 지녔다고 한다. '누구에게 시집을 보낼까'라는 궁리를 하다가 아이디어가 떠올랐던 모양이다. 공작孔雀을 그린 병풍을 두고 먼 거리에서 공작의 두 눈을 화살로 쏘아 맞히는 사람에게 딸을 준다는 소문을 냈다고 한다.

이런저런 이들이 집에 찾아왔던 모양이다. 그러나 먼 거리에서 화

살로 공작 눈알 맞추기가 어찌 쉽
겠는가. 결국 다 실패하고 돌아갔
는데, 한 사람이 정확하게 공작의
눈을 맞췄단다. 그 이름이 이연李淵,
나중 당나라를 세운 고조高祖였다.
그렇게 얻은 두씨竇氏 부인은 당나
라 최고 전성기를 이끈 이세민李世民
의 생모다.

목적(目的)이라는 단어는 사람의 눈과 과녁
자체를 가리키는 글자의 조합이다. 스토리가
묻어 있는 단어다.

그런 맥락에서 과녁의 뜻으로 등장한 글자가 目목이다. 그 다음에
的적을 붙이면 目的목적이라는 단어를 이룬다. 的적은 과녁의 중심이다.
전체 과녁을 일컬었던 글자는 侯후다. 이 글자 안에 화살을 가리키는
矢시가 들어있음에 주목할 필요가 있다. 侯후는 일반적으로 제후諸侯를
가리킬 때 등장하는 글자다. 자세한 설명은 나중에 붙이기로 하고, 아
무튼 이 글자는 과녁 전체를 가리켰다.

과녁의 핵심을 일컫는 한자어는 또 있다. 正鵠정곡이다. 여러 해설
이 있어 정확하게 특정하기가 조금 어렵다. 일반적으로는 베 등 직물
에다 그린 과녁의 핵심을 正정, 가죽에다 그린 과녁의 가운데를 鵠곡이
라고 설명한다. 그래서 正鵠정곡이라고 하면 과녁의 가장 중간, 핵심의
목표다.

활을 잡은 사수射手의 역할은 제가 겨냥하는 과녁에 화살을 꽂는
일이다. 정확하게 과녁의 중심을 겨냥해야 좋은 결과가 나온다. 그러

나 정곡을 맞히기가 쉽지는 않다. 그나마 과녁에 꽂으면 괜찮다. 늘 亂射난사가 문제다. 이리저리 목적 없이 날리는 화살 말이다.

국정감사가 늘 화제다. 그러나 올해 그 감사장에서 우리 국회의 '사수'들이 과녁을 제대로 겨냥하고 날리는 화살이 별로 없어 보인다. 실력이 달려 그럴 수도 있고, 마음은 늘 젯밥에만 가 있어서 그럴 수도 있다. 그러니 난사하는 화살만 요란하다.

또 그렇게 국정감사가 지나간다. 덧없이 흐르는 세월을 光陰似箭광음사전이라고 적는다. '시간光陰이 쏜살箭 같다似'는 엮음이다. 목적을 제대로 겨누지 못하고 난사하는 국회의 화살이 또 그 세월처럼 그냥 흐른다. 과녁을 마구 비껴간 화살이 애꿎은 사람 다치게 하는 일만 없어도 다행일까.

한자풀이 ─────

貫꿸 관, 당길 만 꿰다. 뚫다. 이루다. 달성하다. 섬기다. 통과하다. 익숙하다. 문서. 돈꿰미. 당기다(만).
鵠고니 곡, 과녁 곡, 클 호, 학 학 고니. 백조. 따오기. 과녁. 정곡. 흰빛. 희다. 크다(호). 넓다(호). 학(학).

226 한자 본색

추파秋波

봄물과 가을의 물, 어딘가 대조를 이룰 듯하다. 한자로 적으면 春水춘수와 秋水추수다. 봄물, 春水춘수는 대지에 엉겼던 얼음 등이 녹으면서 불어나는 물이다. 큰 강에서는 그런 봄물의 흐름이 역력하다.

망국亡國의 군주였던 이욱李煜. 937~978년은 북송北宋에 포로로 잡혀와 제 조국을 그리면서 그런 봄물을 봤다. 강을 가득 채우면서 동쪽으로 하염없이 흘러가는 봄물을 "一江春水向東流일강춘수향동류"라고 적었다. '강 가득' '온 강'을 한자어 '一江일강'으로 표시해 강을 가득 채운 봄물을 그럴 듯하게 묘사했다. 나라 잃은 제 아픔을 그에 빗댔다.

'불어남' '가득 차오름'의 의미 외에도 봄물은 '푸르름'의 이미지에 가깝다. 그 때문에 '푸르다'는 뜻의 碧벽이나 綠록의 색깔과 잘 어울려 나타난다. 그에 비해 가을의 물, 秋水추수는 맑고 깨끗함의 이미지가 우선이다. 가을이 오면 햇빛이 맑아 물마저 그렇다. 그래서 가을의 호수 등은 바닥까지 들여다 볼 수 있을 정도다.

아름다운 여인의 눈을 표현할 때도 이 말은 쓰였다. 秋水汪汪추수왕왕이라고 적으면 맑은 물이 고여 있어 흘러넘칠 듯한 여인의 눈을 묘사하는 말이다. 盈盈秋水영영추수 역시 마찬가지의 뜻이다. 그렇듯 아름다운 여인의 눈에 조용한 움직임으로 인해 이는 물결이 우리가 일상에서 흔히 쓰는 추파秋波다.

위에서 소개한 이욱李煜은 후당後唐의 마지막 군주였으나 시사詩詞에서의 재주가 워낙 뛰어났다. 중국 역대 군주 중에 문사文士로서의 역량이 그를 능가할 사람은 없다. 앞에서처럼 '봄물'을 제 정한情恨에 담아 멋지게 그려냈듯이 그는 아름다운 여인의 눈에 일어나는 파동波動도 그럴 듯하게 적었다.

그는 '파티'에서 벌어졌던 남녀 사이의 은근한 몸짓을 이렇게 그렸다. "눈길이 몰래 서로 엉기더니, 가을 물결이 옆으로 움직여 흘러넘칠 듯

봄물에 견주면 가을의 물은 맑음이 두드러진다. 물위를 떠다니는 철새의 움직임이 사랑스럽다. 가을 물의 지칭은 많은 단어를 낳았다. 추파(秋波)도 그 하나다.

眼色暗相鉤, 秋波橫欲流". 추정컨대, 여인의 눈길에서 이는 미묘한 변화를 秋波_{추파}라는 단어로 정착시키는 데 최초의 작용을 했던 작품이었으리라.

이후의 중국 문인들은 결국 秋水_{추수}와 秋波_{추파}를 여인의 눈, 게서 이는 미묘한 율동 등으로 그렸다. 秋波_{추파}와 같은 뜻으로 쓰는 단어가 횡파_{橫波}다. 역시 곁눈으로 바라볼 때 전해지는 눈길이다. 여인들이 맘에 드는 남성을 봤을 때 똑바로 상대를 응시하지 않으면서 곁눈으로 보는 모습에서 나온 표현이다.

그러니 '추파'라는 말의 주체는 여인이어야 옳다. 우리 쓰임새로는 마냥 긍정적이지도 않다. '은근히 던지는 눈길'이어서 색정_{色情}의 요소를 어느 정도 품은 말로 쓴다. 남성이 추파를 던진다고 하면 경우에 맞지도 않다. 그럼에도 그런 눈길을 던지는 남성이 적지 않다.

공공기관의 기관장에 오른 권력 주변의 남성들이 적지 않다고 한다. 그 자리에 앉기 위해 권력을 바라보며 던졌을 현직 기관장들의 '추파'가 떠올라 적어본 글이다. 맑고 투명하기는커녕, 음침해서 개운치 않은 시선이다. 아름다운 여인의 눈길, 맑은 가을 햇빛과 물…. 이런 이미지와는 전혀 상관이 없는 어두운 눈짓이다.

한자풀이

汪넓을 왕 넓다. (눈물이) 그렁그렁하다. 못, 연못. 바다. 눈물 그렁그렁한 모양.
盈찰 영 차다. 가득하다. 충만하다. 피둥피둥하다. 남다. 여유가 있다. 불어나다. 증가하다. 채우다. 미치다. 교만하다. 이루다. 예쁜 모양.

소슬 蕭瑟

나뭇가지를 스치는 바람도 가을을 알린다. 조금씩 앙상해지는 가지에 바람이 닿으면서 서걱거리는 소리가 귀에 들린다. 그런 모습과 소리를 한자로 표현한 게 蕭瑟소슬이다. 우리가 흔히 '소슬바람'이라고 할 때 등장하는 단어다. 우리는 그런 형용에서 가을이 다가옴, 가을의 깊어짐을 다 느낀다.

蕭소라는 글자는 원래 대쑥을 가리켰다. 쑥의 일종이다. 다른 쑥에 비해 뒷면에 자라는 수염이 적어 맑은 모습을 지닌다고 한다. 그래서 이 글자를 '쓸쓸함'으로 푼다고 보는 사람도 있으나, 분명치는 않다. 아무튼 蕭소는 사물의 무성한 기운이 잦아든 모습을 가리키는 글자로 일찌감치 등장한다.

다음 글자 瑟슬은 거문고나 비파 등 현악기의 뜻이 강하지만, 여기서는 소리에 관한 형용이다. 서걱거리는 소리를 표현한 글자라고 볼 수 있다. 글자 둘을 그대로 이으면 瑟瑟슬슬, 우리말 '쓸쓸하다'의 어원이다. 그러니 소슬바람이라고 하면, 무성한 여름을 보낸 나무의 가지들이 메마른 잎사귀를 달고 있는 상태에서 맞는 바람이다. 그 바람은 대개 초록의 풍성함을 밀어내고 대신 자리를 잡은 가을의 일반 식

가을이 깊어지는 무렵의 숲이다. 식생은 메말라 서걱거리는 소리를 낸다. 자신을 흔드는 바람소리를 맞아서다. 그런 깊은 가을의 형용을 소슬(蕭瑟) 등으로 표현한다.

생으로부터 메마른 소리를 자아낸다.

蕭瑟소슬과 비슷하게 쓰는 단어는 蕭索소삭, 蕭颯소삽, 蕭條소조 등이다. 처음의 蕭索소삭은 구조가 소슬과 비슷하다. 뒷글자 索삭. 또는 색이 외롭다거나 홀로 있어 고독하다는 등의 뜻을 지니고는 있지만 蕭瑟소슬의 瑟슬이라는 글자와 같이 소리에 관한 형용이라고 보인다.

蕭颯소삽 역시 그와 같은 맥락이다. 단지 颯삽이 바람의 일종이어서, 때로는 풀이나 나무 잎사귀에 내리는 비의 소리를 형용할 때도 있다. 蕭瑟소슬이나 蕭颯소삽 등에 비해 먼저 문헌에 등장하는 단어가 蕭條소조다. 나뭇가지를 뜻하는 條조와 어울렸으나, 여기서는 나뭇잎 많이 떨어뜨린 식생의 모습을 표현한 의태擬態의 의미로 볼 수 있다.

점차 흩어져 없어지는 상황을 蕭散소산으로 적으며, 직접 '차갑다'는 글자를 붙여 蕭冷소랭이라고 적는 경우도 있다. 아예 글자 두 개를 나열해 蕭蕭소소라고 적기도 한다. 蕭寂소적이라고 해도 마찬가지다. 쓸쓸함에 조용함까지 얹었으니 이 가을의 분위기와 딱 맞아 떨어지기도 한다.

추위가 닥치니 더위가 자리를 비킨다…. 그 '寒來暑往한래서왕'이야 계절의 부지런한 갈마듦을 표현하는 자연스런 말이다. 초록은 자리를 비키고 갈색과 붉은색의 가을 잎사귀들이 산야를 장식한다. 때가 바뀌니 모습도 바뀌는 게 옳다. 그러나 어딘가 이 가을이 기쁘지만은 않다.

먹고 사는 일, 우리사회의 경제가 소슬蕭瑟함에 소삽蕭颯함, 한 걸음 더 나아가 소조蕭條함의 분위기를 다 안고 있어서 그렇다. 이렇게 잦아들다가 생기가 모두 흩어지고 마는 소산蕭散, 그로써 더욱 차가워지는 소랭蕭冷함으로 이어지면 어쩔까. 앞으로 닥칠 겨울이 더 스산하게만 느껴진다.

한자풀이

蕭 쓸쓸할 소, 맑은대쑥 소 쓸쓸하다. 시끄럽다. 바쁘다. (바람이) 불다. 떨어지다. (말이) 울다. 맑은대쑥(국화과의 여러해살이풀). 물건(物件) 소리.

瑟 큰 거문고 슬 큰 거문고. 비파. 엄숙하다. 곱다. 쓸쓸하다. 많다.

索 노 삭, 찾을 색 노(바, 노끈, 새끼 따위). 헤어지다. 흩어지다. 꼬다. 쓸쓸하다. 찾다 (색). 더듬다 (색).

颯 바람 소리 삽, 큰 바람 립, 큰 바람 입 바람 소리. 바람 소리의 형용. 쇠잔한 모양. 시들다. 어느덧. 홀연히. 큰 바람(립). 사람 이름(립).

條 가지 조 가지. 조리(條理). 맥락. 조목. 끈. 줄. 법규. 유자나무. 통하다. 길다.

면목面目

이 면목面目이라는 단어는 언제 처음 나왔을까. 꽤 오래라고 보인다. 『시경詩經』에 등장했고, 이어 유방劉邦과 천하의 패권을 다투다 패한 항우項羽의 기록에서도 나온다. 얼굴을 가리키는 面면이라는 글자에 눈을 지칭하는 目목이 합쳐졌다. 우선의 새김은 '모습'이다.

얼굴은 그냥 얼굴, 그 가운데 사람의 특징을 가장 잘 드러내는 눈이 따라 붙은 점이 조금 흥미롭다. 코와 입, 귀 등 다른 기관에 비해서 눈이 지니는 상징성이 별나기 때문일 테다. 의미를 조금 더 확장해 이 단어는 '체면體面'과도 통한다. 체면은 행동거지와 얼굴을 가리키는 단어다. 사전적으로는 '남을 대하기에 떳떳한 도리나 얼굴'의 뜻이다.

면목도 그 점에서는 마찬가지다. 그냥 얼굴 모습이 아니라, 남을 대할 때 떳떳할 수 있느냐의 여부를 물을 때 쓰는 단어다. '진짜 모습'은 진면목眞面目, 본래면목本來面目 등으로도 쓴다. 앞의 진면목은 소동파蘇東坡가 지금 중국 장시江西에 있는 유명한 산, 여산廬山을 읊으면서 유명해진 단어다.

곳곳에 솟아 있는 수많은 산봉우리에 갇혀 여산의 전체 모습을 짐

눈이 내린 산야의 정경이 어딘지 쓸쓸하다. 넓고 깊은 산속에서 북송(北宋)의 문인 소동파(蘇東坡)는 진면목(眞面目)이라는 단어를 만들어냈다.

작하기 어려웠던 소동파가 "여산의 진면목을 알 수 없으니, 몸이 이 산속에 갇혔기 때문이리라 不識廬山眞面目, 只緣身在此山中"고 한 구절이 사람들 입에 오르내리면서 쓰임새가 커졌다. 뒤의 본래면목은 불가佛家에서 사람이 지닌 본성本性을 이야기할 때 쓰였다.

　　머리와 얼굴은 사람의 모습을 구별할 때 가장 요긴하다. 한자로는 頭두, 首수가 머리를 가리키는 대표 글자다. 元원도 원래 머리를 가리키다 '으뜸'의 뜻을 얻었다. 元首원수라고 하면 '머리+머리'의 뜻이니, top

중의 top이다. 옛 왕조 시절 최고 권력자인 임금을 지칭했던 단어다. 최고의 공적을 세운 사람을 元勳원훈, 장군 중의 최고 장군을 元帥원수, 흉악함의 으뜸을 元兇원흉이라고 적는 이유다.

얼굴을 가리키는 한자로는 面면과 顏안이 대표적이다. 面면은 아주 오래전부터 얼굴을 지칭하는 대표적 글자로 쓰였다. 顏안은 본래 이마를 가리켰다가 얼굴의 뜻을 얻었다고 보인다. 色색이라는 글자는 일반적으로 색깔을 가리키지만 본래의 출발점은 '사람의 미간眉間에 드러나는 표정'이었다고 한다.

開顏개안이라고 하면 조금씩 얼굴 표정이 풀리며 웃음을 띠는 모양, 破顏파안이면 크게 웃을 때의 표정, 汗顏한안이면 창피해서 땀이 솟아날 때의 얼굴을 가리킨다. 失色실색이면 놀라서 창백해진 모습, 作色작색이면 고쳐 짓는 표정 등을 지칭한다.

한자로 적으면 뭔가 한 굽이 돌아가는 느낌이다. 사람의 얼굴을 위의 글자들로 적으면 어딘가 섭섭할 때도 있다. 순우리말은 직접적인 표현이라는 느낌을 줘서 후련하지만, 어느 경우에는 좀 야하다는 느낌도 준다. 그래도 간혹 그 얼굴을 달리 '낯짝'으로 부르고 싶다. 한자와 순우리말이 합쳐진 '상판대기'는 어떨까.

요즘 느닷없이 집권당 최고위원에서 사퇴했다가, 슬그머니 돌아온 정치인을 보면서 든 생각이다. 오고 가는 이유가 분명치 않고, 생각은 종횡무진 스타일이다. 도대체 갈피를 잡지 못하겠다는 생각만 든다. 이런 이들에게 나라의 정사政事를 맡겼다고 생각하니 아찔해진다.

요즘 TV 정치 뉴스는 '얼굴'의 다른 말을 자주 떠오르게 한다. 낯짝, 상판대기….

한자풀이 ───

面낯 면. 밀가루 면. 낯. 얼굴. 표정. 얼굴빛. 모양. 모습. 겉. 표면. 겉치레. 탈. 가면. 앞. 면전. 방면(方面). 쪽. 평면.
행정 구역 단위. 물건을 세는 단위. 밀가루.
勳공 훈. 공. 공적. 관등(官等). 세운 업적.
顔낯 안. 낯. 안면. 얼굴. 이마. 표정. 체면. 명예. 면목. 염치. 색채. 빛깔. 산이 높은 모양. 나타나다. 드러나다.
앞장서다.
汗땀 한, 현 이름 간. 땀. 물이 끝없이 질펀한 모양. 오랑캐 추장. (땀이)나다. 흐르다. 살청하다. 윤택하게 하다.
현(縣) 이름 (간).

불우不遇

　　험준한 태항산太行山을 늙은 말이 오르고 있었다. 소금을 잔뜩 실은 수레를 끌면서 말이다. 다리는 자꾸 접혔으며 말굽은 헤어지고, 땀은 흥건하게 몸을 적셨다. 그래도 말은 높고 가파른 오르막길에서 끙끙거리며 앞으로 나아가지 못했다.

　　백락伯樂이 그 말을 알아봤다. 말은 하루에 천리를 내닫는 명마, 즉 驥기였다. 명마를 알아보는 데 일가견이 있던 백락의 눈길을 피하지 못했던 것. 그러나 백락은 그저 타고 지나가던 제 수레에서 내려 천리마의 멍에를 잠시 벗겨주는 일밖에는 달리 해 줄 게 없었다.

　　그래도 그것이 고마웠던가. 천리마는 소금 수레의 멍에를 벗겨주자 아주 높은 소리로 울었다고 했다. 그 소리는 깊고 험한 태항산의 골짜기에, 그리고 하늘 끝에까지 울려 퍼졌다고 한다. 천리마의 비참한 운명을 목격한 백락도 함께 울었다고 한다. 『전국책戰國策』에 나오는 천리마의 이야기다. 타고 난 명줄은 천리마, 그러나 생활에서는 소금수레를 끄는 짐말이었다.

　　이 경우를 '鹽車염거' 또는 '驥服鹽車기복염거'라고 적는다. 한자세계에서는 어엿한 전고典故와 성어로 자리를 잡은 말이다. 천리마驥가 소

천리를 거뜬히 내닫는 능력을 품고서도 때와 사람을 만나지 못해 소금수레를 끄는 말이 있다.
그런 경우를 우리는 불우(不遇)라고 적는다.

금수레鹽車를 끈다服는 엮음이다. 이런 상황이 바로 불우不遇다. 이 단어 '불우'는 만나지遇 못하다不의 구성이다. 이 천리마는 자신이 명마임을 알아주는 사람을 만나지 못했던 셈이다. 백락을 일찌감치 만났다면 운명이 달라졌을 것을….

　최근 한 지인이 문자를 보내면서 "세상을 못 만난 불우한 처지"라며 제 심경을 표현했다. 懷才不遇회재불우인 셈이다. 재주才를 품고서도懷 누군가를 만나지 못했다不遇는 뜻이다. 큰 재주 품은 사람을 아주 작게 쓰는 大才小用대재소용도 마찬가지 의미다.

주변에 그런 사람 적지 않다. 더 높은 자리에서 더 큰 일을 할 사람이 세상을 만나지 못해 형편없이 구겨진 채 살아가는 경우를 많이 본다. 태어난 가정에서 좋은 부모와 형제를 만나지 못해 방황하는 젊음들이 '불우'청소년일 테고, 경제적 형편이 좋지 못해 고생하는 사람이 '불우'이웃이다.

세상에서 '만남'은 그토록 중요하다. 우연히 누군가를 마주치면 조우遭遇, 그저 우연성만이 눈에 띄는 만남은 기우奇遇, 마주친 상황이 경우境遇, 어여쁜 이를 만나면 염우艶遇다. 遇우에는 '남을 상대하는 태도'의 뜻도 있다. 예로써 대접하면 예우禮遇, 박절하게 대하면 냉우冷遇, 가혹하게 대하면 혹우酷遇, 그 정도가 더 심하면 학우虐遇다.

세상을 못 만났고, 사람을 못 만났기 때문에 불우不遇일까. 나이 들면서 생각해보면, 만나지 못하는 '불우'의 상황에는 제 몫도 있다고 본다. 만났어도 그냥 지나쳐 버린 사람이나 때, 주의하지 못해 그 중요성을 간과함으로써 호기好機를 살리지 못한 잘못 등 말이다. 아니면 제가 사납거나 퉁명스러워 다가오는 기회나 사람을 머뭇거리게 만들었을 수도 있다.

그럼에도 큰 뜻이나 좋은 재주를 품은 사람이 버려지면 곤란하다. 태항산처럼 험하고 깊은 곳이 대한민국 사회다. 그곳에서 설령 소금수레 끌지라도 제가 '천리마'라면 기죽지 말아야 옳다. 조조曹操가 남긴 명문 중에 이런 말이 있다.

"늙은 천리마가 구유에 엎드려 먹이를 먹음은, 그 뜻이 천리를 내닫는 데 있음이라. 뜻이 강한 사람은 늙어가면서도, 그 장한 마음 굽히지 않으리니老驥伏櫪. 志在千里. 烈士暮年. 壯心不已". 불우의 인재들이여, 스산해진 가을 날씨에도 결코 움츠러들지 말기를….

한자풀이

遇만날 우 (우연히)만나다. 조우하다. 상봉하다. 대접하다. 예우하다. (뜻을)얻다. 합치다. (뜻이)맞다. 짝하다. 맞서다. 성교하다. 막다.

驥천리마 기 천리마. 준마.

鹽소금 염 소금. 자반. 노래 이름. 후렴. 산(山) 이름. 못 이름. 절이다.

遭만날 조 (우연히)만나다. (나쁜 일을)당하다. 두르다. 둘레. 번(횟수). 바퀴(둘레를 세는 말).

櫪말구유 력, 말구유 역 말구유(말에게 먹이를 주는 그릇). 마판(馬板: 마구간의 바닥에 깔아 놓은 널빤지). 상수리나무. 형구의 한 가지.

출제出題

어느 한 궁녀, 어느 한 서생書生. 궁에 오래 갇히다시피 살았던 궁녀는 맑은 가을날 빨간색 낙엽에 글귀를 끼적인다. 궁녀로서의 답답한 삶을 하소연하는 내용이다. 이어 궁궐 해자垓子의 물에 띄워 보낸다. 해자 주변을 서성이던 서생은 그를 우연히 주워 읽는다. 역시 낙엽에 감상을 적어 물에 띄운다.

누군가 받아볼지 알 수 없는 글쓰기였다. 궁녀는 어느 날 신분의 족쇄를 벗는다. 궁녀 '정리해고' 명단에 '다행히' 이름이 올랐던 모양이다. 서생도 어느 권세가의 참모로 지낸다. 아주 우연한 계기로 둘은 부부로 맺어진다. 그 과정은 복잡해서 다 적지 않는다. 어느 날 과거를 회상하던 둘이 낙엽에 적었던 시를 이야기하다가 깜짝 놀란다. 그리고선 서로 간직했던 낙엽을 꺼낸다.

"인연이 있으면 천리를 떨어져 있어도 만나고, 인연 없으면 얼굴을 마주해도 서로 알아보지 못한다"는 말이 있다. 중국의 오랜 속언이다. '有緣千里來相會, 無緣見面不相識유연천리래상회, 무연견면불상식'이라고 쓴다. 부부로 만나 살아가는 사람들 인연이라는 것이 이처럼 공교롭다. 이 이야기는 성어로 남았다. 紅葉題詩홍엽제시다. 빨강紅의 이파리葉에 시詩를 쓴다題의 엮음이다.

우리가 살피고자 하는 글자가 등장한다. 題제라는 한자다. '옳다'는 새김의 是시와 '머리'를 가리키는 頁혈의 합성이다. 그래서 원래는 얼굴, 이마, 머리 등의 새김이라고 한다. 그러다가 여러 뜻을 얻었다. 우선은 문장의 머리, 글의 전체를 함축적으로 제시하는 부분인 제목題目의 뜻이다. 이로써 다시 시험이나 글월 등의 주제主題라는 뜻, 나아가 시험을 치를 때 묻는 내용의 문제問題라는 의미도 챙겼다.

동사적인 틀에서는 위의 성어에서처럼 글 등을 '쓰다'라는 뜻, 아울러 남의 글이나 그림 등을 '품평品評하다'의 의미가 있다. 새김이 이렇다 보니 쓰임새가 제법 많다. 나뭇가지의 끝을 가리키는 標표라는 글자와 만나면 표제標題다. 가장 눈에 띄는 제목이라는 뜻이다.

서로 의논하는 대상을 가리킬 때는 의제議題, 이야기하는 주제는 화제話題, 논해야 하는 범위를 지칭할 때는 논제論題라고 적는다. 옳고 그름을 말해야 하는 문장이나 주제는 명제命題, 부차적인 제목은 부제副題다. 골치 아플 정도로 어려운 사안이면 난제難題다.

시험의 문제를 내는 일이 바로 출제出題다. 그런데 요즘 한국사회의 수준을 그대로 반영

바닥에 소복이 쌓인 가을의 낙엽이다. 뒹구는 가을 잎사귀에 시를 적는 때도 있었다.

했는지는 모르겠으나, 대학 입학 수험생들에게 내는 국가의 출제 능력이 아주 '문제問題' 그 자체다. 젊은 수험생들의 미래가 걸려 있는 중요한 국가 차원의 시험에서 말썽이 빚어지고 있으니 아주 심각하다.

결과를 두고 그 값을 매기는 일은 한자로 적을 때 課과다. '말하다'는 새김의 言언과 성과를 의미하는 果과의 결합이다. 그런 원래의 새김에서 발전한 게 '매기다'의 뜻이다. 대상의 소득 수준을 판정해 세금 등을 매기는 일이 부과賦課다. 그렇게 매겨지는 문제가 과제課題다.

과제는 숙제宿題라고도 적는다. 원래는 일본식의 조어다. 일정한 시간을 주고 집에서 풀어 와야 하는 문제다. '오래 묵었다'는 뜻도 없을 수 있다. 아주 오래 품어온 바람을 숙원宿願이라고 할 때의 쓰임처럼 말이다. 그렇게 풀면 숙제는 '아주 오랜 문제'다.

우리사회의 과제와 숙제가 많다. 늘 이어지는 안전사고, 대입시험의 출제능력에서 드러낸 허점도 그에 속한다. 서두르느라 정밀함을 챙기지 못하는 그런 병폐 말이다. 그러다 한국의 국가 이미지에 '문제투성이 국가'라는 제목題目이 얹히지 않을까 요즘 솔직히 걱정이다.

한자풀이

題제목 제 제목. 머리말. 물음. 이마. 품평. 적다. 글 쓰다. 값 매기다.
標표할 표 표하다. 나타내다. 기록하다. 표를 하다. 적다. 표. 가지. 나무의 끝. 높은 나무. 높은 가지.
課공부할 과. 과정 과 공부하다. 시험하다. 매기다. 부과하다. 과정. 과목. 조세. 세금. 부서(部署). 차례.
賦부세 부 부세(세금을 매겨서 부과하는 일). 군비(軍費) 3. 문채(文彩). 이름. 군사(軍士). 선비. 구실.
宿잘 숙. 별자리 수 잠을 자다. 숙박하다. 묵다. 오래 되다. 나이가 많다. 한 해 묵다. 지키다. 숙위하다. 안심시키다. 찾아 구하다. 재계하다. 크다. 숙직. 당직. 숙소. 여관.

영락零落

우리말 속에 숨어 있는 한자가 참 많다. 숨은 그림 찾기라도 해야 할까. '영락없다'라는 말도 마찬가지다. 우선 문제 하나 내자. "나뭇잎이 무수히 떨어지니 영락없는 가을이다"라는 말은 성립할까. 문제가 없어 보이지만, 사실은 있다.

'영락零落'이라는 단어를 먼저 살피자. 앞의 글자 零영은 우선 숫자 '0'을 가리킨다. 그러나 앞서 얻은 의미는 다르다. 비를 가리키는 雨우에 명령을 의미하는 令령이 붙었다. 초기 자전字典의 뜻으로는 본격적으로 내리는 비가 아닌, 나머지의 비다.

굵은 빗방울로 떨어지는 본격적인 비에 앞서 내리는 작은 빗방울, 또는 굵은 비 내린 뒤 흩어져 내리는 비 따위 등을 의미한다. 그로부터 다시 번진 의미는 '이리저리 흩어지다'의 뜻이다. '영산零散'이라는 단어도 있는데, 여기저기 나뉘어져있는 상태를 가리킨다.

따라서 영락零落이라고 하면 이리저리 흩어져零 떨어지는落 그 무엇을 지칭한다. 『설문해자說文解字』에서는 풀이 시들어 떨어지는 것을 零영, 나무가 기운을 잃어 잎과 가지 등을 떨어뜨리는 일을 落락이라고 설명했다. 그러니 영락零落은 우선 풀이나 나뭇잎이 떨어지는 상황을 설명하

시들어 떨어지는 그 무엇을 보통 영락(零落)으로 적는다. 우리사회의 경기가 기우는 모습이 그렇다.
제대로 점검해서 앞을 대비해야 할 때다.

는 말이다.

그런 점을 감안하면 "나뭇잎이 무수히 떨어지니 영락없는 가을이
다"라는 말은 성립하기 힘들다. 그러나 '영락없다'는 말이 우리 언어생
활에서 '빠지거나 부족함이 없다'의 뜻으로 자리를 잡았으니 이를 두
고 계속 시비를 일으키는 일은 영락없는 바보짓일 수 있다.

조락凋落도 이 가을의 식생을 두고 많이 쓰는 말이다. 凋조는 무엇
인가에 의해 몸을 다치는傷 일이다. 특히 차가운 기운에 다치는 뜻을
품고 있어, 조락凋落이라고 적을 경우에는 '차가운 기운에 다쳐 떨어지
다'의 뜻이다. 가을, 또는 겨울의 차가워진 대기에 잎사귀 등을 떨어뜨

리는 식물에 잘 맞는 표현이다.

"날이 차가워진 뒤에야 소나무와 잣나무의 든든함을 알겠노라歲寒然後知松栢之後凋"는 『논어論語』 문장, 추사秋史 김정희金正喜의 〈세한도歲寒圖〉 등이 다 그 주제를 다루고 있다. 사물이 시드는 모습은 직접 조사凋謝라고도 적는다. 뒤의 글자 謝사는 신진대사新陳代謝의 그 경우다. 오래 묵은 것이 사라지고, 떨어지는 일이다.

落락이라는 글자는 우리가 별로 반기지 않는다. 움츠러들어 잦아드는 현상은 쇠락衰落, 뒤떨어지면 낙후落後, 높은 곳에서 낮은 곳으로 떨어지는 일은 추락墜落, 시험에 합격하지 못하면 낙제落第 등으로 적기 때문이다.

우리 경제가 기우는 모습이 역력하다. 원래의 체질이 문제였던 것일까. 차가워진 날씨, 줄어든 물, 그 위로 제 모습 드러낸 바위를 두고 소동파蘇東坡가 멋진 표현을 만들었다. '水落石出수락석출'이다. 거품이 꺼지면서 드러나는 문제점을 잘 점검하자. 경기景氣의 기울어짐을 알리는 여러 징후가 모두 보통 이상이어서 그렇다.

한자풀이

零 떨어질 영, 떨어질 령, 영 영, 영 령, 종족 이름 연, 종족 이름 련 떨어지다. 비 오다. 부슬부슬 내리다. 나머지. 영, 수(數)가 없음. 나이. 종족 이름.

落 떨어질 락, 떨어질 낙 떨어지다. 떨어뜨리다. 이루다. 준공하다. 두르다. 쓸쓸하다. 죽다. 낙엽. 마을. 빗방울. 울타리.

凋 시들 조 시들다. 이울다. 느른하다(맥이 풀리거나 고단하여 몹시 기운이 없다). 여위다. 슬퍼하다. 아파하다. 새기다.

각하閣下

　신분과 계급을 아주 엄격하게 따졌던 옛 동양사회에서는 지체가 높은 대상을 부르는 존칭尊稱이 퍽 발달했다. 치밀하게 매겨 놓은 '위계位階의식' 때문에 높은 신분의 대상에게는 이름을 그대로 부르는 일이 꺼려졌기 때문이다.

　그 중에서도 나를 낮춤으로써 상대를 높이는 방식의 존칭이 있다. 중국에서는 흔히 이를 因卑達尊인비달존이라고 한다. 낮춤卑으로써因 존경尊을 표현한다達는 식의 엮음이다. 우리가 가장 잘 알 수 있는 그런 방식의 존칭이 각하閣下다.

　여기서 閣각은 높은 지위의 벼슬아치가 있는 관공서를 가리킨다. 그 아래에 있는 '나'를 드러내 보임으로써 상대를 높이는 말이 곧 각하閣下다. 이는 현대로 접어든 한국사회에서도 많이 쓰인 존칭이다. 군대의 상관, 직장의 상사를 부를 때 널리 쓰였다. 박정희 대통령 시절에는 주로 대통령에 대한 존칭으로 많이 사용했다. "대통령 각하께서는 ~"식의 말을 들으면서 생활한 사람들이 많다.

　족하足下라는 말이 이런 방식의 존칭으로는 사실 가장 오랜 단어다. 전국시대戰國時代, BC 403~BC 221년에 등장한 기록이 있으니 그렇다. 군주君主는

옛 성곽의 대문. 그 위에 있는 누각이다. 각하(閣下)는 이런 건물 아래의 섬돌에 있는 '나'를 중심으로 위의 높은 이를 존칭하는 말이다.

높은 자리에 앉는다. 꼭 그렇지는 않을지 몰라도, 높은 곳에 앉은 군주의 발足은 그 아래에 서있는 신하들의 머리 높이 정도였을 테다. 그래서 그 발아래에 있는 '나'의 위치로 상대인 군주를 높여 부른 말이 족하足下다.

황제皇帝에게는 폐하陛下라는 단어를 흔히 사용했다. 진시황 이후 명明과 청淸 등 중국 통일왕조에서 황제를 호칭하는 가장 일반적인 표현이었다. 陛폐는 황제가 머무는 공간 아래에 있는 섬돌, 즉 계단을 지칭한다. 폐하陛下는 따라서 그 밑에 있는 사람의 신분으로 섬돌 위의 황제를 호칭하는 단어다.

황제보다는 아래에 있는 황태자皇太子, 제후諸侯, 황태후皇太后 등에게는 전하殿下라는 말을 썼다. 황태자나 제후, 황태후 등이 머무는 곳인 殿전이라는 큰 건물 밑의 '나'로써 상대를 높이는 방식이다. 우리 사극史劇에서 임금을 부를 때 많이 쓴다.

휘하麾下, 절하節下는 군대 용어다. 麾휘는 전쟁에 나선 장수將帥의 깃발, 節절은 그런 장수가 사용하는 권한의 상징인 부절符節을 가리킨다. 따라서 휘하麾下와 절하節下는 원래 그 밑의 장졸들이 제 장수를 부를 때 썼던 존칭이다.

여당 원내대표가 청와대에서 대통령과 회동할 때 '각하'라는 옛 존칭을 잇달아 사용해 화제다. 예전의 봉건왕조 사회라면 이런 호칭이 문제로 떠오를 리 없다. 그러나 권위주의적인 색채를 벗기 위해 이 말 쓰지 말자고 한 지가 오래다. 그럼에도 대통령 앞에서 이 말을 쓴 사람의 저의가 뭔지 모르겠다. 옛 권위주의 시절이 그리웠는지는 몰라도, 신분에 이어 제 의식마저 섬돌이나 대상의 발아래에 내팽개치는 일은 없었으면 좋겠다.

곧 날아오를 비행기를 멈춰 램프로 되돌린 뒤 기내 사무장을 내리도록 한 재벌 오너 집안의 사람이 사실은 더 문제다. 남들에게 '전하' '족하', 심지어는 '폐하'라는 존칭을 듣고 싶은 것일까. 남을 내 발아래에 두고자 하는 마음이 읽힌다.

"교만한 마음은 손해를 부르고, 겸손한 자세는 도움을 얻는다滿招損, 謙受益"고 했다. 세상의 이치, 즉 천도天道가 그렇다는 얘기다. 남을 헤아리는 마음이 없어 스스로 자만과 교만에 머물면 닥치는 것은 재앙이다. 이 시대의 '있는 이'들이 잘 새겨야 할 말이다.

한자풀이

閣집 각 **집**. 문설주. 마을. 관서. 궁전. 내각. 다락집. 층집. 복도. 찬장.
陛대궐 섬돌 폐 **대궐 섬돌**. 층계. 계단. 계급. 품계. 벼슬 차례. 벼슬의 등급. 시립하다.
殿전각 전 **전각**. 궁궐. 큰 집. 절. 전하. 후군(後軍). 아래 등급. 진무하다. 진압하여 안정케 하다. 평정하다. 신음하다.
麾기 휘 **기**. 대장기. 가리키다. 부르다.
符부호 부 **부호**. 기호. 증거. 증표. 부적. 예언서. 도장. 부절(符節: 돌이나 대나무·옥 따위로 만들어 신표로 삼던 물건). 조짐.
招부를 초 지적할 교 **부르다**. 손짓하다. 묶다. 결박하다. 얽어매다. 속박하다. 구하다. 나타내다. 밝히다. 흔들리다. 움직이다. 과녁. 별 이름. 지적하다(교).

부부夫婦

남녀가 결혼 등을 통해 쌍을 이루면 부부夫婦다. 인류사회의 근간을 이루는 일이 남녀의 혼인이요, 그로써 이어지는 번식이다. 그러니 이 부부 관계를 새삼 정의할 필요는 없겠다. 그러나 그만큼 별칭도 많이 따랐다.

당唐나라 때의 걸출한 시인 백거이白居易는 황제 현종玄宗과 양귀비楊貴妃의 슬픈 사랑을 노래한 「장한가長恨歌」에서 "하늘에서는 비익조 되리라, 땅에서는 연리지 되리라在天願作比翼鳥, 在地願爲連理枝"는 시구를 선보였다.

이미 죽어 저승으로 간 양귀비, 그녀를 보고 싶어 천상의 세계로 방사方士를 보낸 현종. 양귀비는 저승으로 자신을 만나러 온 방사에게 예전에 현종이 했던 맹세라며 위의 말을 전한다. 황제와 절세미녀 사이의 애달픈 사랑 이야기라 아주 유명한 내용이다.

시구에 등장하는 比翼鳥비익조는 암수가 한 쌍을 이뤄 하늘을 나는 새다. 물론 실재하지는 않는다. 각각의 날개 하나로 한 쌍의 날개를 이룬 뒤에야 하늘에 오른다. 連理枝연리지는 뿌리가 각기 다르지만 몸체는 서로 이어져 하나를 이루는 나무다. 둘 다 짝을 이뤄 평생을 살아가는 부부를 일컫는 말이다.

비목比目은 가자미 종류의 생선을 가리키는 말이다. 납작한 몸체에 눈이 한쪽에 몰려 있는 가자미류 생선을 보고 지은 말이다. 한쪽에 몰린 눈 때문에 서로 짝을 이뤄 이동하는 모습을 보고서 아주 사이가 좋은 부부를 떠올렸다. 이 때문에 비익比翼, 연리連理, 비목比目 등은 나무랄 데 없이 좋은 부부관계를 지칭한다.

배우配偶는 '서로 어울린 한 짝'이라는 뜻이다. 남녀의 결합을 부부 또는 부처夫妻라고 하면서 그 부부가 서로의 짝을 일컬을 때 쓰는 말이다. 부부관계가 원만하면 가우嘉偶, 그 반대여서 서로 원수 사이로 변하면 원우怨偶라고 적기도 한다.

항려伉儷도 예전에는 자주 썼던 말이다. 대등伉하게 짝儷을 이룬다는 뜻이다. "요조숙녀는 군자의 좋은 짝窈窕淑女, 君子好逑"이라는 시구에 등장하는 好逑호구라는 단어도 '좋은 배필'이라는 뜻이다.

작고 큰 거문고 종류의 악기인 금슬琴瑟도 부부관계를 나타내는 말이다. 7현과 25현의 금琴과 슬瑟이 서로 어울려 내는 소리를 부부관계에 빗댔다. 전설에 등장하는 새 봉황鳳凰도 수컷의 봉鳳, 암컷의 황凰으로 부부관계를 가리킨다. 원앙鴛鴦도 그와 마찬가지다. 원앙의 '금슬'이 워낙 좋아 보여 사람들은 필조匹鳥라는 단어로도 그 새를 지칭했다.

외과 식물인 과瓜, 칡을 가리키는

산비둘기 한 쌍이 정답다. 부부는 이승의 인연 속에서 가장 깊은 인연이다. 비바람 많이 닥치는 세상 삶을 꿋꿋하게 버티도록 해주는 힘이기도 하다.

갈葛을 합쳐 부부를 지칭키도 한다. 혼인婚姻으로 양가 집안이 서로 얽혀 드는 정황, 아니면 외의 넝쿨과 칡의 뿌리처럼 서로 가까이 감기는 친밀한 부부관계를 의미하는 단어다.

부부 사이에 틈이 생겨 서로 갈라서는 경우를 파경破鏡이라고 하는데, 원래의 스토리는 해피엔딩이다. 전쟁이 벌어져 헤어져야 했던 부부가 거울을 깨뜨려 반쪽을 서로 간직했다가 갖은 우여곡절 끝에 그 거울 반쪽의 징표로 다시 만난다는 설정이다. 파경중원破鏡重圓이라는 성어로 남았다. 깨진破 거울鏡이 다시重 합쳐진다圓는 엮음이다.

올해 겨울이 제법 춥다. 그럼에도 극장가에 〈님아, 그 강을 건너지 마오〉라는 영화가 있어 따뜻함을 전한다. 76년을 함께 살다 헤어진 노부부의 애틋한 사랑 이야기를 다뤘다. 내 삶의 반려伴侶가 어떤 의미의 존재인지 새삼 돌아보게 만든다. 추운 겨울, 제 '짝'에게 좀 더 많은 관심 기울이자.

한자풀이

比 견줄 비 견주다. 비교하다. 본뜨다. 모방하다. 나란히 하다. 고르다. 가려 뽑다. 갖추다. 같다. 대등하다. 친하다. 친숙하다. 따르다. 쫓다.

翼 날개 익 날개. 지느러미. 이튿날. 솥귀. 솥의 손잡이. 도움. 처마. 배. 선박. 법칙. 법도. 정치적 파벌.

伉 짝 항 짝. 부부. 배필. 정직한 모양. 강하다. 굳세다. 높고 크다. 겨루다. 교만하다. 대항하다. 저항하다. 정직하다.

儷 짝 려 짝 여 짝. 배우자. 쌍. 한 쌍. 나란히 하다. 짝하다. 견줄 만하다. 아름답다.

逑 짝 구 짝. 모으다.

瓜 오이 과 오이. 참외. 모과. 달팽이. (오이가)익다.

葛 칡 갈 칡. 갈포. 나라 이름. 성(姓)의 하나. 덮다.

세모歲暮

"歲歲年年人不同세세년년인부동"이라는 말이 있다. 옛 시구에서 먼저 나온 뒤 후대의 중국 시단에서 즐겨 썼던 말이다. 풀자면 "해마다 사람은 모두 다르다"는 뜻이다. 앞 구절에는 "해마다 피는 꽃은 서로 비슷해도年年歲歲花相似"라는 말이 등장한다. 세월이 흘러도 경물景物은 변함이 없지만 시간의 흐름을 따라가는 사람의 모습은 나날이 달라진다는 뜻이다.

"산천은 의구하되 인걸은 간 데 없다"라는 우리 옛 시조가 떠올려지는 대목이다. 그렇게 시간은 꾸준히 지나가고, 사람의 인생은 덧없이 흘러간다. 한 해의 시작을 알린 지가 엊그제 같은데 벌써 세밀, 즉 세모歲暮에 이르렀다.

해를 가리키는 한자어는 年년, 歲세, 載재, 祀사 등이 있다. 年년은 농작물 수확을 가리키는 글자로 처음 등장했다. 따라서 한자 단어 중 유년有年은 풍년, 대유년大有年은 대풍大豊을 가리킨다. 가을걷이, 즉 농작물 수확으로 1년이 지나감을 기억하면서 지금의 '해'라는 뜻을 얻었다.

歲세는 원래 太歲태세, 즉 태양계 행성의 하나인 목성木星을 가리켰

지는 해를 배경으로 기러기들이 날아오른다. 후딱 지나가는 세월을 지켜보며 사람들은 아쉬움을 품는다. 세밑, 세모 때가 특히 그렇다.

다. 태양을 중심으로 공전하는 주기가 11.86년이다. 지구에서 볼 때 매해마다 특정한 구역에서 머물기 때문에 사람들은 이 목성의 위치를 견줘 해를 따졌다고 한다.

載재는 물건 등을 '싣다'의 뜻이다. 정확하게 어떤 이유인지는 추정키 어렵지만, 이 글자 또한 '해'라는 뜻을 얻었다. 천년에 한 번 맞을까 말까하는 기회를 이야기할 때 '千載一遇천재일우'라고 적는 경우다. 祀사 역시 원래는 '해'의 뜻이었으나, 나중에 왕조 차원이나 개인 가정에서 벌이는 '제사'의 뜻이 매우 강해져 지금은 쓰지 않는 편이다.

역대 중국의 최고 시인이라고 하는 이백李白은 이런 말을 남겼다. "무릇 하늘과 땅이라는 존재는 만물이 거치는 여관이요, 시간이라는 것은 영겁을 스쳐가는 나그네夫天地者萬物之逆旅, 光陰者百代之過客"라고 말이다. 제법 운치가 있어 보인다.

장자莊子가 인생을 바라보는 눈길도 다르지 않다. 그는 "하늘과 땅에서 살아가는 인생이란 마치 좁은 문틈으로 하얀 말이 지나가는白駒過隙 모습을 보는 일과 같다"고 했다. 조그맣게 벌어진 문틈으로 하얀 말이 지나가는 속도야 그야말로 순식간瞬息間이다. 눈 감았다 뜨고瞬, 들숨 날숨 한 번 들었다 나가는息 사이間 말이다.

매우 낭만적이었던 시인 이백李白은 "그러니 옛 사람이 촛불 켜들고 밤새 노닐었던 일은 다 이유가 있음이라"며 실컷 놀기를 권유한다. 촛불 켜들고 밤새 노니는 일은 한자로 秉燭夜遊병촉야유다. 전깃불로 밤이 대낮처럼 밝은 현대사회라 치더라도 그렇게 마구 밤길을 떠도는 일은 삼가는 게 좋다.

주저앉았다가도 훌훌 털고 일어나 길을 가는 게 인생이다. 휙 스쳐 간다고는 하지만 인생은 등에 큰 짐을 지고 먼 길을 가는 일이다. 한자로 적으면 負重致遠부중치원이다. 짧은 인생, 시간 탓만 하고 있기에는 어딘가 허전하기 짝이 없다.

올해 세밑도 마찬가지다. 한 해의 마지막 날은 세제歲除라고 적는다. 여기서 除제는 '가다' '바뀌다'의 뜻이다. 해가 바뀌는 마지막 날에

적합한 표현이다. 그날 밤은 그래서 除夕제석, 除夜제야라고 적는다. 밤
새 뜬 눈으로 조심스레 해의 바뀜을 맞이하는 사람들도 있는데, 중국
에서는 守歲수세라고 부른다. 조용하면서도 차분한 마음으로 새해를
맞자.

한자풀이

載 실을 재, 떠받들 대 싣다. 이다. 오르다. 올라타다. 행하다. 시행하다. 비롯하다. 개시하다. 맡다. 진설하다. 해, 년.
祀 제사 사 제사. 해. 제사지내다.
駒 망아지 구 망아지. 새끼 말. 짐승의 새끼. 젊은이. 흩어지고 모여들지 않는 모양.
隙 틈 극 틈. 벌어진 틈. 구멍. 흠. 결점. 겨를. 여가. 짬. 원한. 불화. 놀리고 있는 땅. 갈라지다. 터지다. 비다.
경작하지 않다. 이웃하다.
瞬 깜짝일 순 깜짝이다. 보다. 주시하다. 잠깐. 눈 깜짝할 사이.
息 쉴 식 쉬다. 숨 쉬다. 호흡하다. 생존하다. 살다. 생활하다. 번식하다. 자라다. 키우다. 그치다. 그만두다. 중지
하다. 망하다.
秉 잡을 병 잡다. 쥐다. 장악하다. 처리하다. 지키다. 간직하다. 따르다. 순종하다. 헐뜯다. 열엿 섬(곡식을 세는
단위). 볏단. 자루.

홍조 鴻爪

기러기를 가리키는 鴻홍, 발톱 등을 지칭하는 爪조의 붙임이다. 어려워 보이는 한자 단어지만, 함의는 깊다. 새해의 초입에 들어선 우리의 마음을 그에 견줄 수 있어서 그렇다. 시간이 또 하나의 길목을 지났다. 음력으로 우리가 맞이하는 설이 곧 닥치고, 이제는 새해의 여정이 새롭게 펼쳐진다. 물 흐르듯 지나가는 게 시간이라는 걸 알면서도 시간이 갈마드는 길목에 들어서면 왠지 우울하면서도 설렌다.

국어사전에도 이 '홍조鴻爪'라는 단어가 올라 있다. '기러기가 눈밭

눈밭에 난 새의 발자국이다. 이 같은 맥락에서 나온 한자 단어가 바로 인생의 무상함을 가리키는 기러기 발자국, 홍조(鴻爪)다.

이나 진흙 위에 남긴 발자국'으로 풀이하는 말이다. 좀 더 풀자면 그렇게 덧없이 찍혀 있는 발자국처럼 곧 스러져 없어질 기억이나 흔적을 뜻한다. 바로 인생人生의 모습이 그렇다고 해서 사전에 올린 단어다.

삶이 궁극에는 허무虛無하고 무상無常하다는 점은 제 각성覺醒의 힘을 지니고 삶을 살아본 청장년靑壯年 이상의 사람이면 다 눈치 챌 수 있는 법이다. 그러나 기러기가 남긴 발자국에서 인생의 허무함만을 느낀다면 어딘가 조금은 개운치 않다.

그 단어를 유명하게 만든 주인공은 북송北宋의 최고 문인 소식蘇軾 소동파이다. 그가 동생 소철蘇轍과 함께 수 년 전 과거를 보러 나선 길에 머물렀던 절을 다시 지나치다가 동생을 그리워하며 적은 시詩에 등장한다.

"인생이 여기저기 떠도는 것 무엇 같을까? 응당 기러기가 눈 진흙 밟는 것 같겠지/ 진흙 위에 우연히 발톱 자국 나겠지만, 기러기 날아가면 동쪽 서쪽 따지겠는가?
(人生到處知何似, 應似飛鴻踏雪泥. 泥上偶然留指爪, 鴻飛那復計東西)."

-『중국시가선』, 지영재 편역, 을유문화사

예서 나온 성어가 '雪泥鴻爪설니홍조'다. 눈 쌓인 진흙탕 위에 어지러이 찍혀 있는 기러기의 발자국, 그리고 그들이 날아간 뒤에는 종잡을 수 없는 방향. 마치 시간의 흐름에 따라 소실消失과 망각忘却으로 향하는 인생을 이야기하는 분위기다.

그러나 이 시의 마지막은 이렇게 맺어진다. "지난날 험한 산골길 아직 기억하는가? 길 멀어 사람 지치고 당나귀 울었었지往日崎嶇還記否, 路長人困蹇驢嘶"(상동).

아무런 흔적 없이 사라지는 게 인생이지만, 그래도 그의 눈과 귀에 들어온 것은 '길을 나선 사람과 당나귀의 긴 울음소리'다. 시인은 궁극적인 메시지를 여기에 담았다고 보인다. 세월의 무상함을 견디면서 꿋꿋이 일어나 길을 나서려는 사람의 의연毅然함이다.

그래서 '설니홍조雪泥鴻爪'라는 성어를 무상과 허무로 풀면 50점, 그럼에도 꿋꿋이 길을 나서는 사람의 의지로 풀면 100점이다. 다가온 새해, 인생의 답안지에 모두 만점滿點 그으시기 바란다.

커다란 새, 고니를 가리키기도 하는 鴻홍이라는 글자에 福복을 붙이면 鴻福홍복. 커다란 복을 지칭하는 洪福홍복과 동의어다. 꿋꿋하게 나서는 새해의 인생길에 커다란 복까지 함께 한다면 더 이상 바랄 게 없을지니, 이 글을 읽어주시는 독자 모두 그런 새해 맞으시기를 축원한다.

한자풀이

鴻기러기 홍. 원기 홍 기러기. 큰기러기. 큰물. 홍수. 원기(元氣). 성(姓)의 하나. 크다. 넓다. 성하다. 번성하다. 굳세다. 강하다. 같다, 같게 하다.

爪손톱 조 손톱. 갈퀴. 긁다. 할퀴다. (손톱, 발톱을)자르다. 움켜잡다. 돕고 지키다.

泥진흙 니. 진흙 이. 물들일 녈. 물들일 열 진흙. 더러운 흙. 진창. 수렁. 벌레 이름. 야드르한 모양. 윤기 도는 모양. 이슬에 젖은 모양. 약하다. 칠하다. 바르다.

蹇절뚝발이 건 절뚝발이. 다리를 저는 당나귀. 노둔한 말. 괘 이름. 굼뜨다. 걷다. 머무르다. 고생하다.

화복禍福

사람들은 새해를 맞을 때면 제게 다가올 행운, 피해가야 할 상황 등에 관심을 기울인다. 여러 표현이 있을 수 있으나 단적으로 등장하는 개념이 바로 화복禍福이다. 그를 좀 더 부연한 표현을 꼽으라면 길흉화복吉凶禍福이다. 새해의 운수를 점치는 사람들의 머릿속을 꽉 채우는 항목이다.

화禍는 싫어서 피하고, 복福은 즐거우니 맞아야 한다는 것. 그저 상식常識 수준이다. 누가 재앙을 좋아하며, 즐거움을 마다할까. 그러나 인간세사人間世事 모든 일이 그렇게 단순하지만은 않다.

'의복倚伏'이라는 말이 있다. "화는 복이 기대고 있는 곳, 복은 화가 숨어 있는 곳禍兮福之所倚, 福兮禍之所伏"이라는 노자老子의 가르침을 요약한 단어다. 화禍와 복福이 서로 얽혀 있음을 말하는 것으로, '재앙은 나쁘고 즐거움은 좋은 것'이라는 단순 논리를 부정한다.

멀리 갈 것도 없다. 새옹지마塞翁之馬의 스토리가 이를 잘 웅변한다. 변방의 한 노인이 말을 잃었다. 그러나 집을 나간 그 말이 다른 말 한 마리를 데리고 돌아온다. 이어 아들이 그 말을 타다가 다리가 부러졌다. 곧이어 전쟁이 터져 아들은 부러진 다리 덕분에 전쟁터로 끌려 나가지 않는다는 얘기다. 행과 불행이 반복적으로, 그리고 순환적으로 이어지는 구조다.

행운과 복을 기원하는 마음이 담긴 붉은 등이다. 그러나 길흉화복(吉凶禍福)은 뜻대로 이뤄지지 않는 법이다. 담담하고 의연하게 제 길을 가는 인생자세가 중요하다.

그 스토리 안에서 말을 잃은 늙은이, 새옹塞翁이 줄곧 하는 말이 있다. "지금 맞이한 현실이 행인지 불행인지 어찌 알겠느냐?"라는 내용이다. 말을 잃고, 다른 말 한 마리를 더 얻고, 아들의 다리가 부러지는 상황에서도 늙은이는 이처럼 담담한 태도를 보인다.

지금 내가 맞은 재앙과 기쁨이 꼭 슬픔과 즐거움만은 아니니 멀리 내다보면서 신중함을 잃지 말라는 메시지다. 잘 나갈 때 조심을 더 하고, 불우할 때에는 용기를 잃지 말라는 충고다. 아울러 자신이 당면한 재앙을 행복으로 전환하려는 사람의 의지가 중요하다는 점을 알리는 내용이기도 하다.

따라서 화복禍福은 그에 당면한 사람의 신중함을 요구한다. 그런 이유 때문에 "복은 함께 찾아오지 않으며, 화는 거듭 닥친다福無雙至, 禍

261

不單行"복은 작은 곳에서 생기고, 화는 소홀함에서 나온다福生于微, 禍生于忽"화복은 문이 따로 없으니, 그저 사람이 부르는 것禍福無門, 唯人所召"이라는 잠언箴言이 줄을 잇는다.

그래도 사람들은 요행僥倖을 노린다. 내게 더 많은 좋은 일, 즉 행운이 닥치기를 바라는 게 사람 심리의 일반적인 모습이기 때문이다. 그렇다고 해도 요행만을 노릴 수는 없는 노릇이다. 내가 하는 일의 뿌리와 줄기, 근간根幹을 똑바로 세운 뒤 진지한 노력을 기울이면서 행운이 덧붙여지면 좋은 일이다.

『삼국지三國志』에 등장하는 제갈량諸葛亮은 사실 전략가戰略家라기보다 충실한 행정가에 가깝다. 빼어난 전략적 안목보다 충직忠直한 인품이 더 돋보이는 인물이다. 그가 세상을 떠나기 얼마 전 아들에게 남긴 말을 여기에 적는다. 풍파 잦은 세상을 살아가는 사람의 바람직한 자세를 이른 내용이다. 새해 벽두에 여러분들과 함께 음미하고 싶은 말이다.

"담담함으로써 뜻을 밝히고, 고요함으로써 먼 곳에 이른다淡泊以明志, 寧靜以致遠".

한자풀이 ─────

禍재앙 화 재앙. 재화(災禍). 사고. 허물. 죄. 재앙을 내리다. 화를 입히다. 해치다.
福복 복, 간직할 부 복. 행복. 제육(祭肉)과 술. 폭(幅), 포백(布帛)의 너비. (복을)내리다. 돕다. 상서롭다. 음복하다. 같다. 간직하다 (부). 모으다 (부).
塞변방 새, 막힐 색 변방. 요새. 보루. 주사위. 성(姓)의 하나. 보답하다. 굿을 하다. 요새를 쌓다. 사이가 뜨다. 막히다(색). 막다(색). 차다. 채우다(색).
泊머무를 박, 배 댈 박, 잔물결 백 머무르다. 묵다. (배를)대다. 담백하다. 뒤섞이다. 얇다. 조용하다. 물의 모양. 머무는 곳. 여관. 여인숙. 호수. 잔물결 (백). 빽빽한 모양.

심복心腹

　　요즘 이 말 좋게 쓰는 경우는 별로 많지 않다. 권력자, 또는 재력가 등의 곁에 바짝 붙어 호랑이 없는 산에서 여우가 폼 잡는 식의 행위 등을 벌이는 사람에게 쓰는 말이다. 그러니 이 말이 어느 경우에는 '주구走狗'라는 험악한 단어와 함께 선다 해도 크게 이상스러울 일은 별로 없다.

　　예전 쓰임에는 없던 측근側近, 또는 그를 더 강조한 최측근最側近 등의 말도 만들어졌다. 그만큼 권력자나 실력자의 주변에 선 사람들은 힘을 부적절하게 사용하는 경우가 많아 다른 이들에게는 좋은 모습으로만 비치지 않는다. 그러나 원래의 '심복心腹'은 부정적인 뜻이 아니었다.

　　고전에서 처음 등장할 때의 이 말 뜻은 원래의 의미 그대로다. 즉 심장心과 배腹다. 중국 전국시대戰國時代의 상황에서 통일을 앞둔 진秦나라, 그 동쪽으로 바짝 붙어 있던 한韓나라의 관계를 설명하는 단어였다. 진秦의 앞길을 가로막을 수도 있다는 점에서 한韓이 지니는 지리적 중요성을 '심장心과 복부腹'로 설명하면서 나왔던 것이다.

　　심장과 복부에 병이 생기면 어떨까. 목숨을 바로 잃는 치명적 결과

개는 사람과 아주 가까운 존재다. 실제 가장 가까운
측근을 부를 때 등장하기도 한다. 심복(心腹),
조아(爪牙)라는 말도 그와 같은 흐름에서 나왔다.

로 이어질 수 있음은 물론이다. 그
에 따라 '심복지환心腹之患'이라는 성
어도 나왔다. 아주 중요한 우환이
라는 뜻이다. 그로부터 더 번져서
나온 뜻이 '측근'이다. 『후한서後漢書』
에 등장하는데, 함께 나오는 단어
가 '조아爪牙'다.

조아爪牙는 발톱이나 손톱을 일
컫는 爪조와 이빨을 가리키는 牙아
의 합성이다. 『후한서』에는 조아爪牙와 심복心腹이 같은 뜻으로 나온다.
모두 '측근'을 가리킨다. 권력자의 가장 가까운 곁을 지키는 사람이라
는 뜻으로 쓰였을 뿐이지, 권력에 빌붙어 발호하는 사람의 의미는 아
니다.

조아爪牙는 그 자체가 발톱이나 이빨 등을 가리킨다. 그래서 권력자
의 곁을 지키는 용맹한 무사武士, 호위護衛, 무신武臣 등의 의미도 얻었다.
단순한 측근이 아니라 일정한 무력을 지니고서 권력자를 지키는 사람
인 셈이다.

가장 가까운 신하를 가리키는 친신親臣, 그럴 정도로 믿음을 주는
측근이라는 뜻의 친신親信도 마찬가지 뜻일 게다. 손과 발을 가리키는
수족手足도 같다. 1차적으로는 피를 함께 나눈 형제를 가리킨다. 그러
나 한 걸음 더 나아가 손과 발처럼 편하게 부릴 수 있는 측근이라는

뜻도 얻었다.

이들이 힘을 믿고 어긋나기 시작하면 문제다. 그래서 심복心腹이나 조아爪牙, 수족手足 등의 단어가 원래의 뜻과는 상관없이 모두 암울한 이미지 하나를 더 얻었을 게다. 권력자가 항상 그 측근들의 월권越權을 철저히 경계해야 하는 이유다.

박근혜 대통령의 청와대 비서실 측근 3인방 문제가 한 고비를 넘어 가라앉는가 싶더니 여당 대표의 메모 파문으로 다시 불거질 전망이다. 권력의 내분內紛으로까지 번져 이러다 국정의 큰 방향까지 흔들리는 것 아닌지 몰라 걱정이다. '심복지환心腹之患'은 이때 어떻게 풀어야 할까. 지독한 병? 아니면, 측근이 일으킨 병?

한자풀이

腹 배 복　배. 오장육부의 하나. 마음. 속마음. 가운데. 중심 부분. 앞. 전면. (품에) 안다. 껴안다. 두텁다. 두껍다. 받아들이다. 수용하다. (아이를) 배다.

항로航路

먼 길을 나서는 일, 예나 지금이나 쉽지만은 않다. 비행기와 기차, 자동차 등 문명의 이기가 발달한 요즘에도 낯설고 물설은 먼 외지로 길을 떠나는 일은 고생의 연속이다. 교통의 편의성이 지금보다는 아주 떨어졌던 옛 사람들의 먼 여정이야 새삼 이를 게 없다.

뭍길보다는 물길이 더 어려웠을 수 있다. 높은 산, 깊은 계곡이 놓여 있는 뭍길에 비해 물길은 배가 있으면 다니기 좋았을 것이다. 그러나 마땅한 교통수단을 갖추지 못했을 경우 깊은 물길을 건너는 일은 목숨을 걸어야 했을지 모른다.

눈 덮인 나루에 배 한 척이 매여 있다. 삶은 그렇듯 어디에 정착했다가 다시 어디론가 떠나는 여정의 긴 이어짐이다.

물 건너는 일에 관해서는 도섭徒涉이라는 단어가 있고, 도섭渡涉이라는 말도 보인다. 앞의 徒涉도섭은 맨몸으로 물을 건너는 행위, 뒤의 渡涉도섭은 그냥 건너는 행위 자체를 일컫는 말이다. 발섭跋涉이라는 말도 있다. 앞의 跋발은 걸음을 옮기는 행위를 가리키는 글자다. 특히 산을 넘는 일에 쓰는 글자다.

발산섭수跋山涉水라는 성어 표현이 곧잘 등장하는데, '산을 넘고 물 건너'의 뜻이다. 속뜻은 온갖 험난한 여정을 거친다는 의미다. 여러 가지 일을 많이 거친 사람의 경우를 섭력涉歷이라고 적는데, 뭍길에 비해 더 험난했을 물길 건너기涉가 들어있음에 주목하면 좋다.

항로航路라는 말은 요즘의 우리가 자주 쓰는 말이다. 보통은 비행기가 움직이는 길을 가리킨다. 그러나 운항運航이라는 단어에서 알 수 있듯이 航항이라는 글자는 비행기에만 국한할 수 없다. 원래는 '물길 건너는 배'라는 뜻의 글자다.

중국의 지명에 杭州항주가 있다. 현지 발음은 항저우다. 이 땅이름 첫 글자인 杭항이 우리가 많이 쓰는 航항이라는 글자의 원래 형태다. 명사의 의미로 사용하면 물을 건너는 배, 동사의 뜻으로는 '물길을 건너다'의 의미다.

중국을 최초로 통일한 진시황秦始皇도 이곳에 들렀던 모양이다. 그가 이 지역의 커다란 강을 건너려다가 사나운 물길 때문에 주저했단다. 그러다가 지금의 杭州항주 인근에서 무사히 강을 건너 '물 건넌 땅'이라는 뜻의 현재 이름을 얻었다고 한다. 동남부에서 경제가 가장 발달한 곳인 저장浙江성의 도회지다.

杭항의 쓰임은 줄어들고, 그를 대체한 글자가 航항이다. 지금으로부터 2000년 전인 한漢나라 무렵이라고 한다. 이때에 이미 바닷길을 움직인다는 뜻의 항해航海라는 단어가 등장했다는 설명이 있다. 물길을 건너는 배라는 뜻의 航船항선이라는 단어도 그 무렵에 나타났다고 한다.

'땅콩 회항 사건'을 법정에서 다루고 있다. 피고의 변호인 측이 문제의 비행기가 17m 이동한 경우를 '항로 변경'이라고 할 수 없다고 주장한다. 그 '항로'는 비행기가 공중에서 움직이는 길이라는 이유 때문이다. 행정적으로 그 '항로'라는 단어를 어떻게 규정할지는 몰라도 원래 단어의 뜻에는 맞지 않는다.

물길, 뭍길, 하늘길을 포함해 교통수단이 목적지를 향해 움직이는 과정 모두를 포함하는 말이 '항로'라고 봐야 한다. 비행기가 다니는 공중의 길을 굳이 적자면 항공로航空路가 맞다. 항로는 그런 항공로를 포함하는 모든 여정이다.

따라서 출발을 위해 비행기 문을 닫고 움직이는 순간부터 '항로'에 들어간다. 말뜻으로 보면 그렇다는 얘긴데, 항공사의 변호인 측 주장을 받아들여 법원은 이를 '항로'라고 판단하지 않았다. 원래 말뜻은 그렇듯 별로 힘이 없는 모양이다.

한자풀이

涉건널 섭. 피 흐르는 모양 첩 건너다. 지나다. 거치다. 겪다. 거닐다. (걸어서) 돌아다니다. (길을) 떠나다. 이르다. 미치다. 간섭하다. 관계하다. 섭렵하다. 넓다. 나루.

跋밟을 발 밟다. 짓밟다. 넘어가다. 난폭하다. 사납다. 되돌리다. 촛불이 다 타다. 밑동. 타다 남은 부분. 발문(跋文).

杭건널 항 물을 건너다. 막다. 고을 이름. 배. 나룻배.

航배 항 배. 선박. 방주. 배다리. 건너다. 항해하다. 날다.

악양루기 岳陽樓記

    중국 후난湖南성 웨양岳陽, 악양이라는 도시에 우리에게도 제법 귀에 익은 누각이 하나 있다. 우리말로 읽으면 악양루岳陽樓다. 경치가 아주 빼어난 곳에 높이 솟아 있는 누각이라 퍽 유명하다. 그러나 경치로서만이 아니다. 그 누각을 새로 증축할 때 지은 문장이 더 큰 빛을 발했기 때문이다.

한 사찰의 누각(樓閣)이다. 먼 곳을 바라보도록 2층 이상으로 낸 건물을 일컫는 말이다.

그 문장을 지은 사람은 범중엄范仲淹. 989~1052년이다. 북송北宋의 문인 관료지만, 이족異族과의 전쟁을 치르면서 적지 않은 공을 세웠다. 북방 민족과의 싸움에서 걸출한 전략가의 면모를 드러내 상대로부터 "가슴에 수만 명의 병사가 있다胸中自有數萬甲兵"는 찬사를 들은 사람이다.

그에게 '절친'이 있었다. 등자경滕子京이라는 동료 벼슬아치가 있었는데, 전쟁터에 함께 나섰다가 범중엄이 원군援軍을 보내 결정적인 도움을 준 적이 있는 사람이다. 그러니까 둘은 생사고락을 함께 했던 전우戰友이기도 한 셈이다. 그 뒤 둘은 벼슬의 세계에서 부침浮沈을 거듭하지만 주로 안 좋은 쪽으로 기우는 경우가 많았던 모양이다.

등자경은 지금의 악양루가 있는 곳, 범중엄은 그 인근의 벼슬자리에 부임했다고 한다. 자신들의 신념대로 펼쳐갔던 개혁이 좌절의 운명을 맞으면서 지방의 한직閑職으로 함께 밀려나 있던 신세였다. 그러나 그에 꺾이지 않고 둘은 지방행정을 제대로 이끄는 데 힘을 쏟았다.

등자경이 당시에도 유명했던 악양루를 증축했다. 그 낙성落成을 기념하기 위한 글이 필요했다. '절친'이자 품성이 곧고 개혁의 의지가 충만했던 범중엄을 떠올렸다. 그에게 부탁해 나온 글이 바로 '악양루기岳陽樓記'다. 감탄을 자아내게 만드는 명문名文이다.

악양루 인근에 펼쳐진 둥팅후洞庭湖. 동정호와 장강長江의 절경, 개혁에 좌절했지만 늘 국가와 사회를 생각하는 자신의 심사心思가 함께 어울리면서 비장한 느낌까지 던져준다. 그러나 이 글이 숱한 동양고전 속에서 명문으로 꼽히는 이유는 마지막 단락에 있다.

나라와 사회, 백성을 위해 공직公職에 선 사람의 자세를 말하는 대목이다. 먼저 "어떤 일이 좋다고 기뻐하지 말며, 내 일로써 슬픔에 빠지지도 말아야 한다不以物喜, 不以己悲"고 운을 뗀다. 이어 "관아의 높은 자리에 있어도 늘 백성의 안위를 근심하며, 강호에 멀리 나가 앉았어도 임금을 걱정한다" "아울러 나아가서도 근심, 들어와서도 걱정을 그치지 않는다"고 했다.

다시 "그러면 언제 기쁠텐가"라며 자문한 범중엄은 "세상에 앞서 그 근심거리를 걱정하며, 모두가 다 즐거워진 뒤에야 기뻐한다先天下之憂而憂, 後天下之樂而樂"는 아주 유명한 말을 적는다. 나라와 사회, 나아가 백성을 지극히 섬기려는 충정忠情이 엿보인다. 범중엄의 실제 인품과 행동이 그러했으니 더 빛을 발한다.

이제 새 특보와 비서진으로 곁을 정비하고, 나아가 일부 개각을 벌인 뒤 청와대가 과거와는 달라진 모습을 보일 작정이라고 한다. 새로 공직에 나서는 이에게 과도한 기대를 품지 않으련다. 그저 세상의 근심에 앞서 걱정을 깊이 하며, 사회의 모든 이가 기뻐한 뒤에 같이 기쁨을 누리려는 자세를 보이면 더 이상 바랄 게 없다.

한자풀이

憂근심 우 근심. 걱정. 병. 질병. 고통. 괴로움. 환난. 친상. 상중(喪中). 근심하다(속을 태우거나 우울해하다). 걱정하다. 애태우다. 고생하다. 괴로워하다. 두려워하다.

파랑 波浪

"부딪쳐서 깨어지는 물거품만 남기고/ 가버린 그 사람을 못 잊어 웁니다/ 파도는 영원한데 그런 사랑을/ 맺을 수도 있으련만/ 밀리는 파 도처럼/ 내 사랑은….'

이 노랫말 기억하는 분 적지 않을 테다. 1971년 일찍 생을 마감한 가수 배호의 노래 '파도' 시작 부분이다.

오늘은 물결 이야기다. 그를 일컫는 한자 단어가 파랑波浪이다. 특 정하기는 쉽지 않지만, 보통은 작은 물결이 波파, 그보다는 큰 물결이 浪랑이다. 앞의 波파는 물을 가리키는 부수와 겉가죽을 의미하는 皮피 의 합성이니, 물의 수면이 드러내는 모양을 지칭한다고 볼 수 있다.

이 글자 쓰임은 제법 많다. 우선은 바다 등에서 이는 물결이 파도波 濤, 물결의 모양을 이야기할 때는 파문波紋, 그 길이와 높이를 나타낼 경 우에는 파장波長과 파고波高, 일반적인 물결을 파란波瀾, 그 움직임은 파 동波動, 큰 물 지나간 뒤의 작은 물은 여파餘波 등으로 적는 식이다.

浪랑은 그보다 조금 더 큰 물결이다. 정확한 자의字意는 짐작키 어렵 다. 늑대를 가리키는 狼랑이라는 글자를 떠올려 그 동물의 꼬리 움직 임을 형용한 물결이라 보는 견해가 있는데 분명치 않다. 바람에 일렁이

물결은 일종의 조짐이다. 바람이기도 하고 그로부터 번지는 비의 예조이기도 하다.
바람 잘 날 없는 세상살이를 상징하기도 한다.

는 물결이 풍랑風浪, 억센 물결이 격랑激浪이다.

물은 움직이는 이미지다. 그래서 유랑流浪과 방랑放浪 등의 단어가 만들어진다. 물결 따라 정처 없이 떠돌아다니면 유랑流浪이다. 방랑放浪은 그보다 정도가 좀 더 세다. 어떤 틀에도 구속을 받지 않으면서 떠도는 일이라고 보면 좋다. 물에 그저 떠다니면 부랑浮浪인데, 우리 쓰임새는 그리 좋지 않다. 부랑배浮浪輩가 곧 불량배不良輩니 말이다.

그와 관련해 생각해 볼 글자가 蕩탕이다. '흔들리다' '움직이다' 등의 뜻이 먼저다. 盪탕이라는 글자와 통용한다. 盪탕은 끓는 물湯이 그릇皿에 올라가 있는 모습이다. 우선은 '씻다'의 의미, 아울러 끓는 물의 불안정한 모습을 가리킨다고 볼 수 있다.

아무튼 蕩탕은 불안정성을 가리키는 대표적인 글자 중의 하나다.

누군가에게 풀려나거나 쫓겨난다는 의미를 지닌 한자가 放방이다. 둘을 합치면 방탕放蕩인데, 얽매임 없이 아무 짓이나 함부로 하는 사람에게나 쓰는 말이다. 헛물에 그런 짓을 한다면 바로 허랑방탕虛浪放蕩이다.

뚜렷한 목적의식 없이 떠도는 자식을 탕아蕩兒, 탕자蕩子라고 적는다. 원래의 '씻다' 또는 '없애다'라는 새김이 얹혀 쓰이는 경우도 있다. 집의 재산을 써서 모두 없애는 행위는 탕진蕩盡, 태워 없앤다는 의미를 보태면 분탕焚蕩, 대상을 쓸어서 죄다 없애는 일은 소탕掃蕩이다.

다 어둡거나 무거운 뜻의 단어 행렬이다. 그러나 좋은 새김도 있다. 씻는 일은 물 등으로 대상을 깨끗하게 만드는 세정洗淨의 의미를 지닌다. 탕평蕩平이라는 단어가 그런 경우다. 소탕掃蕩과 평정平定의 줄임말이라고 한다. 심각하게 이익을 다투기 마련인 당쟁黨爭 등을 없애기 위해 시비를 잠재우는 일이다.

복지와 증세 문제로 여권 내부에도 파랑波浪이 일었다. 무모한 다툼으로 격랑激浪을 일으킬 일이 아니다. 과거의 좁고 어두운 다툼의 틀을 벗어 탕평蕩平으로 나아가면서 조화를 꾀할 일이다. 그런 점에서 이번 복지와 증세 논쟁을 지켜본다.

한자풀이

波 물결 파, 방죽 피 물결. 진동하는 결. 흐름, 수류, 물갈래. 눈빛, 눈길. 눈의 영채. 은총, 혜택. 주름. 파임, 서법의 이름. 내 이름. 물결이 일다, 일어나다.

浪 물결 랑, 물결 낭 물결, 파도. 함부로, 마구. 물결이 일다. 표랑하다. 유랑하다. 눈물 흐르다. 방자하다. 방종하다. 터무니없다. 허망하다.

蕩 방탕할 탕 방탕하다. 방종하다. 흔들다. 움직이다. 방자하다. 광대하다. 넓고 크다. 헌걸차다. 용서하다.

盪 씻을 탕 씻다. 밀다, 밀어 움직이다. 갈마들다. 이동하다. 방종하다. 무릅쓰다. 흔들다. 진동하다. 소탕하다. 융합하다. 바르다. 칠하다.

야비 野鄙

요즘 자주 쓰는 말이 '야동'이다. 야한 동영상이라는 뜻의 새 조어造語로, 한자로 적으면 '야동野動'이겠다. 우리는 "야野하다"는 말을 많이 쓰는데, 부정적 어감이 퍽 많은 이 글자의 원래 유래는 꼭 그렇지만 않다. 공자孔子는 『논어論語』에서 사람의 품격을 따지며 문질文質의 두 글자를 병렬했다.

앞의 文문은 겉으로 드러나는 무늬라고 보면 좋다. 뒤의 質질은 안으로 감춰져 있는 바탕으로 옮길 수 있다. 수양과 학습 등을 통해 사람이 쌓는 외형적 품격이 文문이요, 그를 뿜어내는 뿌리 또는 근저가 곧 質질이다. 둘이 조화를 이루지 못해 文문이 質질을 과도하게 압도하면 꾸밈이 지나친 상태, 즉 공자의 표현으로는 史사다. 그와 반대로 質질이 文문을 넘어서면 그게 바로 野야라고 했다.

문맥으로 보면 野야는 학습 등

드넓은 벌판에 선 두루미다. 야비(野鄙)라는 낱말의 원래 새김은 중심으로부터 가장 멀리 떨어져 있는 구역이다.

으로 외양을 제대로 꾸미지 않아 바탕이 그냥 드러나는 상태를 가리킨다. 순수하며 천연덕스러운 모습이 좋을 때도 있지만, 문화적으로 다듬어지지 않아 어딘가 부족해 보이는 경우다. 공자는 이 둘이 조화를 이뤄야文質彬彬 군자君子라 할 수 있다고 봤다.

우리 한자 자전의 우선 새김으로 보면 이 野야는 '들판'이다. 그러나 한자 초기의 쓰임에서 볼 때는 일정한 지역을 가리켰다. 공자에 비해 연대가 더 거슬러 올라가는 주周나라 때의 구역 지칭이다. 왕도王都를 중심으로 100리里 바깥을 郊교라고 했고, 그로부터 200리를 더 나가면 그곳이 바로 野야다.

우리가 "사람 참 야비하네…"라고 끌탕 칠 때의 야비野鄙라는 단어는 사실 이와 관련이 있다. 野야와 鄙비는 거의 같은 구역, 또는 鄙비가 野야에 비해 왕도로부터 더 떨어져 있는 곳을 가리켰다고 본다. 왕도를 문명이 깃든 곳으로 간주하고, 그로부터 멀리 떨어진 곳을 비非문명의 지역으로 보려는 차별적 시선이 읽힌다.

그래서 문명과 동떨어진 곳, 또는 그 지역의 사람을 야만野蠻이라 했다. 정치가 벌어지는 중심을 朝조라고 표현하면서 그로부터 떨어져 있는 곳 또는 사람을 野야라고 지칭한다. 둘을 묶어 쓰면 조야朝野다. 정치에 간여하지 않거나, 핵심 업무로부터 비켜 서있는 사람을 야인野人으로 적는 경우도 마찬가지다. 성격이 다듬어지지 않아 거친 사람을 조야粗野라고 적기도 한다.

鄙비라는 글자의 쓰임도 제법 많다. 우선 순우리말 새김은 '다랍다'다. 인색함, 더러움, 상스러운 말씨 등을 일컫는 말이다. 우선 비루鄙陋라고 적어 천박하며 더러운 사람의 성격을 가리킨다. 북비北鄙라고 적어 수도로부터 북쪽으로 아주 멀리 떨어진 곳, 우리의 경우는 가장 먼 변방인 함경북도를 지칭했다.

사정이 그러니 野아와 鄙비가 만나 야비野鄙를 이루면 결코 좋은 조합이 아니다. 거칢과 더러움이 겹치니 상스럽고, 볼썽사나우며, 천박해서 오히려 가엾다. 오늘날 대한민국 정치를 이끄는 사람들의 입에서 그런 야비함이 자주 새어나온다. 박정희 전 대통령을 학살자 히틀러에 비유한 사람을 지켜보면서 떠올린 단어다. 문제는 우리 정치권에 그런 이가 한 둘이 아니라는 점이다.

한자풀이

文 글월 문 글월, 문장, 어구, 글, 글지, 문서, 서적, 책, 분체의 한 가지, 채색, 빛깔, 무늬, 학문이나 예술, 법도, 예의, 조리.

質 바탕 질, 폐백 지 바탕, 본질, 품질, 성질, 품성, 저당물, 저당품, 맹세, 모양, 소박하다, 질박하다.

野 들 야, 변두리 여, 농막 서 들, 들판, 민간, 문밖, 마을, 시골, 성 밖, 교외(郊外), 구역, 범위, 별자리, 야생의, 질박하다.

鄙 더러울 비, 마을 비 더럽다, 천하다, 비루하다, 속되다, 부끄러워하다, 천하게 여기다, 촌스럽다, 깔보다, 얕보다, 질박하다, 꾸밈이 없다.

뇌동 雷同

부화뇌동附和雷同이라는 말 우리가 자주 쓴다. 남의 입장이나 의견에 빌붙어附 그에 따르기和 일색이고, 우레雷 울릴 때 함께 같은同 소리를 낸다는 뜻의 성어다. 제 주견主見은 온 데 간 데 없이 남의 뜻만을 그저 좇는 사람에게 쓰는 말이다.

이런 풀이가 일반적이다. 오래전에 등장한 말이다. 우선 『예기禮記』에 나온다. 윗사람을 상대하는 아랫사람의 자세를 일컫는 대목이다. 두 가지를 경계한다. "남의 말 그저 옮기지 말고, 제 소견 없이 남의 말에 고개만 주억거리면 안 된다"는 내용이다. 원문은 "毋剿說, 毋雷同무초설, 무뇌동"이다. 여기서 剿초는 '베끼다'라는 뜻이다.

윗사람의 뜻을 거스르지 않는 게 미덕이라고 배웠는데, 이를 근거로 볼 때는 꼭 그렇지만은 않은 듯하다. 윗분의 의견을 경청하되 제 소견 머리 없이 그저 "예, 예"만 한다면 오히려 예절에 어긋난다고 본 셈이다.

한漢나라 때 학자 정현鄭玄은 그 다음에 등장하는 雷同뇌동이라는 단어를 두고 "우레가 울릴 때 사물이 그와 같은 울림으로 받는 상황"이라고 풀었다. 그런 초기 해석에 따르는 게 일반적이다. 그러니까, 뇌동雷同이라는 말은 처음부터 줄곧 좋지 않은 뜻으로 쓰인 셈이다.

그러나 다른 뜻풀이도 있다. 앞의 글자 雷뢰에는 이견異見이 없다. 다음 글자인 同동이 문제다. 정현鄭玄의 해석과는 사뭇 다르다. 중국 고대의 문헌 자료 등에 따르면 이 同동이라는 글자는 '같다'라는 새김과 함께 땅의 면적을 지칭하는 '단위'로도 썼다고 한다. 동서남북 사방四方으로 100리里 안에 해당하는 면적의 이름이라는 설명이다.

황제皇帝에 해당하는 천자天子의 도성 중심으로부터 1,000리里에 이르는 땅을 圻기, 그 아래 제후諸侯의 도성 중심 주변 100리里를 同동이라고 했다는 기록이 있다는 것이다. 이에 따른 풀이는 앞의 뇌동雷同과는 조금 다르다.

소금을 전매專賣함으로써 지방의 재정을 키우자는 황제의 뜻에 반대하며 논리를 펼쳤던 주휘朱暉라는 동한東漢 시대 관료의 주장에 나오는 말이다. 그는 '順旨雷同순지뇌동'이라는 말을 썼는데, 뇌동雷同에 대한

도심에 번개가 내리 꽂히고 있다. 이어 울리는 소리가 천둥, 우레다. '뇌동(雷同)'이라는 단어는 그런 우레 소리를 이용해 만든 말이다.

뜻풀이는 "우레가 울릴 때 100리까지 미친다"는 것이다. 따라서 同동을 제후의 도성 밖 사방 100리를 가리키는 글자로 푼 셈이다. 그러나 어쨌든 뇌동雷同은 좋은 뜻의 단어가 아니다.

사회적으로 물의가 많이 일어날 사안이 국회를 통과하는 경우가 많다. 부정과 비리의 방지 차원에서 만든 이른바 '김영란법'이 그렇다. 지나치게 엄격한 조항과 대상의 포괄성 등으로 위헌違憲의 소지가 다분했던 법안이다. 그럼에도 국회는 그를 버젓이 통과시켰다.

사회 다중多衆의 막연한 뜻에 편승해 제 자리만을 지키려는 국회의원들의 행태가 빚어내는 이상한 풍경일지 모른다. 포퓰리즘이 다른 게 아니다. 국가와 사회의 근간을 생각지 않고 제 자리만 생각해 다중多衆의 즉흥적인 욕구에 부화뇌동하는 일이다.

이런 사람을 우리는 응성충應聲蟲이라고도 부른다. 사람 목구멍에 기생하면서 그의 목소리만을 흉내내는 존재다. 부화뇌동의 극치를 보이는 가상假想의 미물微物인 셈인데, 대한민국 국회가 대개 그로써만 채워져 있지는 않은지 의심스럽다.

한자풀이

雷 우레 뇌, 우레 뢰 우레, 천둥. 큰소리의 형용. 사나운 모양의 비유. 위엄 있는 모양. 빠른 모양. 성 위에서 굴리는 돌(무기). (북을) 치다. (돌을) 내리 굴리다.

剿 끊을 초 끊다. 죽이다. 노략질하다. 겁탈하다. 괴로워하다. 괴롭히다. 날래다. 노곤하다. 베끼다. 표절하다.

圻 경기 기, 지경 은 경기(京畿: 왕도 주위 500리 이내의 땅). 경계. 지경(땅의 가장자리). 영토. 서울. 문지방, 문 안. 들, 논밭으로 이루어진 들. 지경(은).

동맹同盟

느닷없이 테러를 당한 주한 미국 대사의 한 마디, "같이 갑시다Go together"가 유명해졌다. 6.25전쟁을 겪으면서 다져진 한국군과 미군의 구호였다. 그 원조元祖에 해당하는 백선엽 예비역 대장은 필자가 오래 만나고 있는 분이다. 중앙일보 재직 때 그를 오래 인터뷰해 1년 2개월 동안 중앙일보에 〈내가 겪은 6.25와 대한민국〉이라는 제목으로 연재했다.

"같이 갑시다"는 말이 우리에게 새삼 일깨운 것은 미국과의 소중한 동맹同盟 관계다. 앞 글자 同동은 달리 풀 필요가 없을 정도다. 뒤의 盟맹이 이번 글의 주제인 셈인데, 우리에게는 맹서盟誓, 맹세라는 단어로 쉽게 다가서는 글자다. 뭔가를 강하게 약속한다는 뜻을 지니고 있다.

이 글자는 우선 해日와 달月, 그 둘을 합쳐 '밝다'라는 뜻의 明명과 그릇을 가리키는 皿명의 합성이다. 고대 동양 예법禮法에서 나라와 나라, 집단과 집단, 또는 개인과 개인 사이의 약속 등을 행할 때 벌였던 행위의 하나다.

우선 맹서盟誓라고 적을 때의 두 글자는 조금 뉘앙스가 다르다고 한다. 앞의 盟맹은 피血가 등장한다. 뒤의 誓서는 그런 핏기가 보이지 않는다. 소나 양 등 가축을 잡아 희생犧牲으로 바치는 제의祭儀가 등장하면 盟맹, 그저 글이나 말로써 약속을 이루면 誓서라는 설명이 있다.

盟맹은 그러면 어떤 형태로 벌어질까. 설명에 따르면 우선 구덩이를 파고, 희생犧牲으로 잡은 소나 양 등을 그 위에 올린 뒤 행사를 주관하는 이가 희생의 왼쪽 귀를 잘라 피를 낸다. 그 피를 그릇에 담은 뒤 모임에 참석한 사람들이 고루 나눠 마시거나, 적어도 입에 발라야 한다.

이어 동물의 피를 사용해 서로가 약속하는 내용을 죽간竹簡 등에 적는다. 다시 그 내용을 서로 읽으면서 약속을 되새긴다. 변치 않는 해日와 달月, 희생의 피를 담은 그릇皿이 등장한다. 영원한 대상 앞에서 맺는 진지한 약속이라는 의미를 지닌 셈이다.

초원에서 풀을 뜯는 양떼의 모습이 한가롭다. 가축을 죽여 피를 얻은 뒤 그로써 서약을 맺는 행위가 盟(맹)이다. 동맹(同盟)이란 단어에는 그런 뜻이 숨어 있다.

원래는 통일체를 형성하지 못했던 옛 중국의 각 제후諸侯 사이에서 벌어졌던 약속들이다. 대개는 군사적이거나 정치적으로 이해가 맞아 떨어지는 나라들이 벌였던 일종의 결속을 위한 서약 의식이다. 모임을 주도한 쪽을 맹주盟主, 그런 모임 자체를 회맹會盟, 그로써 맺어지는 관계를 결맹結盟이라고 했다.

현대에 들어와 새로 만들어진 것으로 보이는 단어 중 가장 유명한 말이 바로 동맹同盟이겠다. 영어 단어 alliance의 번역이다. 그런 약속으로 한 데 모인 그룹을 연맹聯盟, 우정보다 더 진한 피로써 맺어지는 집단을 혈맹血盟이라고 한다. 프랜차이즈 사업의 흐름에 참여하는 일을 가맹加盟이라고 해서, 요즘 창업자들이 많이 쓴다. 가맹점加盟店이 대표적인 경우다.

미국은 우리와는 그런 안보安保동맹으로 맺어졌다. 60여 년 전의 6.25전쟁으로 함께 피를 흘려 여지없는 혈맹血盟이면서, 튼튼한 관계를 다져 맹우盟友이며, '나라'의 의미를 강조해 맹방盟邦이라고도 부른다. 한반도 역사에서 가장 우호적으로 등장한 동맹이 바로 미국이다. 그와의 관계 지속과 발전이 왜 중요한지를 망각한다면 그만큼 어리석은 일도 없다.

한자풀이

盟 맹세 맹 맹세. 약속. 비슷한 사람끼리의 모임. 구역. 땅 이름. 맹세하다.
誓 맹세할 서 맹세하다. 서약하다. 경계하다. 고하다. 아뢰다. (마음에) 새기다. (벼슬을) 받다. (군령을) 내리다. 삼가다. 맹세코.
皿 그릇 명 그릇. 그릇 덮개. 접시.

백안시白眼視

사람의 눈짓을 이야기하는 한자 단어는 적지 않은 편이다. 앞에서 소개했던 추파秋波도 그 한 예다. 우리에게 또 잘 알려진 단어가 백안시白眼視다. 남을 좋지 않게 보는 눈빛이다.

위진魏晉 남북조 때 세속의 번잡함을 경멸했던 죽림칠현竹林七賢의 한 사람 완적阮籍은 눈동자 굴림의 명수였다. 눈짓 하나로 좋고 싫음을 명백하게 표시할 수 있었다니 말이다. 모친상 때 조문을 위해 찾아온 혜희嵇喜와 혜강嵇康 형제를 대하는 그의 눈짓은 분명했다.

한 사람에게는 백안白眼, 한 사람에게는 청안靑眼으로 대했다. 백안白眼은 눈동자 흰자위가 많이 드러나는 일종의 사시斜視로, 눈을 흘기는 동작이다. 그에 비해 청안靑眼은 관심과 애정이 어린 그윽한 눈으로 상대를 바라보는 행위다. 세속에 찌든 형 혜희嵇喜에게는 눈을 흘겼고, 명리名利를 초월해 뜻이 맞는 동생 혜강嵇康에게는 애정 어린 눈짓을 보낸 것이다. '뭔가를 백안시白眼視하다'라는 백안白眼이라는 말뜻의 유래다.

사람의 흰자위를 일컫는 공막은 안구의 뒤쪽 절반 이상을 차지한다. 이 뒤쪽에 모두 6개의 근육이 붙어 있어서 안구眼球는 상하좌우로 마음껏 움직일 수 있다. 사람의 웬만한 감정은 이 눈동자의 움직임을 통해 극명하게 나타난다.

사람의 눈이 감정을 이처럼 뚜렷하게 나타낼 정도로 진화進化한 이유는 다른 존재와의 의사소통, 나아가 협력을 하기 위함이라는 연구결과가 있다. '협력하는 눈'이라는 가설의 내용이다. 독일 막스플랑크 진화인류학 연구소의 실험에 따르면 침팬지와 고릴라 등 영장류의 경우 관찰자가 머리만 움직일 때 시선을 따라가는 경향을 보였다. 이에 비해 인류의 아기들은 관

동남아 어린이의 눈이 맑다. 사람의 눈은 상대와의 소통을 위해 진화했다. 우리는 그런 눈으로 슬기로움의 혜안(慧眼)을 키워야 한다.

찰자가 눈만을 움직여도 이에 반응한다는 점을 알아냈다.

흰자위가 특히 발달한 점도 다른 존재와의 의사소통을 염두에 둔 진화결과라는 게 이 연구팀의 결론이다. 아울러 몸집에 비해 비례가 안 맞을 정도로 눈이 큰 점, 눈의 바깥 윤곽과 홍채의 위치가 선명하게 보이는 점도 같은 진화과정에서 생겨난 결과라는 설명이다.

'협력하는 눈'이라는 가설이 흥미롭다. 우리의 평소 눈짓을 두고 볼 때 충분히 수긍할 수 있는 얘기다. 그러나 어지럽다고 세상살이에 소극적이기만 했던 죽림칠현竹林七賢, 나아가 싫은 사람에 눈을 흘기기만 했던 완적阮籍은 우리가 본받아야 할 대상이 아니다.

세상은 그런 자세보다 더 적극적이어야 옳다. 한 눈으로 세상을 대하는 애꾸눈의 독안獨眼, 흘겨보는 데만 능한 사안斜眼, 가까운 곳에만 머무는 근안近眼, 차갑게만 대상을 보는 냉안冷眼, 제 욕심에만 물든 혈안血眼은 다 경계하자.

그보다는 대상을 따뜻하게 보려는 자안慈眼, 지혜롭게 사물과 세상 이치를 관찰하는 혜안慧眼, 상대의 정체를 옳게 바라보는 정안正眼, 공정하게 세상을 살피는 공안公眼, 그로써 진리를 향하는 법안法眼이 우리에게 더 필요하다.

양보와 타협, 차분한 논의가 제대로 이뤄지지 않는 우리사회의 정치적 수준을 볼 때마다 드는 생각이다. 정파적인 이해에 입각해 좋고 싫음만을 따지는 흑백黑白의 협곡에서 벗어나 크고 넓은 지평地平으로 나아가기 위해서는 부단한 대화와 소통이 필요하다. 작고 어두운 눈빛을 떨쳐 크고 따뜻한 눈빛으로 함께 소통하는 정치를 기대한다.

한자풀이

眼눈 안. 눈, 눈 불거질 은 눈, 눈동자. 구멍. 안광. 시력. 요점. 어린 싹. 거품. 양수사(세는 단위). 보다. 만나다. 눈 불거지다 (은). 눈 불거진 모양 (은).

斜비낄 사. 골짜기 이름 야 비끼다. 비스듬하다. 비뚤게 두다. 기울다. 굽다. 굴곡을 이루다. (원본을) 베끼다. 골짜기 이름 (야). 땅 이름 (야).

慈사랑 자 사랑. 어머니. 자비. 인정. 동정. 사랑하다.

慧슬기로울 혜 슬기롭다. 총명하다. 사리에 밝다. 교활하다. 간교하다. 상쾌하다. 시원스럽다. 슬기. 능력. 지혜. 깨달음.

횡재橫財

세로와 가로, 한자로는 縱橫종횡이다. 우리말 쓰임새에서는 '가로세로'가 보통이다. 세로 앞에 가로가 먼저 등장한다. 그러나 한자의 세계에서는 세로를 앞세운다. 그러면서 가로는 자꾸 뒷전으로 밀린다. 급기야는 아주 부정적인 새김까지 얻는다.

씨줄과 날줄의 관계도 그렇다. 우리말에서는 보통 씨줄이 먼저, 날줄이 나중이다. 그러나 한자로 적는 경우라면 그 반대다. 옷감을 짤 때 세로로 지나는 날줄, 가로의 씨줄 순서다. 그래서 經緯경위라고 적는다. 한 번 따져볼 대목이다.

곡절이 반드시 있었을 법하다. 그러나 딱히 떨어지는 설명은 없다. 추측컨대, 위와 아래의 상하上下 관계를 따지는 데 골몰했던 옛 한자 사회의 습속 때문이라고 보인다. 적장자嫡長子 중심으로 혈연의 위아래를 따졌던 옛 종법宗法의 질서도 그에 한 몫 했으리라.

그러니 위아래를 정확하게 가르는 세로가 통념상 더 맞았던 듯하다. 아래위로 질서가 꽉 잡혔으니 말이다. 질서 없이 길게 서 있다가 옆으로 새는 것에는 질색했을 법하다. 게다가 위에서 아래로 써 내려가는 서법書法 체계도 한몫했을 성싶다. 그래서 '가로 횡橫'이라는 글자

찻길을 건너가고자 만든 횡단보도가 눈에 띈다. 예전 사회에서는 가로지르면서 뻗는 행위가 불길함, 상서롭지 못함, 예의바르지 못함의 의미로 일컬어졌다.

는 결국 별로 좋지 않은 의미를 얻었으리라.

이 글자는 본래 난간이나 문에 들어가는 장치라는 뜻이다. 그러나 고약한 뜻의 단어를 많이 낳았다. 남에게 무례하게 굴거나 폭압적으로 행동하는 것을 횡포橫暴라고 한다. 자신이 지켜야 할 자리를 넘어 다른 곳으로 튄다는 의미에서 방종 또는 방자함의 뜻도 붙었다.

말과 행위가 독단적인 사람에게 전횡專橫이라는 단어가 따르고, 전염병이나 바람직하지 않은 현상이 휩쓰는 것을 횡행橫行이라 지칭한다. 아래위의 엄격한 위계位階 질서를 중시하면서 옆으로 걷는 게의 걸음마저 못마땅하게 여긴 동양 사회의 분위기이고 보면 이해할 수 있는 부분이다.

이 글자가 돈과 관련해 쓰이는 경우가 횡재橫財다. 사전적인 뜻에서는 '갑자기 닥친 재물' 정도로 풀이한다. 중국에서는 "밤에 풀 뜯지 못한 말은 살이 찔 수 없고, 횡재하지 못한 사람은 부자가 될 수 없다馬無夜草不肥, 人無橫財不富"라는 속담이 널리 쓰인다. 한국인들도 점쟁이가 "당신 횡재수가 들었어"라는 말을 하면 입이 귀밑까지 째진다.

그러나 횡재는 느닷없이 얻은 재물이라는 뜻 외에도 불법적이거나 정상적이지 않은 방법으로 손에 쥔 재화라는 뜻을 지닌다. 정부나 회사의 돈을 슬쩍 제 주머니에 집어넣는 행위를 횡령橫領이라고 부르는 경우가 그와 비슷한 용례다. 아무튼 정해진 길을 가지 않고 불·탈법을 저지르는 사람들에게 이 글자는 매우 유용하게 쓰인다.

횡재橫財를 꿈꾸다가 횡령橫領까지 서슴지 않았던 사람들과 단체들이 늘 신문지상에 오르내린다. 방산防産 비리에 이어 자원외교를 명분으로 거액의 돈을 만졌던 사람들이 요즘 세간의 관심거리다. 법과 제도를 아무리 정비해도 이런 이들이 그치지 않고 등장하는 이유는 뭘까.

횡재橫財는 횡재橫災일 수도 있는 법이다. 갑자기, 느닷없이 닥치는 재앙 말이다. 그렇게 별안간 닥치는 액운厄運은 횡액橫厄이다. 가로와 세로에 편견을 달 필요는 없다. 그러나 정상적인 궤도에서 벗어나는 행위는 스스로 경계하자. 橫횡을 매단 불길함이 언제 찾아들지 모르기 때문이다.

한자풀이

橫 가로 횡, 빛 광 가로, 옆, 곁. 뜻밖의, 갑작스러운. 자유자재로. 연횡책. 학교. 가로로 놓다. 옆으로 놓다. 섞이다. 뒤엉키다. 가로지르다. 비정상적이다.

縱 세로 종, 바쁠 총 세로, 발자취 비록. 설령, ~일지라도. 놓다. 쏘다. 늘어지다. 놓아주다. 느슨하게 하다. 내버려두다. 멋대로 하다. 방종하다. 방임하다.

經 지날 경, 글 경 지나다. 목매다. 다스리다. 글. 경서. 날. 날실. 불경. 길. 법. 도리. 지경(地境: 땅의 가장자리). 경계.

緯 씨 위 씨. 씨줄. 예언서. 현. 악기의 줄. 가로. 짜다. 만들다. 묶다. 구상하다. 다스리다. 주관하다.

厄 액 액 액. 불행한 일. 재앙. 명에. 해치다. 핍박하다. 고생하다.

도보徒步

　　아무것도 걸치지 않은 상태를 가리킬 때 쓰는 글자가 徒도다. 우선 적으로는 '무리' '떼' 등을 가리키지만 맨몸, 또는 '헛되이'라는 새김도 얻은 글자다. 따라서 아무것도 없이 그냥 걷는步 행위가 도보徒步다. 승 용차 등 탈것을 동원하지 않은 채 길을 걷는 일이다.

　　도수徒手라고 적으면 기계나 기기 등을 사용하지 않는다는 뜻이다. 그래서 '도수체조'라고 하면 몸만을 움직여서 하는 체조다. 그런 점을 고려하면 도보徒步라는 단어의 뜻은 한결 가깝게 이해할 수 있다. 그러 나 이 단어의 원래 출발점은 '평민'이다.

　　말이나 수레 등에 올라타 길을 나서는 사람이 아닌, 그저 다리의 힘 으로 길을 가는 사람이다. 신분을 나타내는 단어로 쓰인 흔적이 뚜렷 하다. 사회적 지위가 없는 평범한 일반인을 가리키는 단어였던 셈이다. 그러나 이런 새김은 단어의 의미에서 탈락한 지 오래다.

　　이제 완연한 봄이다. 문밖으로 나서 길을 걸으며 봄의 정취를 만끽 할 때다. 추억이 깃든 학창시절의 소풍逍風은 즐거운 일이지만, 이 한자 단어의 구성은 뜻이 명쾌하지 않다. 일본식 조어에 해당하는데, 어떤 배경으로 두 글자를 모았는지 분명치 않다.

그보다는 원족遠足이 더 와 닿는다. 멀리遠 거닐다足의 구성이기 때문이다. 발을 뜻하는 足족은 여기서 동사로 쓰였다. 일정하게 오가는 터전을 떠나 먼 곳으로 훌쩍 떠나는 일, 소풍에 앞서 그런 행위를 일컫는 단어로 먼저 쓰였다.

유행遊行도 마찬가지다. 이곳저곳을 거니는 일이다. 발섭跋涉이라는 단어도 눈여겨 볼만하다. 산 넘는 일을 跋발로 적고, 물 건너는 행위를 涉섭으로 적었다. 보통은 험한 산지와 궂은 물길을 지나는 힘든 여행 길을 적을 때 등장한다.

먼 곳으로 움직이는 사람들의 발길이 건강해 보인다. 멀리 나아가는 일을 가리키는 한자 단어는 많다. 도보(徒步)가 대표적인데, 원래는 '평민'을 가리켰다.

경기도 북부에 유명한 소요산逍遙山이 있다. 소요逍遙라는 단어가 눈길을 끈다. 逍소라는 글자는 辶착에 肖초라는 글자가 붙었다. 앞의 辶착은 걷거나 뛰는 행위에 붙는 부수部首다. 두 글자가 합쳐지면 걷거나 뛰어 멀리 가물가물 사라지는肖 그 무엇을 가리킨다.

그래서 逍遙소요라고 하면 먼 곳으로 나아가면서 모습이 점차 작아지는 현상을 가리킨다. 장자莊子가 본격적으로 이 말을 사용하면서 도가道家 철학의 중요 개념으로 자리를 잡았다. 어디, 또는 무언가에 얽매이지 않고 자유롭게 경계를 넘어서는 일이다.

밖으로 거니는 행위에 관해서는 맹자孟子도 한 마디 했다. 유련流連이라는 단어가 그로부터 나왔다. 그는 물길의 흐름을 좇아 내려가는 일이 流류, 흐름을 거슬러 올라가는 행위가 連련이라고 했다. 일종의 물놀이인 셈이다.

그러나 흐름을 좇거나 거스르며 노닐다가도 돌아감을 잊으면 곤란하다. 맹자는 노는 행위에 골몰해 제 돌아갈 자리를 잊는 경우가 없어야 한다고 했다. 流連忘返유련망반이라는 성어가 나온 배경이다. 流連유련은 留連, 또는 留戀으로도 적는다.

물이 흔들리는 모습을 적을 때는 蕩탕 또는 盪탕이 쓰인다. 지나치게 휘돌아다니며 제 돌아갈 곳을 생각지 않는 일이 곧 방탕放蕩이다. 그렇게 노닐기만 하면 그 사람에게는 탕아蕩兒라는 단어가 따르기 마련이다.

제 마음이 머물 옳고 바른 곳을 잃은 채 이런저런 부정과 비리로 먼 길에서 헤매는 사람이 우리 사회에 너무 많다. 방산防産 비리의 주역인 기업인, 조연인 고위 예비역 장성將星들을 보면서 든 생각이다. 떠나되 돌아옴을 잊지 말자. 봄나들이, 춘유春遊의 길목에서 품는 단상이다.

한자풀이

徒무리 도 무리, 동아리, 동류(同類), 제자, 문하생, 종, 하인, 일꾼, 인부, 보졸(步卒), 보병, 맨손, 맨발, 죄수, 갇힌 사람.

跋밟을 발 밟다, 짓밟다, 넘어가다, 난폭하다, 사납다, 되돌리다, 촛불이 다 타다, 밑동, 바다 남은 부분, 발문(跋文).

涉건널 섭, 피 흐르는 모양 첩 건너다, 지나다, 거치다, 겪다, 거닐다, 돌아다니다, 떠나다, 이르다, 미치다, 간섭하다, 관계하다, 섭렵하다, 넓다, 나루.

流흐를 류, 흐를 유 흐르다, 번져 퍼지다, 전하다, 방랑하다, 떠돌다, 흐르게 하다, 흘리다, 내치다, 거침없다, 귀양 보내다, 흐름, 사회 계층, 갈래, 분파.

蕩방탕할 탕 방탕하다, 방종하다, 흔들다, 움직이다, 방자하다, 광대하다, 넓고 크다, 헌걸차다, 용서하다.

왜구倭寇

우리는 오랑캐라는 말을 많이 사용했다. 요즘은 그렇지 않지만, 변경을 치고 들어와 노략질을 하는 외부 사람들을 그렇게 일컬었던 때가 적지 않다. 그러니 듣기에 썩 좋지 않은 어감의 말이다. 인명을 살상하고 재물을 훔치니 그 대상에게 좋은 말을 붙일 까닭이 없다.

한반도 북부의 적유령狄踰嶺 산맥을 순우리말로 풀면 '되너미 고개'다. 되놈들이 넘어오는 고개라는 뜻이다. 되놈은 한자 狄적으로 옮겼다. '넘다'의 뜻은 踰유, 고개 또는 산을 嶺령으로 적었다. 이 '되너미 고개'라는 이름을 지닌 장소가 꽤 있다.

적유령狄踰嶺 산맥이 대표적이지만 북방에서 남쪽으로 내려오는 한반도 주요 길목에 해당하는 곳의 옛 지명이 '되너미 고개'인 경우가 제법 많다. 서울의 미아리 고개, 경기도 벽제 일부 길목 등의 옛 이름을 살필 때 이런 이름이 자주 등장한다.

중국은 예로부터 자신을 천하天下의 중심에 두고 동서남북 네 방위方位의 낯선 사람들을 죄다 '오랑캐'로 치부했다. 동쪽이 夷이, 서쪽이 戎융, 남쪽이 蠻만, 북쪽이 狄적이다. 그래서 동이東夷, 서융西戎, 남만南蠻, 북적北狄으로도 일컫는다.

주변의 사람과 문물을 낮춰 보는 중화주의中華主義의 시선이다. 우리는 그런 틀을 갖추지 않았거나 못했다. 그저 침략해오는 낯선 사람들을 '오랑캐'라고 호칭하는 경우가 대부분이다. 그러나 이 오랑캐는 兀良合올량합, 幹郞改알랑개, 兀狄合올적합 등의 명칭으로 등장 했던 북방 한 부족의 고유명사라 는 설명이 따른다.

조선시대 해안가를 약탈했던 왜구에 대항하기 위해 쌓은 산성이다. 중국은 자신을 중심에 두고 주변을 각종 오랑캐로 설명하는 습성이 있었다.

오량하이, 또는 오리양히라는 독음으로 읽을 수 있는 Oriyanghai 라는 민족의 고유 호칭에서 결국 우리가 자주 썼던 '오랑캐'라는 명칭 이 나왔다는 풀이다. 이들은 중국 동북부를 지나는 대흥안령大興安嶺 삼 림지대에 살았던 사람들이라고 한다.

어떤 연유에서인지는 잘 알 수 없으나 이 부족의 명칭이 조선시대 와 중국 명明나라 때 집중적으로 쓰이면서 북방으로부터 남하해서 지 역을 유린하는 '오랑캐'의 뜻으로 발전했다는 설명이다. 그와는 달리 해안지역을 주로 노리고 들어오는 존재가 있었으니 그 이름이 바로 왜구倭寇다.

倭왜는 고대 중국에서 일찌감치 지금 일본을 호칭할 때 등장했던 글자다. 당초에 낮춰보는 뜻은 전혀 없었다. 중국의 魏위나라와 관계를 맺는 과정에서 얻은 글자라고 한다. 도적놈이라는 뜻의 寇구라는 글자가 관심의 대상이다.

이 글자는 '집'을 뜻하는 宀면, 사람 또는 사람의 머리를 가리키는 元원, '때리다'는 의미의 攴복을 합쳐 만들었다. 남의 집에 들어와 사람을 해치는 존재라는 뜻이다. 따라서 이 글자는 단순하게 도둑질만 일삼는 '도둑놈'보다 더 흉악하다. 사람까지 해치니 '도적놈'이라고 해야 뜻이 분명해진다.

다 옛말이려니 하면서 그냥 넘어가려다가도 때로 '그 말 한 번 잘 지었다'는 생각을 하는 게 요즘이다. 과거에 남의 땅을 침략해 빼앗은 일을 반성치 않고, 대한민국 땅 독도까지 제 영토라고 주장하는 일본을 보면서다. 과거의 잘못을 뉘우치지 않고 거꾸로 그를 강변하는 일본의 극우 정치세력은 현대판 왜구倭寇임에 틀림없다.

한자풀이

倭 왜나라 왜, 구불구불할 위. 나라 이름 와. 왜나라, 일본. 구불구불하다 (위), 삥 돌다 (위), 유순하다 (위), 아름다운 모양 (위). 나라 이름 (와).

寇 도적 구. 도적, 떼도둑. 외적, 원수. 난리, 병기. 성(姓)의 하나. 약탈하다. 침범하다. 노략질하다. 해치다. 쳐들어오다.

狄 오랑캐 적. 오랑캐, 북방 오랑캐. 악공(樂工), 낮은 관리(官吏). 아전. 꿩의 깃 뛰는 모양. 사악하다. 깎다. 도려내다.

踰 넘을 유, 멀 요. 넘다. 물가 언덕. 지나가다. 뛰다. 더욱. 멀다 (요).

물의物議

만물萬物이나 사물事物 등 '나'의 바깥에 있는 물체物體의 존재를 가리킬 때 흔히 쓰이는 한자가 물物이다. 살아가면서 늘 지니거나 쓰는 대상인 물건物件 등을 모두 지칭하고 있으니 우리에게는 매우 가까운 글자가 아닐 수 없다. 그러나 이 글자의 원래 출발점은 '여러 가지가 섞여 있는 것'이라는 뜻에 가깝다.

일반적인 명칭으로 먼저 등장하는 뜻은 '얼룩소'다. 털 빛깔이 여러 가지 색으로 이루어진 소를 일컬었다. 다음으로 등장하는 게 '여러 가지 색이 섞인 비단'이다. 이른바 잡백雜帛이다. 그렇게 여러 색깔이 섞인 천으로 만든 깃발을 가리키는 경우도 있었다.

털빛이 여러 색으로 뒤섞인 얼룩소, 다양한 색깔이 어우러진 비단인 잡백 등의 원래 명사에서 더 발전해 나온 게 '세상에 존재하는 온갖 물체'라는 의미의 만물과 사물이다. 세상 모든 물체의 운동과 특성을 연구하는 학문이 물리物理, 그 물건의 값이 물가物價라는 이름을 얻었던 이유들이다.

한국에서도 자주 쓰는 단어가 물의物議다. 物물이라는 한자의 일반적 의미만을 알고 있는 사람들에게 이 단어는 '알쏭달쏭'이다. 그러나

物물이라는 글자의 원래 뜻을 생각해 보면 이 단어의 의미는 자명해진다. 직접 풀자면 '여러 가지 논의'라는 뜻이다.

여러 사람의 마음은 물의物意, 여러 사람의 평판은 물론物論, 여러 사람의 구설口舌 등을 물청物聽이라고 적는 게 비슷한 용례들이다. 그 가운데 가장 잘 알려진 단어가 물의인데, 누군가의 행위나 생각 등이 여러 사람의 시비是非를 일으키면서 빚어지는 말썽이다. 역시 일반적인 여론輿論의 의미도 담고 있지만, 이런 물의物議를 일으키는 행동은 결코 좋은 의미로 받아들여지지 않는다.

物물이라는 글자는 나중에 '찾아내다' '살피다'라는 뜻의 동사動詞 의미를 얻는다. 가장 대표적인 단어가 물색物色이다. 물색物色이라는 단

여러 색깔의 털을 지닌 소의 모습에서 나온 글자가 物(물)이다. 초원에 방목하는 사진 속의 소 털색이 바로 그렇다.

어의 원래 의미는 고대 사회에서 제사를 치를 때 잡는 소와 양 등 희생犧牲의 털 색깔이었다. 제사를 앞두고 건강과 외모가 이상이 없는 희생을 고르고, 또 살피는 일이 중요했다. 물색이라는 단어가 '찾다'라는 뜻으로 발전한 이유가 여기에 있지 않은가 싶다. 땅 찾는 일은 물토物土, 좋은 말 고르는 작업은 물마物馬라고 적기도 한다.

이름이 제법 난 인물人物들이 재물財物과 뇌물賂物을 지나치게 물색物色했음인지 한 기업인의 자살에 이은 리스트 공개로 대한민국 사회가 여러 물의物議로 소란하기 짝이 없는 요즘이다. 검찰의 수사를 더 지켜봐야 하겠으나, 우선은 실망이다. 여러 사람의 기대를 모으는 일이 물망物望일진대, 우리의 정치적인 희망이 겨우 이런 인물들에게 걸려 있었다는 게 한심스럽기만 하다.

꽃은 졌다가도 다시 핀다. 봄은 갔다가도 어김없이 또 돌아온다. 부정과 비리로 물의物議를 빚어 솟구치다 곤두박질치는 유명 정치인 등이 그런 순환을 닮았다. 때가 이르면 반드시 나타나는 그런 물의物議의 주인공들…. 얼굴은 매번 다르지만 행태는 어쩌면 그렇게 순환과 반복을 거듭하는 세월의 흐름을 꼭 닮았을까.

한자풀이

物 물건 물 물건. 만물. 사물. 일. 사무. 재물. 종류. 색깔. 기(旗). 활 쏘는 자리. 얼룩소. 사람. 보다. 살피다. 변별하다. 헤아리다. 견주다.
議 의논할 의 의논하다. 토의하다. 책잡다. 가리다. 분간하다. 의견. 주장. 의논. 문체의 이름.

곡예 曲藝

이 말 '서커스' 쯤으로 풀어야 적당하다. 적어도 우리말 쓰임새에서는 그렇다. 그러나 한자를 보면 조금 뉘앙스가 다를 법하다. 앞의 曲곡이라는 글자는 '굽이' 또는 '노래'를 가리킨다. 뒤의 글자 藝예는 굳이 풀 이유가 없을 정도로 우리가 잘 안다.

그럼에도 살필 필요는 있다. 曲곡은 밭을 가리키는 田전, '말미암다'의 由유와 관련이 있다고 한다. 밭의 경계가 살짝 허물어지는 일이 由유, 크게 변하는 일이 曲곡이란다. 따라서 曲곡은 어느 정도 이상의 변화를 나타내는 뜻, 나아가 '굽이' '구부러짐' 등의 의미를 얻었다는 설명이다.

'노래'라는 뜻도 그로부터 연역했다고 볼 수 있다. 그냥 말하는 형식이 아니라, 말에 무엇인가를 얹어 달리 말하는 모습이나 행위라는 얘기다. 말을 좀 더 바꿔서 전하는 방법이 '노래' 아니고 무엇일까. 그래서 얻은 뜻이 가곡歌曲, 곡조曲調 등의 '노래'라는 설명이다.

藝예는 지금 형태와는 퍽 다른 원래 꼴을 보면, 손으로 벼와 수수 등 식물 줄기를 잡아 땅에 꽂는 모습이다. 따라서 원래 출발점에 섰던 이 글자의 뜻은 '심다'다. 곡물 등을 땅에 심는 행위를 가리킨다. 예로부터 농사는 삶을 유지하는 가장 큰 줄기였으니 농사에서의 테크닉이

몽골의 주민들이 말 위에서 부리는 기예가 대단해 보인다. 이런 서커스와 같은 동작을 우리는 곡예(曲藝)라고 하지만, 그 출발점과 변짐의 과정은 새겨 볼 필요가 있다.

라는 것은 매우 중요했을 테다.

그래서 이 글자는 마침내 '기술'의 뜻을 획득했다. 활쏘기, 말 타기, 글쓰기 등의 여섯 가지 재주를 귀히 여겼던 동양 사회는 그를 육예六藝로 적었다. 기술 자체를 기예技藝라고 하거나, 글 쓰는 솜씨를 서예書藝, 학술상의 재주를 학예學藝, 식물 재배의 능력을 원예園藝라고 하는 이유다.

그렇다면 곡예曲藝라는 말을 어떻게 풀어야 좋을까. 오랜 반복적인 훈련을 거쳐 남이 따라하기 어려운 동작을 표현하는 '서커스'기 우리 쓰임새에서는 일반적인 뜻이다. 그러나 중국에서는 이 말의 의미가 다르다. 중국인들은 노래를 통해 표현하는 재주라는 뜻으로 이 말을 쓴다. 일반적인 '서커스'는 여러 기술을 가리키는 단어, 즉 雜技잡기로 적는다.

사전적인 정의에서 벗어나자. 曲藝곡예라는 한자의 뜻에 충실하고

자 한다면 이 단어는 중국인들이 풀듯이 '노래로 표현하는 재주'로 받아들여야 마땅하다. 그럼에도 '서커스'의 의미가 전혀 없다고 할 수는 없다. 이 단어를 '구부리는曲 재주藝' 정도로 풀 수 있기 때문이다. 이리저리 구부리고 또 구부려 희한한 모습을 연출하는 테크닉 말이다.

그래서 우리는 曲藝곡예라는 한자 단어의 원래 뜻이 무엇일까를 고민할 필요가 없다. 한자는 그렇게 이리저리 구부려도 좋을 만큼 탄력적이기 때문이다. 따라서 "曲藝곡예는 곧 서커스"라고 해도 무방하다. 요즘 이 曲藝곡예가 우리사회에 봄꽃처럼 만개했다.

정치인들이 혀를 이리저리 구부려 각종 희한한 상황을 연출하는 게 꼭 그렇다. 혀만 구부려 거짓을 말하는 정도가 아니다. 제 마음의 좋은 바탕, 양심良心까지 이리저리 구부려 가리고 피한다. 그 모습이 치사하고 쩨쩨하기 그지없다. 한 기업인의 자살로 빚어지는 풍경이 온통 구부리고 피하는 재주 일색이다.

현란한 서커스의 절정이라 해도 좋을까. 아무튼 눈이 꽤 어지럽다. 피는 봄꽃이 부르는 어지럼증이라면 좋으련만, 사람이 빚어내는 서커스 풍경은 그저 구역질만 부른다. 이 화창한 봄날에 대한민국의 바르고 곧음, 정직正直은 일찌감치 자취를 감췄다는 느낌이다. 적어도 정치판에서는….

한자풀이

曲굽을 곡. 누룩 곡 굽다. 굽히다. 도리에 맞지 않다. 바르지 않다. 불합리하다. 정직하지 않다. 공정하지 않다. 그릇되게 하다. 자세하다. 구석. 가락. 악곡.
藝재주 예. 심을 예 재주. 기예. 법도. 학문. 법. 글. 과녁. 심다. 재주가 있다. 나누다. 극진하다. 심다.

연설演說

아베 신조安倍晋三 일본 총리가 미 의회에서 연설演說을 한다. 이 글을 쓰는 시점이 2015년 4월 29일 오후라서 그 내용을 미리 알 수 없다. 곧 내용이 알려질 일본 총리의 최초 미 의회 연설은 매우 큰 가치를 지닌다. 우선 뉴스로서도 그렇고, 한국이 처한 동북아 정세를 감안해도 그렇다.

기대하기 어려운 과거사 사과다. 잘못을 인정치 않으려는 속 좁은 일본 정치인들에게 진솔한 과거사 반성을 요구하는 일은 어쩌면 나무에서 물고기 잡으려는 연목구어緣木求魚일 테다. 그는 차치하고서 우선 눈길을 끄는 한자 단어가 演說연설이다. 어떤 구성일까.

앞 글자 演연은 물길이 멀리 나아가는 모양을 가리킨다고 한다. 물이 번져 나가는 모습이라고 해도 무방하다. 고인 물이 아니라 낮은 곳을 향해 나아가는 물, 그런 과정에서 주변을 점점 적시는 물의 모습이다. 원래의 뜻이 그러하니 이 글자는 나중에 무엇인가가 점차 펼쳐져 나가는 상황을 가리키는 뜻으로 자리를 잡았다.

무엇인가를 펼쳐 보이는 일, 우리 생활에서는 매우 친근한 행위다. 그런 일은 부지기수다. 재주를 펼쳐 보이는 일이 연예演藝다. 기술을 펼쳐 보이면 연기演技, 말씀이 대상일 경우가 바로 연설演說이다. 자주 익히는 일을 반복하는 경우는 연습演習이다. 익히고 또 익히는 일이다.

실을 줄줄 풀어가듯이 일정한 이치理致에 따라 추리推理를 반복하면 연역演繹이라고 적는다. 놀음을 펼쳐 보이면 연희演戲다. 재주꾼, 익살꾼, 놀이꾼 등이 남들 앞에서 자신의 예능藝能을 펼쳐서 보여주는 행위다. 극劇으로 구성한 스토리를 남 앞에서 말과 행동으로 보이면 그게 바로 연극演劇이다.

봉장작희逢場作戲라는 성어가 있다. 원래는 불가佛家의 선어禪語다. 깨달음을 얻는다면 때와 장소에 구애받지 않는다는 의미다. 구성은 상황場을 만나逢 놀음을戲 놀아본다作의 엮음이다. 여기서의 작희作戲가 곧 연희演戲다. 규범과 겉치레에 얽매이지 않으면서 자신 있게 상황에 스스로를 맞춰가는 노련함, 성숙함 등을 이야기할 때 쓸 수 있는 성어다.

演(연)은 물이 높은 곳에서 낮은 곳으로 점차 번지는 상태를 가리킨다. 사진의 물 흐름과 관련이 있다.

말에 담긴 사정이 그러하니, 이 봉장작희逢場作戲라는 성어는 나름대로 이미 한 경계에 이르러 외부적인 조건에 휘둘리지 않으면서 주동적으로 그 상황을 이끌어 갈 수 있는 사람에게나 쓸 수 있는 말이다. 중국에서는 때로 바람피운 남성이 여성에게 둘러대는 말로 사용해 말

값어치가 다소 떨어지기도 하지만….

한반도를 두르고 있는 동북아 정세가 아베 총리의 미국 방문, 의회 연설 등으로 커다란 변화를 맞이할 전망이다. 이 놀음판에 미국과 일본은 확실한 주역이다. 그로써 한국은 적잖이 휘둘리게 생겼다. 남이 세우고 짠 놀음판에 선뜻 끼어들기조차 어려운 형편이기 때문이다.

판을 만들어 제가 주역으로 나서서 놀아보려면 웬만한 배짱과 머리가 다 있어야 한다. 그렇지 않으면 남이 만들어 펼치는 판에 올라 광대놀음이나 하고 내려오는 수밖에 없다. 우리는 그동안 뭘 했을까. 너무 정색을 하고 과거사만 돌아보다가 국제적인 전략 판도가 변화하는 낌새를 놓쳤던 것은 아닐까. 초조한 마음으로 살펴야 할 일본의 행보다.

한자풀이 ────────────

演 펼 연 펴다. 늘이다. 부연하다. 자세히 설명하다. 넓히다. 넓게 미치다. 스며들다. 멀리 흐르다. 통하다. 헤아리다. 계산하다. 천천히 걷다.

繹 풀 역 풀다. 풀리다. 풀어내다. 끌어내다. 당기다. 다스리다. 연달아하다. 늘어놓다. 찾다. 실 뽑다. 실마리. 제사 이름.

戲 희롱할 희, 탄식할 호 희롱하다. 놀이하다. 놀다. 놀이. 연극. 탄식하다(호).

영합 迎合

　예로부터 손님을 맞고 들이며, 보내는 일은 매우 중요했다. 주인과 손님의 신분을 뚜렷이 나누며 서로 나아가고 물러서는 절차를 자세히 규정하고 있다. 담을 두르고 문을 설정해 제 경계를 확보한 사람이 주인, 그 담과 문 안으로 들어서는 사람은 손님이다.

　외부와의 교섭과 거래는 삶에 있어서 매우 중요하다. 주인은 손님과의 만남을 통해 외부와의 거래와 교섭에 나선다. 따라서 손님을 맞는 일은 빈례賓禮라는 이름으로 예절禮節과 법도法度의 특정한 구역을 차지했다. 그에 견줘 생각해 볼 한자가 '맞이하다'는 뜻의 迎영이라는 글자다.

　'걷다', '달리다'라는 새김을 지닌 부수 辶착에 다른 사람을 우러러 쳐다보는 모습을 그린 글자가 붙어 있다. 따라서 이 글자의 원래 새김을 따지자면 누군가를 맞아 달려 나가 그를 맞이한다는 뜻이다. 기쁘게 상대를 맞아들이는 일이 바로 환영歡迎이다.

　그렇게 달려 나간 뒤 손님을 맞아 안으로 들이는 일은 영입迎入이다. 요즘은 인재를 등용하는 행위에 많이 사용하는 단어다. 직접 나아가 손님을 맞이하면 영접迎接이다. 봄맞이가 영춘迎春, 가을맞이가 영추迎秋다. 이른 봄꽃인 개나리의 한자 이름은 영춘화迎春化다.

외부 손님을 맞이하는 일본의 풍경이다. 반갑게 손님을 맞이하는 일은 바람직하다. 그러나 정도가 지나치면 곤란할 때가 많다. 무분별한 영합(迎合)은 그래서 따가운 시선을 받는다.

영송迎送이라는 단어도 과거에는 잘 썼다. 맞이하고 보내는 일이다. 손님 올 때 나아가 맞이하고, 갈 때 배웅하는 일이다. 한자로 풀어 적으면 迎來送往영래송왕이다. 사람과의 친분관계를 따져 사업의 성패를 가름하는 경우가 많은 동양사회에서는 매우 중요한 일이다. 적게는 비즈니스의 성패, 크게는 권력의 향배가 걸리는 경우가 많기 때문이다.

주周나라 흥성의 주역이었던 주공周公의 고사가 유명하다. 토포악발吐哺握髮이라는 성어의 스토리 말이다. 밥을 먹다가, 또는 목욕을 하는 중에 "손님이 온다"는 기별을 늘은 주공이 입으로 씹던 음식물을 뱉고吐哺, 감던 머리를 움켜잡은 채握髮 뛰어나가 손님을 맞아들였다는 이야기다.

똑똑한 선비, 즉 현사賢士와 준재俊才를 영입하기 위해 기울였던 주공이라는 사람의 눈물겨운 예법禮法이다. 그런 정성과 노력으로 인재를 영입해 주나라가 흥성했다는 것이 스토리가 던지는 교훈이다. 실제 그 정도의 열성을 바쳐야 인재는 모이는 법이다.

문제는 우리가 요즘에도 잘 쓰는 영합迎合이라는 단어다. 손님을 마중함이 지나쳐 그에 함께 합쳐지는 일이다. 결코 좋은 일이 아니다. 예절과 법도의 기본은 나와 상대방의 엄격한 구획이다. 주인이 주인임을 잊고, 손님이 손님임을 잊는다면 예절과 법도는 제대로 설 수 없다.

국정國政을 옳게 이끌어야 하는 제 자신의 신분을 망각하고 대중大衆의 얄은 욕구에 편승하려는 영합의 극단적인 사례를 요즘의 우리가 지켜보는 중이다. 공무원연금 개혁을 추진하다가 국민연금을 건드려 십자포화를 맞고 있는 대한민국 정치인들 말이다.

당장 손에 건네줄 돈만 보다가 얼마 뒤 말라비틀어질 국가 재정을 전혀 살피지 않는 이런 정치인들에게 대한민국 국정의 한 축을 맡겼다는 게 한심할 뿐이다. 어리석은 사람들이 우중愚衆인데, 정치권은 이미 이런 이들이 점령하고 만 것일까. 이런 경우라면 민주주의 제도의 가장 타락한 중우정치衆愚政治라고도 한댔지…. 이제는 우리 정치인들의 영합하는 몸짓이 두렵기조차 하다.

한자풀이

迎 맞을 영 맞다. 맞이하다. 영접하다. 마중하다. 맞추다. ~를 향하여. ~쪽으로. 마중.
賓 손 빈 손, 손님. 사위. 물가. (손으로) 대접하다. 객지살이하다. 복종하다, 따르다. 인도하다. 따르게 하다. 굴복시키다. 물리치다. 버리다.
送 보낼 송 보내다. 전달하다. 전송하다. 배웅하다. 다하다. 알리다. 쫓다. 쫓아버리다. 선물(膳物).

숙청肅淸

요즘 김정은의 북한이 매우 심상찮아 보인다. 국가정보원이 밝힌 내용에 따르면 또 숙청肅淸이 이어졌다. 대체 무슨 광기狂氣와 오만傲慢이 제 수족처럼 부리던 군부의 요인들을 찬바람 닥쳐 마구 떨어지는 낙엽처럼 이 세상에서 사라지게 만드는 것일까.

그러다 보니 자연스레 숙청肅淸이라는 한자 낱말에 눈길이 간다. 뒤의 글자 淸청은 물이 맑음을 나타내는 형용이지만, 동사의 뒤에 붙었을 때는 '싹 비우다' '죄다 없애다'의 새김이다. 앞의 동사가 품은 동작의 결과를 나타내는 글자다. 그렇다면 肅숙은 어떤 곡절을 품은 글자일까.

이 글자의 윗부분을 형성하는 그림은 손으로 빗자루 등을 잡은 모양이라고 한다. 그 아래의 복잡한 모습은 일정한 사회 공동체의 마당으로 본다는 설명이 일반적이다. 따라서 이 글자의 출발점은 일종의 제의祭儀와 관련이 있다고 풀이한다. 신성한 제사를 지내기에 앞서 그 제의가 펼쳐질 마당을 조심스레 청소하는 행위라는 것이다.

따라서 이 글자는 처음부터 '조심스러움' '경건함' '존경' 등의 의미를 지니고서 한자漢字의 드넓은 바다에 합류했다고 본다. 따라서 이 글자를 바탕으로 이뤄지는 조어造語 행렬이 대개 그런 맥락이다. 우선 엄숙嚴肅이다. 장엄한 분위기, 경건한 기운이 숨어 있는 단어다.

정숙靜肅 또는 숙정肅靜도 마찬가지다. 경건함과 조용함이 함께 붙어 있는 단어다. '쉿, 조용~!'이라고 조금 장난스럽게 적은 도서실의 문구가 떠올려진다. 스스로 행동이나 마음가짐을 다잡으면서 조심하는 행위를 우리는 자숙自肅이라고 적는다.

어떤 상태의 모습을 표현하는 글자 然연을 가져다 붙이면 숙연肅然이다. 감동적인 일, 또는 퍽 슬픈 일에 마주쳤을 때 일행 모두 아무런 말 없이 있는 모습을 그렇게 적는다. 조용하면서 차분한 몸가짐, 마음가짐을 표현할 때는 숙정肅整이라는 단어를 쓸 수 있다. 여기서 整정은 다 갖춰져 빠짐이 없는 상태를 나타낸다.

잘못이 드러난 대상을 바로 잡을 때는 숙정肅正이라고 적을 수 있

고요한 숲의 정경이다. 肅(숙)은 원래 제사 등을 올리는 마당에서 빗질을 하는 모습이었다고 한다.
그로부터 얻은 뜻이 숙연(肅然), 엄숙(嚴肅) 등이다.

다. 엄숙한 분위기에서 고마움을 표시하기 위해 절을 올린다면 숙배肅拜다. 절까지는 올리지 않더라도 정중하게 고마움을 나타내면 숙사肅謝, 그를 더 높여 '은혜에 깊이 감사하다'의 뜻을 보탠다면 숙은肅恩이다.

그렇다고 마냥 엄숙하고 경건할 필요는 없다. 팔팔 뻗치는 삶의 기운, 즉 생기生氣를 잃을 수 있기 때문이다. 肅숙이라는 글자는 따라서 그런 뜻도 품는다. 가을의 차가운 기운이 닿아 식생植生 모두가 생기를 잃는 경우를 우리는 숙살肅殺이라고 적는다. 숙청肅淸이라는 단어도 그와 같은 맥락이다.

김일성, 김정일에 이은 김정은의 3대 세습 독재가 횡행하는 곳이 북한이다. 이 억지스러운 권력의 세습이 우리 한반도 북녘 땅의 생기를 모두 말라비틀어지게 만들었다. 제 수족을 숙청하는 일은 그에 비하면 아무 것도 아니다. 2,700만에 이르는 동포의 활력까지 숙살하고, 숙청하니 이 점이 정말 심각한 문제다. 그 어둡고 메마른 기운은 언제 이 땅에서 사라지려나.

한자풀이

肅 엄숙할 숙 엄숙하다. 공경하다. 정중하다. 정제하다. 맑다. 경계하다. 엄하다. 절하다. 차다. 삼가다.
嚴 엄할 엄 엄하다. 혹독하다. 엄격하다. 엄밀하다. 지독하다. 빈틈없다. 심하다. 급하다. 절박하다.
靜 고요할 정 고요하다. 깨끗하게 하다. 깨끗하다. 쉬다. 휴식하다. 조용하게 하다. 조용하다. 조용히.
整 가지런할 정 가지런하다. 가지런히 하다. 정돈하다. 정연하다. 단정하다. 엄숙하다. 온전하다. 완전무결하다.

총리總理

대한민국 총리 자리에 누가 오를지는 늘 관심거리다. 총리는 강력한 권력의 대통령 바로 밑에 있는 사람이어서, 흔히는 '일인지하 만인지상—人之下 萬人之上'이라고 하지만 실제 권한이 크질 않아 그저 '얼굴 마담' 정도로 치부하는 경우도 많다.

그럼에도 내각의 제반 업무를 관리하는 사람이다. 따라서 비록 형식적이기는 할지라도 오래 비워둘 수만은 없다. 그러나 국회 청문회를 거치다가 중도에 낙마하는 경우가 많아 누가 그런 바람 찬 총리 자리에 오를 것인가를 두고 관심이 모아진다.

총리總理라는 단어의 앞 글자인 總총은 실을 뜻하는 糸멱 또는 사에 悤총을 덧붙였다. 뒤의 悤총은 금문金文 등의 흔적을 따지면 머리를 다듬는 모습이라는 설명이 있다. 따라서 이 글자는 초기 쓰임에서 '머리를 매만져 실 등으로 묶다'는 뜻일 테다.

우리 쓰임새도 많은 총각總角이라는 단어가 좋은 예다. 머리카락을 잘 매만진 뒤 끈 등으로 묶어 올린 사람의 머리 모습을 가리킨다. 어린 시절을 보내고 성년成年으로 향하는 무렵의 소년이 머리를 단정히 말아總 동물의 뿔角 모양으로 올린 꼴이다. 따라서 총각總角은 성년, 또는 혼인을 이루기 전의 젊은 청년을 가리키는 단어였다.

總총은 그로써 '묶다' '모으다' '전체' '모두'의 의미를 얻었다. 그러나 이 글자가 '총리總理급'으로 격상한 이유는 조금 엉뚱하다. 오래전에 있었던 글자 조합은 아니다. 서양 제국의 동점東漸, 그에 따른 동양사회의 대응이라는 긴박함 속에서 만들어진 단어다. 처음 출현은 중국이라고 볼 수 있다. 아편전쟁이라고 불리는 서양 제국의 혹독한 공격을 겪은 뒤 청나라가 주도적으로 만들었던 기관의 명칭이다.

총리아문總理衙門, 또는 총리각국사무아문總理各國事務衙門 등 제법 긴 명칭의 관청 이름에서 나왔다. 총리總理는 모두總를 살피며 헤아린다理는 엮음이다. 아문衙門은 일반적으로 관청 자체를 일컫는 말이다. 따라서 총리아문總理衙門은 '모두를 이끄는 관청', 뒤의 총리각국사무아문總理各國事務衙門은 각 나라各國 업무事務를 모두總 관리理하는 관청이다.

옛 조선 궁궐의 행사를 재연하는 광경이다. 총리(總理)는 원래 각국 사무를 관장하는 관아라는 뜻에서 나온 말이다.

천하의 중심이라고 자부심만 내세웠던 청나라가 서양 제국의 '뜨거운 맛'을 보고 난 뒤 대외 업무의 필요성을 인식해 만든 관청이다. 요즘 맥락으로 따지자면 외교 업무를 모두 이끄는 관청, 즉 외교부에 해당할 것이다.

나중 들어 일본이 총리대신總理大臣이라는 직함을 만들었고, 그 맥락에 따라 지금까지 이어져 내각을 이끄는 총리라는 단어로 자리를 잡았다. 總총으로 조합을 이루는 글자는 제법 많다. 총괄總括, 총무總務, 총통總統, 총론總論, 총독總督, 총량總量 등의 낱말이 그로써 만들어졌다.

대통령大統領은 글자 조합으로만 본다면 모두統 이끄는領 사람 중에서도 최고大다. 그러나 말뜻으로 볼 때 총리總理도 '모두 이끄는' 사람이다. 그래서 그런지 대통령 밑의 총리는 잘못하면 '있으나 마나' 한 자리로 전락하기 쉽다.

이 기회에 '총리'라는 직함 바꾸는 게 어떨까. 재상宰相, 수상首相도 떠오르나 옛날 냄새 때문에 마땅치 않다. 내각총괄內閣總括 어떨까. 글자가 어렵다. 이래저래 후보 인선에 더해 직무職務와 직함職銜을 말끔히 규정하기 어려운 자리가 대한민국 총리다.

한자풀이

總다 총. 합할 총 다. 모두. 내내. 늘. 언제나. 줄곧. 주요한. 총괄적인. 지도적인. 우두머리의. 합하다. 종합하다. 총괄하다. 거느리다. 모으다. 묶다. 매다.
理다스릴 리. 다스릴 이 다스리다. 다스려지다. 깁다(떨어지거나 해어진 곳을 꿰매다) 수선하다. 깨닫다. 의뢰하다. 사리. 도리. 이치(理致). 매개. 거동. 나무결.
銜마을 아. 갈 어 마을. 대궐. 궁궐. 관청. 관아. 소리의 형용. 모이다. 참알(參謁)하다. 가다 (어).

근신謹愼

　근신謹愼이라는 이 말, 그저 잘못을 저지른 이에게 내리는 벌罰 정도의 의미로만 남았다. 사전 등에는 우선의 새김이 '조심'이라고 나오지만 이 낱말을 받아들이고 쓰는 대부분의 사람들은 단지 '잘못을 저질러 받는 벌의 일종' 정도의 뜻으로 새기는 경우가 많다는 얘기다.

　낱말을 이루는 앞 글자 謹근은 말을 조심하는 행위를 가리킨다. '말'을 가리키는 言언이라는 부수가 들어있고, '재앙' '화근' 등을 지칭하는 堇근이 있다. 따라서 제 목숨을 잃을지도 모르는 사안을 앞에 두고 입조심을 하는 경우라는 뜻풀이가 일반적이다.

　愼신은 여러 풀이가 가능하다. 그럼에도 '참다움' '진정함'이라는 의미의 眞진이라는 글자와 '마음'을 뜻하는 부수가 합쳐져 '조심' '신중함'의 의미로 발전했다는 게 정설이다. 眞진이라는 글자가 점복卜을 주관하며 제의祭儀를 이끌던 옛 시절의 사제司祭인 貞정이라는 존재와 관련이 있다고 볼 때의 풀이다.

　이런 맥락에서 보자면 근신謹愼이라는 낱말을 그저 잘못한 이에게 내리는 벌 정도의 풀이로 받아들여서는 곤란하다는 생각이 든다. 어쩌면 이는 사물과 현상에서 늘 빚어지는 변화에 조심스레 대응하는 지

근신(謹愼)은 삼가면서 조심하는 행위다. 그러나 살피고 헤아리는 일이 그 바탕이다. 소요와 분란을 삼가는 일이 우리사회에는 퍽 필요해 보인다.

혜智慧의 하나로 봐야 좋을 것이다.

審愼심신이라는 말도 있다. '살피다''헤아리다'는 뜻의 審심은 집을 가리키는 宀면에 番번이 덧붙여진 글자다. 番번은 위의 글자 요소가 동물의 발자국, 아래 田전 형태의 요소가 그런 동물의 자취가 찍힌 흔적이라는 풀이다. 따라서 본래 審심은 '집안宀에 들어온 동물의 발자국番'이라는 의미다.

그런 동물이 집안에 들어왔다면 우리는 우선 무엇을 해야 할까. 살피고 또 살펴야 한다. 들짐승이 집에 들어왔으니 가족 구성원의 생명에 우선 영향을 미칠 수 있다. 그를 살피지 않는다면 엄청난 '직무유기'가 아닐 수 없다. 그래서 이 글자와 '신중함'이라는 의미의 愼신이 합쳐지면 그야말로 자세하게 살피는 행위다.

그런 審심에 계산하다, 또는 따지다, 헤아리다 등의 의미를 지닌 計계를 붙이면 심계審計다. 지금의 감사원監査院 옛 명칭이 심계원審計院이었다는 점을 상기하면 좋다. 중국에서는 감사원 기능을 지닌 기구를 흔히 審計署심계서라고도 적는다.

심리審理, 심문審問, 심신審訊, 심판審判 등이 다 그와 같은 맥락의 조어다. 근신謹愼이라는 단어의 조합도 흐름에서 볼 때 이와 같다. 조심하면서 무게를 지닌 채 행동하는 일이다. 신중愼重이 그 뒤를 따르는 단어임은 더 이상 설명이 필요 없을 듯하다.

노무현 전 대통령 등 세상을 떠난 인물의 추도식 등 행사에서 가끔 정치적 성향이 과도하게 분출하는 경우를 접한다. 유족이나 측근들이 때로 과격한 발언을 하면서 언론의 스포트라이트를 받는다. 일종의 제사祭祀라고 해도 좋은 자리인데, 고인을 잇는 유족이나 측근들이 지나칠 정도로 감정을 드러내는 일은 옳지 않다. 제사는 먼 곳, 저승으로 떠난 조상의 안녕과 덕을 기리는 자리다. 그래서 핵심적인 마음가짐이 '경건함'이다.

'유명幽明'이라는 말이 있듯이 저승과 이승 사이에는 엄연한 분별이 존재한다. 저승은 이승에 있는 이에게는 두려움 그 자체. 그 두려움 속으로 먼저 떠난 조상을 생각하며 이승의 사람들은 차분해진다. 세속의 여러 감정은 잦아들고, 그로써 살아 있는 사람 사이의 화합도 이야기할 수 있는 자리다. 제의祭儀의 의미를 따지자면 그렇다. 그러나 우리는 그 기본마저 잊은 지 오래다. 근신謹愼과 심신審愼의 지혜를 말하기에는 수준이 너무 낮아진 사회다.

한자풀이

謹삼갈 근 삼가다. 자성하다. 금하다. 엄금하다.
愼삼갈 신, 땅 이름 진 삼가다. 근신하다. 두려워하다. 근심하다. 따르다. 삼감. 진실로.
審살필 심, 빙빙 돌 반 살피다. 자세히 밝히다. 깨닫다. 듣다. 환히 알다. 밝게 알다. 조사하다. 묶다. 바루다. 바르게 하다. 정하다.
幽그윽할 유, 검을 유 그윽하다. 멀다. 아득하다. 깊다. 조용하다. 고요하다. 어둡다. 밝지 아니하다. 가두다. 갇히다. 피하여 숨다. 검다. 귀신. 저승.

방역防疫

요즘 중동호흡기증후군(MERS)이 위세를 떨치고 있다. 모두 다 전전긍긍戰戰兢兢이다. 일종의 전염병이자 돌림병이다. 누구로부터 누군가에게 전해지는 병 말이다. 더구나 사망 환자의 사례가 발생하면서 우리의 경각심은 매우 드높아지고 있다.

이런 병은 한자 낱말로 흔히들 역병疫病이라거나, 역질疫疾, 여역癘疫, 염역染疫 등으로 적는다. 온역瘟疫, 염병染病도 마찬가지 뜻이다. 모두 균이 이곳저곳으로 옮겨 다니면서 사람을 다치게 하는 병이다. 사람으로부터 사람에게 전해지는 그런 병에 일반적으로 붙는 대표적인 한자가 바로 疫역이다.

이 글자는 '병이 들어 무엇인가에 기대다'는 의미의 疒녁이라는 부수에 '막대기' '몽둥이'라는 새김을 지닌 殳수의 결합이다. 문제는 뒤의 殳수라는 글자다. 지금은 통용하지 않는 글자지만, 초기 한자 형태에서 드러내는 모습은 전쟁 때나 사용하는 무기에 가깝다. 따라서 殳수는 초기 한자 마당에서 '무기로 사람을 찔러 상하게 하다'의 뜻으로 나온다.

사람을 상하게 하는 그런 무기 또는 행위가 '질병'을 의미하는 부수 疒녁과 붙어 疫역이라는 글자를 이룸으로써 '사람을 괴롭히는 병'이라는 의미를 얻었던 것으로 볼 수 있다. 나중에 이르면 이 글자는 "사

지는 해를 배경으로 날아가는 철새 떼다. 오가는 시간의 흐름을 알리며 특별한 정서를 안겼던 철새는 이제 조류 인플루엔자의 주범이라고 해서 매를 맞곤 한다.

람이 함께 앓는 병" "이리저리 옮는 병" 등의 의미를 더 추가한다.

글자는 전염성 강한 병증에 많이 따라다닌다. 어린 시절 앓는 홍역 紅疫이 눈에 띄고, 한 번 앓아 그 병을 피하는 대응력이 생긴 경우를 적는 면역免疫도 보인다. 둥근 발굽을 지닌 동물의 돌림병을 구제역口蹄疫 이라고 직고, 일반 짐승끼리 전해지는 병을 수역獸疫으로 적는 식이다.

순우리말로는 '마마'로도 불리며 과거 왕조 시절 숱한 어린이의 생 명을 위협했던 천연두天然痘는 다른 말로 호역戶疫으로도 적는다. 봄철 에 도는 유행병은 온역溫疫, 가을에 닥치는 그런 병은 한역寒疫이라고 적는다. 말에게 도는 병은 마역馬疫, 소의 경우라면 우역牛疫이다. 닭 돌림 병은 계역鷄疫이니, 요즘 말로 하면 조류 인플루엔자의 일종일 테다.

이런 돌림병은 재난災難과 다를 게 없다. 엄청난 인명 피해는 물론 이고 사회의 정상적인 운행을 막기도 한다. 그래서 疫災역재라는 조어도 가능하다. 국가 차원의 재난이다. 따라서 그를 사전에 예방하고, 발병 이후라도 확산치 못하도록 하는 일은 매우 중요하다.

역병을 사전에 막는 일, 방역防疫은 그래서 국가 차원에서 힘을 쏟아 야 할 사안이다. 욕설에나 등장하는 '염병'에 휘감기지 않으려면 국가 차원의 방역은 빈틈이 없어야 한다. 그러나 이번 사태에서는 정부의 초 기 방역 대응의 부실함이 뚜렷하게 보인다. 큰 사건과 사고에 직면해 허둥지둥 하다가 재앙을 키우고 마는 게 어제 오늘의 모습이 아니다.

이런 경우는 뭐라 일러야 좋을까. 정부의 운영이 부실해 키운 돌림 병 말이다. 미덥지 못한 공공영역이 키운 돌림병이라서 公疫공역이라고 할까, 아니면 행정부의 과실이라서 行疫행역이랄까. 국가 전체의 수준 과 기능이 낮아져 생겼다고 해서 國疫국역은 어떨까. 그러나 다 부질없 는 조어다. 정부의 책임만을 묻고 있기에는 사태가 퍽 심각하다.

한자풀이 ───

防막을 방 막다. 방어하다. 맞서다. 필적하다. 헤살놓다. 훼방하다. 둑. 방죽. 요새. 관방(關防).
疫전염병 역 전염병. 돌림병. 역귀.
癘창병 려, 창병 여, 문둥병 라, 문둥병 나 창병(瘡病: 피부에 나는 질병). 염병. 죽이다. 담그다. (쇠를) 불리다. 문둥병(라).
瘟염병 온 염병. 온역(瘟疫: 급성 전염병의 하나). 아픈 모양. 괴로워하다.

강목綱目

명明나라 때 약학을 연구했던 이시진李時珍, 1518~1593년이라는 사람이 있다. 1,890여 종의 약재藥材를 망라해 정리한 책 『본초강목本草綱目』으로 유명하다. '본초本草'는 식물을 약재로 다루는 방법에 관한 총칭이다. 다음 '강목綱目'이 눈길을 끈다.

사전적인 정의는 그물과 관련이 있다. 그물의 큰 줄기를 이루는 '벼리'를 綱강, 그 하부를 이루는 그물의 '코'를 目목이라고 적었다. 따라서 사물의 핵심을 이루는 부분과 그 밑을 받치는 것에 대한 차별적인 지칭이다. 풀자면 핵심과 주변이다. 이에 관한 성어가 있다. 강거목장綱擧目張이다.

그물의 벼리綱를 잡아 올리면擧 그물코目가 잘 펼쳐진다張의 엮음이다. 중심을 잘 잡으면 나머지는 정해진 순서와 틀에 따라 잘 이어진다는 뜻이다. 그로부터 책 이름 『본초강목』도 나왔다. 책의 요체와 그 밑을 이루는 부분, 또는 그런 차례次例를 일컫는다.

1418년 음력 8월 11일 경복궁 근정전. 전날 즉위한 세종이 처음 반포한 교서敎書는 이렇게 시작한다. "태조께서 대업을 이루시고 부왕 전하께서 그를 이어 받아… 하늘을 공경하고 백성을 사랑하며…." 교서

나무의 뿌리와 줄기는 핵심, 가지는 말단이다. 그물에서도 마찬가지다. 축을 이루는 벼리, 말단을 이루는 그물코를 갈라 질서와 체계를 잡으려는 뜻에서 나온 말이 강목(綱目)이다.

는 그렇게 이어지다 강거목장綱擧目張이라는 성어를 사용해 앞으로의 국정 운영 방침을 천명한다. 이어 모반과 대역大逆, 아비를 죽인 아들 등 극한의 범죄자를 제외한 모두에 대해 사면령을 내리면서 끝을 맺는다.

　세종이 나라를 다스리는 방도로 인식한 '그물 벼리와 그물코' 얘기다. 중국 역대 왕조의 통치자, 또는 정치 사상가들이 즐겨 사용했던 성어다. 순서대로 일을 하되 큰 것과 작은 것을 먼저 구분해야 한다는 충고를 담고 있다. 정식 기록대로라면 한漢대의 역사학자 반고班固가 가장 먼저 적은 것으로 나온다. "그물의 벼리를 제대로 늘이면 모든 그물코가 제대로 펼쳐진다若羅網之有紀綱而萬目張也"는 내용이다.

앞과 뒤, 중요한 것과 그렇지 않은 것, 시급한 것과 하찮은 것을 가리는 일은 나라를 다스리는 자에게는 무엇보다 중요하다. 유교의 경전 『대학大學』도 이를 여러 차례 강조한다. "사물에는 뿌리와 가지, 일에는 끝과 시작이 있으니, 그 앞과 뒤를 안다면 도에 가깝다고 하리라物有本末, 事有終始, 知所先後, 則近道矣"는 식이다.

이런 방식의 조어造語는 한자 세계에 매우 풍부하다. 『대학』이 지적한 뿌리와 가지의 본말本末, 끝과 시작의 종시終始가 우선 그렇다. 그늘과 빛을 가리키는 음양陰陽, 앞과 뒤를 나타내는 선후先後 또는 전후前後, 왼쪽과 오른쪽의 좌우左右, 가볍고 무거움의 경중輕重, 서둘러야 할 것의 여부를 적은 완급緩急, 주인과 손님의 자리 또는 태도를 나눈 주객主客 등도 같은 맥락이다.

먼저 해야 할 것과 나중에 해야 할 것에 관한 배열排列, 나아가 중심과 주변을 냉정하게 가르는 전략적 시야가 돋보인다. 따라서 이런 작업은 어쩌면 세상을 이끄는 경세經世의 근간이라고 볼 수 있다. 세종의 즉위 교서에 '그물 벼리와 그물코'의 성어를 언급한 점에 수긍이 간다.

차분하게 대응해야 할 새 역병疫病 메르스다. 정부가 우선 일의 앞과 뒤, 시간상의 완급, 사안의 경중을 잘 따져 대처해야 한다. 미숙한 정부라도 국민이 선출했다. 지방자치체를 포함한 국민 모두 이제 사안의 앞과 뒤가 바뀌지 않도록 정부에 협조해야 한다. 일의 옳은 순서, 강목綱目이 뒤집히면 혼란은 극점을 향해 치닫게 마련이다.

한자풀이 ───

綱벼리 강 벼리(그물코를 꿴 굵은 줄·일이나 글의 뼈대가 되는 줄거리). 사물을 총괄하여 규제 하는 것. 대강(동류의 사물을 구별한 유별). 줄.

目눈 목 눈. 눈빛. 시력. 견해, 안목. 요점. 옹이. 그루터기. 제목. 표제. 목록. 조목. 중요.

擧들 거 들다. 일으키다. 행하다. 낱낱이 들다. 빼어 올리다. 들춰내다. 흥기하다. 선거하다. 추천하다. 제시하다.

張베풀 장 베풀다. 어떤 일을 벌이다. 기세가 오르다. 세게 하다, 성(盛)하게 하다. 넓히다, 크게 하다. 크게 떠벌이다. 내밀다. 드러내다.

여름, 夏하

뿌리 깊은 나무는? 바람에 흔들리지 않는다. 그래서 꽃이 좋고 열매도 많이 맺는다. 샘이 깊은 물은? 가뭄에 그치지 않아, 내를 이뤄 바다에 이른다. 웬만한 한국인은 이 글 다 안다. 한글 창제에 이어 만든 『용비어천가龍飛御天歌』의 한 대목이다.

아름답기 그지없는 우리말이다. 원문에서 '열매'는 '여름'으로 나온다. 이 여름과 우리가 지금 맞고 있는 계절 여름은 상관이 있을까. 있

여름은 열매를 맺는 계절이다. 여름의 상징인 열매는 과실(果實)로도 적는다.

다고 볼 수 있다. 어원語源을 따지는 글은 여름이라는 낱말이 해日, 나아가 농사를 통해 열매를 가꾸는 일과 관련이 있다고 설명한다.

따라서 여름은 일조량日照量이 가장 풍부해 농사가 활발해져 열매를 맺는 계절을 가리키는 이름으로 자리를 잡았다고 본다. 이 점은 한자의 세계에서도 마찬가지다. 여름을 가리키는 한자 夏하의 초기 형태를 보면 사람이 무엇인가를 열심히 하고 있는 모습, 그리고 손에는 칼이나 낫으로 보이는 기물器物을 들고 있는 꼴이다. 따라서 농사일에 열심인 사람의 모습이라고 푼다.

여름을 일컫는 한자 낱말은 제법 많다. 햇빛이 가장 강렬해 더위를 가리키는 글자가 많이 등장한다. 염천炎天은 우리에게 낯익다. 불꽃炎과 같은 날씨天를 일컫는다. 같은 맥락의 낱말이 炎序염서, 炎節염절, 염하炎夏다.

햇빛이 충만해 붉은 기운을 많이 지닌다고 해서 朱夏주하, 朱明주명, 朱火주화 등으로도 불렀다. 長嬴장영이라고도 하는데, 자라고長 차오른다嬴=盈는 뜻이다. 회화나무에 꽃이 핀다고 해서 槐序괴서라고도 했다. 운치는 퍽 있으나 용례는 많지 않아 조금은 낯선 낱말이다.

여름이라는 계절을 이야기할라치면 그 이름의 어원에도 담긴 열매의 의미를 놓칠 수 없다. 그런 열매를 가리키는 대표적인 한자는 果과와 實실이다. 果과라는 글자 자체가 나무木 위에 달린 열매를 표현하고 있다. 實실은 초기 한자 형태에서 직접적으로 열매를 가리키지 않았다. 집을 지칭하는 宀면에 재물을 가리키는 貝패와 그를 담는 그릇이 놓여 있는 모습이다.

재물이 채워져 있는 상자가 집안에 놓인 꼴이다. 이로써 '채우다' '채워지다'의 뜻, 나아가 꽃이 떨어진 뒤 맺어지는 열매의 의미를 얻었다. 따라서 우리는 흔히 식물이 맺는 열매를 과실果實이라는 낱말로 표현한다. 열매를 맺는 일은 결과結果, 결실結實로 적는다.

과실果實은 생명이 자라나 단단히 영글면서 생긴다. 단단히 영근 열매를 보면서 만들어내는 말이 과감果敢, 과단果斷이다. 영글지 못해 좋은 열매를 맺지 못하는 경우를 표현하는 단어가 부실不實이다. 중국인이 많이 쓰는 성어 하나가 있다. 겉은 번지르르한데 속은 영 아닌 경우다. 華而不實화이부실이다.

이 여름에 우리 한 번 진지하게 생각해 볼 일이다. 우리가 부실의 사회인지 아닌지를 말이다. 메르스라는 중동호흡기증후군에 맥을 못 추는 우리 사회 때문이다. 그 말고도 총체적인 부실의 양상이 사회 곳곳에서 드러나는 요즘이다. 메르스 겪은 후에 범사회적으로 대한민국 부실 점검 위원회라도 발족시켜야 하지 않을까. 가뭄까지 겹친 무더운 여름에 찾아든 생각이다.

한자풀이

夏 여름 하. 개오동나무 가 여름, 중국, 하나라.

序 차례 서 차례, 학교, 학당, 담, 담장, 실마리, 단서, 서문, 머리말, 행랑방, 서문을 쓰다, 펴다, 서술하다, (차례로) 지나가다.

朱 붉을 주 붉다, 붉게 하다, 둔하다, 무디다, 연지, 화장, 붉은빛, 주목, 줄기, 그루터기, 적토(赤土).

果 실과 과. 열매 과. 강신제 관 실과, 과실, 열매, 결과, 시녀, 과연, 정말로, 끝내, 마침내, 만약, 가령, 과단성이 있다, 과감하다, 이루다, 실현하다.

實 열매 실. 이를 지 열매, 씨, 종자, 공물, 재물, 재화, 내용, 바탕, 본질, 녹봉, 작록, 관작과 봉록, 자취, 행적, 참됨.

전쟁戰爭

오늘은 6.25전쟁이 벌어진 지 65년이 되는 날이다. 1950년 이 날 새벽 김일성의 군대가 기습적으로 대한민국을 쳐들어오면서 벌어진 동족상잔의 참화를 제대로 기억하는 사람이 많지 않은 게 우리의 현실이다. 그런 전쟁이 있었는지조차 잘 모르는 요즘 세대가 적지 않은 점을 보면 우리의 건망健忘이 참 우려스럽다.

전쟁戰爭의 말뜻을 모르는 이는 적다. 단어를 이루는 글자는 모두 '다툼'과 관련이 있다. 戰전은 화살을 날리는 활과 관련 있는 單단이라는 글자 요소에 상대를 찌르는 창인 戈과을 합성한 글자이다. 爭쟁은 아래 위의 글자 요소 모두 사람의 손을 가리킨다. 두 손이 하나의 물건을 두고 다투는 모습이다.

전쟁의 종류는 매우 많다. 군사적인 용어로 풀 때 전쟁은 대단위의 싸움이다. 그보다는 스케일이 작지만 여러 전투의 요소를 포함한 대규모 작전은 전역戰役으로 옮긴다. 영어로 할 때 전쟁은 war, 전역은 campaign으로 적을 수 있다. 그 밑을 이루는 것이 전투戰鬪다. 영어로는 battle이다. 그 아래로는 교전交戰이 있다. 영어는 engagement라고 할 수 있다.

중국 전역을 최초 통일 판도로 이끈 진시황(秦始皇)의 병마용(兵馬俑) 전경이다.
전쟁의 흔적은 한자세계에서 뚜렷하게 등장한다.

　　전쟁을 일컫는 한자 낱말은 퍽 많다. 그만큼 한자세계를 이루는 큰 바탕 하나가 전쟁이라는 점을 유추할 수 있다. 도병刀兵은 칼刀과 병사 또는 병기兵를 일컫지만 이로써 전쟁도 가리킨다. 방패와 창을 가리키는 간과干戈 또한 전쟁을 이른다. 갑병甲兵도 갑옷과 병기의 지칭에서 전쟁의 뜻으로 발전했다. 칼에 피가 든다고 해서 적은 혈인血刃도 전쟁과 동의어다.

전쟁은 필설로 이루 다 형용하기 힘든 피해를 낳는다. 그래서 병재
兵災, 병화兵火, 전화戰火, 전화戰禍로 적는다. 전쟁으로 인한 동란動亂, 전란
戰亂도 마찬가지다. 낭연狼煙이라는 말도 있다. 전쟁이 벌어지면 옛 왕조
시절에는 봉화烽火를 올렸다. 이리의 똥을 말려 불을 지피면 연기가 곧
게 올라간다. 이 경우가 전쟁의 경보다. 따라서 낭연도 전쟁을 지칭하
는 단어로 자리 잡았다.

봉화는 불길과 연기로 보내는 신호다. 밤에는 봉화를 올리고, 불이
잘 보이지 않는 낮에는 연기를 올린다. 앞을 烽봉, 뒤를 燧수로 적는다.
그런 제도를 일컬을 때 봉수烽燧라고 하지만 일반적으로는 그저 봉화
로도 부른다. 봉고烽鼓는 그런 봉화와 다급하게 난을 알리는 북소리다.
역시 전쟁의 뜻이다.

兵병이라는 글자는 두 부분으로 나눌 수 있다. 丘구와 八팔이다. 따
라서 丘八구팔로 적으면 일반적으로 군대와 전쟁, 또는 그 안의 사병을
일컫는 단어였다고 한다. 이 兵병의 의미를 일찌감치 무시무시하다 싶
을 정도로 경고한 사람이 있다. 바로 병법의 대가 손자孫子다. 이른 춘
추시대 사람이니, 지금으로부터 무려 2500년 전의 인물이다. 그는 兵병
을 전쟁, 또는 그 모두를 포함하는 전사戰事로 일컬으면서 이렇게 정의
했다.

"죽느냐 사느냐가 걸린 곳, 남느냐 없어지느냐의 갈림길死生之地, 存
亡之道"이라고 했다. 누가 이 말에 동감하지 않을 수 있을까. 북한의 위
협을 늘 머리에 이고 살아야 하는 우리 입장에서는 말이다. 마침 〈연

평해전〉이라는 영화가 선보였다. 돈을 마련치 못해 전전하는 등 많은 우여곡절 끝에 만든 영화다. 전쟁을 잊은 이 사회에 전쟁의 의미를 일깨우는 작품으로 우뚝 서기를 진심으로 기원한다.

한자풀이 ─────

戰 싸움 전 싸움. 전쟁. 전투. 경기. 시합. 경쟁. 싸우다. 전쟁하다. 떨다. 두려워서 떨다. 동요하다. 흔들리다. 두려워하다.

爭 다툴 쟁 다투다. 논쟁하다. 다투게 하다. 간(諫)하다. 경쟁하다. 모자라다. 차이나다. 다툼. 싸움.

役 부릴 역 부리다. 일을 시키다. 일하다. 힘쓰다. 경영하다. 줄짓다. 죽 늘어서다. 골몰하다. 낮다. 천하다. 일. 육체적 노동. 부역. 요역. 일꾼.

狼 이리 낭, 이리 랑 이리. 짐승 이름. 별 이름. 천랑성(시리우스). 사납다. 거칠고 고약하다. 어지럽다. 허둥지둥하다.

烽 봉화 봉 봉화. 병화(兵火). 봉화대. 경계. 봉화를 올리다.

燧 부싯돌 수 부싯돌. 횃불. 봉화. 적에 대한 경계. 불을 피우다.

분란 紛亂

이 낱말 좋아하는 사람 많지 않다. 이리저리 쪼개지고 흩어져서 어지러운 상태를 일컫는 말이니 그렇다. 우선 앞 글자 紛분은 실絲이 나뉘어져分있는 모양을 가리킨다. 사전을 찾아보면 옛 전쟁터의 깃발과 관련이 있다고 나온다. 군사 용도의 깃발 가장자리, 끝부분에 장식을 위해 갈라놓은 부분이라는 설명이 나온다. 따라서 깃발의 술이라는 뜻이다.

바람에 흩날리기 쉬운 곳이다. 아울러 그렇게 펄럭이는 깃발의 가장자리에 붙어 더 잘게 흔들리는 부분이다. 그러니 갈라져 뭉치지 않는 상태의 모든 것을 가리킬 때 자주 등장하는 글자다. 다음의 亂란이라는 글자가 더 궁금해진다. 쓰임새가 앞 글자에 비해 훨씬 많기 때문이다.

亂란 역시 실과 관련이 있다. 초기 형태의 이 글자를 보면 실뭉치가 어딘가에 걸려 있고, 두 손으로 그런 실이 걸려 있는 곳

바람에 펄럭이는 깃발이 보인다. 제대로 중심을 잡지 못해 엉클어지면 분란이 생겨나고 혼란에까지 이른다.

을 풀어가는 모습이다. 그로써 얻은 뜻이 엉켜 있는 실타래, 어질러져 있어 손을 대기 힘든 상태 등이다. 더 나아가 얻은 뜻이 극도로 어지러운 상황, 도저히 수습할 수 없는 지경 등이다.

이 글자는 좋지 않은 의미로 등장하지만 우리에게 퍽 익숙하다. 전쟁 등으로 벌어지는 어지러운 상황이 동란動亂이다. 전쟁 그 자체를 일컬을 때는 전란戰亂으로 적는다. 모든 것이 섞여서 극도로 어지러운 상황이 오면 혼란混亂이다. 안에서 벌이는 혼란스러운 움직임을 내란內亂이라고 부른다.

요란擾亂이라는 말도 잘 쓴다. 사전을 찾아보면 앞의 擾요는 강보에 싸여 울고 있는 아이와 그를 들고 있는 어른의 모습이라고 한다. 우는 아이를 들고 어쩔 줄을 몰라하는 어른, 그만큼 당황스럽다는 얘기일 테다. 게다가 다시 어지러운 상황을 일컫는 亂란이 붙어 있으니 낱말의 뜻은 자연스레 짐작할 수 있다.

소란騷亂이라는 말도 자주 사용한다. 앞의 騷소는 말馬을 무엇인가로 찌르거나 붙잡는 모습이다. 말이 놀라 펄쩍 뛸 수 있다. 그런 글자에 거듭 亂란을 붙였으니 역시 시끄럽고 번잡한 상황일 것이다. 소동騷動, 소요騷擾 등이 같은 맥락의 낱말이다.

난리亂離라는 말도 살펴볼 필요가 있다. 어지럽게 흩어져 갈피를 잡을 수 없는 상황亂, 그에 마침내 있던 것이 쪼개져 떨어져 나가는 형국離의 합성이다. "보통 난리가 아니다"라면서 끌탕을 칠 때 자주 쓰는 말이다. 합체合體를 이루지 못하면 모든 존재는 약해진다. 나와 다른 요소와 합쳐짐을 잘 이루지 못할 때 그런 '난리'가 일어나는 법이다.

정치적이며 사회적인 의미에서 亂란과 정반대의 뜻을 지니는 한자가 治치다. 물길을 잡는 장치를 뜻하는 글자라는 설명이 있다. 이리저리 번지기 쉬운 물길을 안정적인 방향으로 잡아가는 행위의 뜻을 얻었다. 그래서 국가와 사회의 상태를 일컬을 때 治치냐, 亂란이냐를 따지는 일이 곧잘 등장한다.

메르스 지나는가 싶더니 야당의 싸움, 청와대와 여당의 잡음이 이어진다. 우리 정치의 맑은 기상도를 어느 시절에 봤는지 좀체 기억이 나지 않는다. 부모님 살아생전에 다 하지 못한 효도를 한탄하는 말이 새삼 떠오른다. "나무는 조용히 있고자 하지만 바람이 멈추지 않는다"는 성구다. 한자로 적으면 樹欲靜而風不止수욕정이풍부지다. 효도와는 상관은 없으나, 우리 심정은 요즘 이 바람 속의 나무와 같다.

한자풀이

紛어지러울 분 어지럽다. 번잡하다. 번거롭다. 엉클어지다. (수효가) 많다. 왕성하다. 섞다, 섞이다. 깃발. 술 (장식으로 다는 여러 가닥의 실). 패건(차는 수건). 실띠.
亂어지러울 란, 어지러울 난 어지럽다. 어지럽히다, 손상시키다. 다스리다. 음란하다. 간음하다. 무도하다. 포악하다. (물을) 건너다. 가득 차다, 널리 퍼지다. 난리.
混섞을 혼, 오랑캐 곤 섞다. 섞이다. 합하다. 혼탁하다. 흐리다. 맞추다. 가장하다. 남을 속이다. 그럭저럭 살아가다. 되는대로 살아가다.
擾시끄러울 요, 움직일 우 시끄럽다. 흐려지다. 어지럽다. 길들이다. 탁해지다. 움직이다 (우).
騷떠들 소 떠들다, 떠들썩하다. 근심하다. 급하다. 쓸다. (말을) 긁다. 긁어 주다. 비리다, 비린내가 나다. 떨다, 제거하다. 근심. 소동.

공심攻心

　　오늘은 유명한 중국의 대련對聯 하나를 적는다. 한국인들도 즐겨 찾는 중국 쓰촨四川의 청두成都 무후사武侯祠에 걸려 있는 글귀다. 이곳은 『삼국지三國志』의 한 주인공 제갈량諸葛亮을 기리는 사당이다. 글은 따라서 그의 덕을 적은 내용이다.

　　能攻心反側自消 從古知兵非好戰 (능공심반측자소종고지병비호전)
　　不審勢寬嚴皆誤 後來治蜀要深思 (불심세관엄개오후래치촉요심사)

　　한문으로 적었으니 이제 풀 일이 남았다. 마음心을 공략攻할 수 있다면能 반발反側은 스스로自 없어지니消, 예로부터從古 병법 아는 사람知兵은 싸움戰을 우선치好 않았다非. 형세勢를 살피지審 않으면不 너그러울지寬 또는 엄격한지嚴에서 모두皆 착오가 생기는誤 법, 나중에後來 촉나라 땅蜀을 다스리려면治 깊이深 생각해야思 하리라要.

　　사회주의 중국을 건국한 주역 마오쩌둥毛澤東이 이곳에 들렀을 때 위의 글귀를 보면서 한참 동안 생각에 잠겼다는 후문이 있다. 대련對聯의 유명한 글귀를 꼽을 때 항상 등장할 정도로 알려진 내용이라고 한다.

중국인들이 따지는 성운聲韻의 묘미는 건너뛰기로 하자. 우선 그 의미가 매우 깊다.

마음을 공략하는 일攻心은 병법兵法에서 으뜸을 차지한다. 실제 전쟁을 치르기 전, 상대를 마음으로 설득시켜 제 뜻을 이루는 일이다. 굳이 싸우지 않고서도 상대를 내 품으로 끌어안는 수준을 가리킨다. 그러니 슬기로운 사람은 직접 부딪혀 싸우는 일을 즐기지 않았다는 내용이다.

다음 구절에 등장하는 勢세라는 개념이 중요하다. 누구도 어쩔 수 없는 상황, 또는 그런 환경을 일컫는 글자다. 그런 상황이나 환경을 세밀하게 따져 상대를 너그럽게 대할지, 아니면 혹독하게 다룰지를 알아야 한다는 말이다. 나와 주변 상황 전체를 아우를 줄 알아 적절한 '방법'을 찾아내야 한다는 권유다.

이 대련을 지은 이는 조번趙藩, 1851~1927년으로, 쓰촨에서 태어난 소수민족 백족白族 출신의 유명한 학자다. 그가 맹획孟獲이라는 이족異族 장수를 일곱 번 잡은 뒤 일곱 차례 놓아준 제갈량諸葛亮의 '칠종칠금七縱七擒' 스토리를 떠올리며 나중의 위정자爲政者에게 당부한 말이 그 다음 마지막 구절이다.

맹획은 제갈량이 몸담고 있던 촉나라 정권에 위협적이었던 이족 장수다. 제갈량은 그를 잡았다가 계속 풀어주면서 결국은 마음 자체를 얻었다고 한다. 실제 그런 일이 있었는지 자체는 솔직히 의문이다. 소설 『삼국지연의三國志演義』의 내용이기 때문이다. 그럼에도 상대의 마음까지 얻었다는 이야기 자체는 참고할 만하다.

긴 흐름에서 상황을 파악할 일이다. 스스로가 놓인 환경과 상황의 크고 작은 이해를 잘 따져 슬기롭게 문제를 풀어가는 일이 중요함을 알리는 글귀라서 적었다. 사람 살아가는 세상에 다툼은 늘 피할 수 없는 법이다. 그 점에서 지혜는 매우 중요하다.

상대의 마음을 크게 해치지 않으면서도 문제를 풀어가는 방법을 찾을 수 있기 때문이다. 우리는 그런 맥락의 슬기는 부족해 보인다. 여야가 대립은 차치하고, 여당은 청와대와, 야당은 또 내부의 파벌과 그악스럽게 다투고 또 다툰다. 그러나 누가 이기고 누가 지는 걸까. 마음만 서로 해치는 결과만 얻은 것은 아닐까. 우리가 우리끼리 서로 다투는 방식과 그 문화를 이제는 진지하게 헤아려 볼 일이다.

한자풀이

攻 칠 공 치다. 때리다. 책망하다. 닦다. 거세하다. 공격하다. 굳다. 다스리다. 불까다. 짓다.

縱 세로 종, 바쁠 총 세로. 발자취. 비록. 설령. ∼일지라도. 놓다. 쏘다. 늘어지다. 놓아주다. 느슨하게 하다. 내버려 두다. 멋대로 하다. 방종하다. 방임하다. 석방하다.

擒 사로잡을 금 사로잡다. 붙잡다. 생포하다. 포로.

형벌刑罰

죄罪 지으면 받는 게 형벌刑罰이다. 한자 罪죄는 그물을 가리키는 罒망과 일의 어긋남, 또는 사람의 허물을 가리키는 非비의 합성이다. 그물로 남의 잘못된 행위 등을 잡아들이는 동작인 셈이다. 나아가 그런 잘못과 허물을 가리키는 명사로서의 뜻도 얻었다.

刑형과 罰벌이라는 글자 또한 같은 맥락이다. 앞의 刑형은 사람의 목숨을 직접 끊는 행위, 罰벌은 잘못 저지른 사람을 심판해 고통을 가하는 모습의 요소를 합쳐 만든 글자다. 죄에 대한 사회적 차원의 보복인데, 과거로 갈수록 그 정도는 매우 심했다. 가해지는 형벌의 잔혹함이 농도를 더했다는 얘기다.

어느 것이 刑형이고, 어떤 방식이 罰벌일까. 글자 자체로는 잘 구분이 가지 않는다. 몸에 가하는 것이 刑형, 죄의 대가를 금전이나 재물 등으로 묻는 일이 罰벌이라는 설명이 있기는 하다. 그래서 일반적으로는 누군가 지은 죄의 대가를 묻는 형식 전체를 형벌이라는 단어로 일컫는다.

사람 사는 사회가 일정한 틀을 잡은 이래로 형벌은 줄곧 중요했다. 죄 지은 사람을 그대로 두고는 사회의 질서를 잡아갈 수 없다는 인식 때문이었다. 동양사회에서도 이 형벌은 일찌감치 발달했다. 고조선이나 고구려와 신라, 백제 등에서도 형벌에 관한 기록은 제법 일찍 등장한다.

보통은 오형五刑으로 형벌을 총칭하는 경우가 많았다. 아주 이른 고대에는 보통 묵형墨刑, 의형劓刑, 비형剕刑, 궁형宮刑, 대벽大辟으로 다섯 가지 형벌을 정했다. 얼굴에 먹을 치기墨, 코 베기劓, 발 자르기剕, 생식기 제거宮, 사형 등이 그 내용이다. 사람의 몸에 가해지는 육형肉刑들로서는 가혹한 수준이다.

당나라 때 이르면 태형笞刑, 장형杖刑, 도형徒刑, 유형流刑, 사형死刑으로 나뉜다. 잔혹한 정도가 조금 줄어들었다. 작은 회초리로 볼기짝 때리기笞, 몽둥이찜질杖, 몸 가두기徒, 먼 곳에 유배 보내기流, 죽이기死 등이

중국 명나라 때 지어진 지금 시안(西安)의 성곽이다. 왕조시절의 형벌은 상당히 가혹했다.

다. 먼 곳에 귀양을 보내는 유형流刑은 유방流放, 유배流配, 사변徙邊 등으로도 불렀다.

요즘의 징역형을 일컫는 말이 도형徒刑이다. 여기서의 徒도는 '무리'라는 의미와 함께 '맨 몸'을 가리키는 글자다. 옥獄에 사람을 가두고 일정 기간 인신의 자유를 구속하는 일이다. 영어圄圈는 그런 옥의 일종으로, 우리도 아직 가끔 쓰는 단어다.

성단용城旦舂이라는 제법 낯선 낱말이 있다. 중국 판도를 최초로 통일한 진시황秦始皇의 진나라가 시행했던 형벌의 일종이다. 죄 지은 사람이 남성인 경우에는 새벽부터 성을 쌓는 일城旦을 하도록 강제했고, 여자인 경우라면 곡식을 빻는 일舂을 시켰다는 데서 나온 말이다.

이런 각종 형벌을 면해주는 일이 사赦다. 이 글자의 원래 모양새는 사람에게 가하는 화형火刑으로 풀 수 있다. 그러나 문헌에서는 일찍이 죄를 용서하는 행위라는 뜻으로 등장한다. 조금은 수수께끼다. 무엇인가로부터 의무와 책임을 없애준다는 免면을 붙여 사면赦免으로 적고 부른다.

국경절이나 큰 명절에 가끔 특사特赦가 벌어진다. 옥에 갇혀 있는 대기업 최고 경영자, 주요 정치인들이 대상에 섞일지 늘 초미의 관심이다. 활력을 잃어가는 한국 경제의 회생을 위해 기업 총수들을 사면하는 일은 적극 생각해 봄직하다. 그러나 말 많고 하릴 없이 국가 경쟁력 깎아 먹는 정치인 출신들은 그 명단에서 뺐으면 하는 게 솔직한 바람이다.

한자풀이

刑형벌 형. 당기 형 형벌. 법. 꼴. 모양. 국그릇. 형벌하다. 벌하다. 제어하다. 모범이 되다. 준거하여 따르다. 본받다. 다스리다. 되다. 이루어지다.

罰벌할 벌 벌하다. 벌주다. 벌. 죄.

劓코 벨 의 코 베다. 베다. 자르다. 코 베는 형벌.

刖발 벨 비 발 베다. 발 베는 형벌.

宮집 궁 집. 가옥. 대궐. 궁전. 종묘. 사당. 절. 불사. 학교. 담. 마음. 임금의 아내나 첩. 소리 이름. 궁형. 오형 중의 하나. 널. 두르다.

辟피할 피. 임금 벽. 비유할 비. 그칠 미 피하다. 벗어나다. 회피하다. 피하다. 숨다. 물러나다. 떠나다. 임금 (벽). 임 (벽). 법 (벽). 허물 (벽). 절름발이 (벽). 길쌈하다.

笞볼기 칠 태 볼기를 치다. 매질하다. 태형.

杖지팡이 장 지팡이. 몽둥이. 장형. 창 자루. 짚다. 때리다. 의지하다. 잡다.

徒무리 도 무리. 동아리. 동류. 제자. 문하생. 종. 하인. 일꾼. 인부. 보졸. 보병. 맨손. 맨발. 죄수. 갇힌 사람.

囹옥 영. 옥 령 옥. 감옥.

圄옥 어 옥. 감옥. 말 기르는 사람. 지키다. 가두다.

旦아침 단 아침. 해 돋을 무렵. 환한 모양. 누그러지는 모양. 정성스러운 모양. 연극에서 여자로 분장하는 배우. 형벌의 이름. (밤을) 새우다. (밤이) 새다.

舂찧을 용 찧다. 절구질하다. 해가 지다. 치다. 찌르다. 형벌 이름. 산 이름.

赦용서할 사 용서하다. 엿보다. 풀어주다. 탕감하다. 감면하다. 버리다. 방치하다. 사면.

피서避暑

이제 여름 휴가철이다. 여름은 더위의 대명사다. 그런 무더운 여름 피하는 일이 피서避暑다. 暑서라는 글자가 궁금해진다. 뜨거운 태양을 가리키는 日일 아래 사람을 지칭하는 者자가 붙었다. 이렇게만 보면 의문이 풀리지 않는다. 고대 초기 한자 흐름에서 者자라는 글자는 액체 등을 끓인다는 뜻의 煮자라는 글자 모습으로 먼저 나온다.

따라서 暑서는 뜨거운 태양 아래 놓은 끓는 물이라는 의미 조합이다. 무더움, 뜨거움의 정도가 한껏 높아지는 상황을 가리킨다. 그래서 무더운 여름을 대표하는 글자로 자리를 잡은 듯하다. 이 더운 여름 국정원 해킹 프로그램을 두고 벌이는 정쟁政爭이 무더위를 더 키운다.

너와 나, 둘 사이에 넘을 수 없는 금을 그어놓고 아귀다툼을 벌이는 일이 이제는 우리사회의 특징을 이루는 현상으로 자리를 잡았다. 무더위에 지치고 그런 싸움에 또 지친다. 너와 나의 경계를 넘어 하나로 뭉치려는 시원스런 마음이 필요해 글을 적는다.

몽골의 원元 왕조가 중국을 지배하던 시절 최고 명필로 손꼽히던 사람은 조맹부趙孟頫다. 이른바 송설체松雪體라 불리는 필체를 만들 정도로 서예에 뛰어났던 그는 그림으로도 퍽 유명했다. 문장에서도 빼어난 실력을 보여 그에게는 늘 여러 찬사가 따랐다.

관도승管道昇은 그의 처다. 어렸을 때부터 총명하기로 이름이 높았고 남편의 실력에 걸맞은 회화와 시작詩作 능력을 지니고 있었다. 특히 대나무 그림과 관음상 등 불상을 그리는 재주가 뛰어나 당시의 황제인 쿠빌라이의 칭찬을 받기도 했다.

뛰어난 재능을 가진 두 부부의 금슬도 좋았다. 조맹부는 예전의 사대부들이 흔히 했던 것과 같은 축첩에 눈을 돌리지 않았다. 부부 간의 사랑이 깊어 칭송이 저자 거리에 나돌기도 했다. 그러다 조맹부가 요즘으로 치면 가수라고 할 수 있는 한 여인에게 정신을 팔리고 말았다. 최운영이라는 이 '가녀歌女'를 한 잔칫집에서 봤다가 반한 조맹부는 급기야 그녀를 첩으로 들어앉힐 움직임까지 보인다.

관도승의 움직임이 예사스럽지 않다. 첩을 들여도 되겠느냐고 물어오는 남편에게 그녀는 사詞 한 수를 내민다. "진흙으로 당신과 나를 빚으니, 기쁘기 이를 데 없네요, 다시 무너뜨려 물을 부어, 이리저리 섞어, 또 당신과 나를 빚지요, 내 진흙 속에는 당신이 있고, 당신 흙 속에는 내가 있지요我泥中有你, 你泥中有我…."

결과는 뻔했다. 벼락을 맞은 듯한 충격으로 조맹부는 첩 들이려는 마음을 거둔다. 어쨌거나 "내 진흙 속…"의 뒤 두 마디 구절은 매우 유명하다. 요즘도 중국에서 싸움이 일거나 다툼이 격해지면 "우리끼리 왜 그래"라는 화해의 뜻을 전할 때 흔히 사용된다. 갈라진 '너와 나'가 '우리'라는 통합적인 틀에서 거듭 뭉치도록 긍정적인 작용을

도심의 분수에서 물놀이를 즐기는 아이들이다. 무더위가 기승을 부리는 여름을 비키려는 일이 피서(避暑)다.

하는 명구다.

국정원이 오해 살 짓을 했다고 해서 극단으로까지 이들을 몰아붙이는 일이 현명하다 할 수 있을까. 호전적인 북한 정권에 맞서기 위해 반드시 필요한 국가 정보기관이다. 너무 흔들면 그만큼 우리사회 안보 취약성이 커진다. 조용하고 신중하게 문제를 풀어갈 일이다.

갈등이 번져 싸움으로 이어지는 과정이 지나치게 그악스럽다. 우리 정치판의 늘 볼품 없는 상쟁相爭은 언제 멈추려나. 네 속에 내가 있고, 내 안에 네가 있다는 점을 한 번 돌아보자. 그렇게 서로를 한 데 묶어 '우리'라는 큰 틀에서 문제를 다룬다면 올해 무더위는 적잖게 사라질지 모른다.

我儂詞아농사

你儂我儂, 忒煞情多, 情多處, 熱如火.
당신과 나는 아주 정이 많지요, 정 넘치면 불처럼 뜨겁지요.

把一块泥, 捏一個你, 塑一個我
진흙 덩어리로 당신을 빚고 또 나를 빚지요.

將咱兩個一起打破, 用水調和,
그 둘을 같이 무너뜨려, 물로 다시 섞지요.

再捏一個你, 塑一個我, 我泥中有你, 你泥中有我.
다시 당신을 빚고, 나를 빚어요. 내 진흙 속에 당신, 당신 진흙 속에
내가 있지요.

與你生同一個衾, 死同一個椁.
살아서는 같은 잠자리, 죽어서는 같은 널판에 눕지요.

한자풀이

避피할 피 피하다. 벗어나다. 면하다. 회피하다. 떠나다. 가다. 물러나다. 숨다. 감추다. 꺼리다.
暑더울 서 덥다. 더위. 여름, 더운 계절.
煮삶을 자 삶다. 끓이다. 굽다. 익히다. 익다.
頫구부릴 부. 뵐 조 구부리다. (고개를)숙이다. 눕다. 드러눕다. 숨다. 잠복하다. 가지런하지 아니하다. 뵈다 (조).
찾다 (조). 보다 (조).

도취陶醉

술을 잘 마시는 우리사회에서는 취기醉氣와 관련이 있는 단어가 제법 많다. 술에 어떻게 취했느냐를 자세하게 따진다. 취하는 일이 반드시 술에만 원인이 있지는 않다. 사람에도 취하고, 경치에도 취한다. 그림에도 취하고, 글씨에도 취한다. 그래도 취하는 일은 우선 술과 관련이 있다.

전날 마신 술이 이튿날에 이르러서도 깨지 않는 경우가 있다. 숙취宿醉다. 같은 발음으로 숙취熟醉라고 하는 경우도 있다. 매우 취한 상태다. 취한 상태가 오래 가는 일은 장취長醉라고 부른다. 앞뒤 좌우를 제대로 못 가릴 정도로 취하면 혼취昏醉다. 각종 추태가 이어져 사람들의 손가락질을 부른다.

크게 취하면 물론 대취大醉다. '깊이'라는 말뜻을 넣어서 심취深醉라고도 적을 수 있다. 몸이 잦아들 정도로 크게 취하는 일은 난취爛醉라고도 부른다. 爛란이라는 글자는 여기서 '문드러지다' 정도로 새겨도 좋겠다. 그와 비슷한 말이 이취泥醉다. 진흙땅을 일컫는 泥니가 앞에 섰다. 역시 땅바닥을 기어서 다닐 정도로 취했다는 말이다. 곤드레만드레의 경우라고 할 수 있다. 만취漫醉 또는 滿醉 역시 크게 취한 상태를 일컫는다.

도취陶醉라는 말이 잘 쓰인다. 그런데 왜 흙을 빚어 그릇 만드는 일, 아니면 그렇게 만든 그릇을 가리키는 陶도가 등장하는지 궁금해진다. 이 글자는 초기 한자 세계에서 여러 사람이 흙을 두드리고 뭉개서 그릇을 빚어내는 일을 가리켰다고 한다. 아울러 그런 과정을 거쳐 만들어진 질그릇의 의미도 있었다.

그릇을 빚는 데서 나온 말이 도취(陶醉)다. 반드시 술에 취하는 일이 아니다. 스스로의 능력을 믿고 교만에 빠지는 일도 도취다.

그렇다면 왜 도취陶醉라는 조어가 가능했을까. 정확한 풀이는 없지만, 글자 陶도는 여러 사람이 함께 어울려 흙으로 그릇을 빚어내는 과정에서 만들어지는 좋은 분위기, 나아가 그로부터 얻는 바람직한 영향 등을 일컫는 글자로도 발전했다는 설명이 있다. 양호한 분위기에서 후대를 교육하는 일을 훈도薰陶라고 적는 경우다.

그런 점에서 보면 도취陶醉는 무엇인가 대상을 앞에 두고서 저절로 빠져드는 일이다. 흠뻑 어딘가에 빠지는 경우다. 그런 상태를 일컫는 단어는 도연陶然이다. 제가 지닌 어떤 장점이나 특징 등을 두고 객관적 상황과는 상관없이 만족과 교만에 빠져드는 일을 흔히들 자아도취自我陶醉라고 적는다.

여당 대표가 미국을 방문해 "역시 우리에겐 중국보다 미국"이라는 발언을 꺼냈다. 국가의 전략을 건드리는 발언이다. 국가전략은 아주

신중하고 무겁게 다뤄야 한다. 굳이 할 필요가 없는 말은 결코 해서는
안 된다. 아주 중요해 함부로 꺼낼 수 없는 말을 여당 대표라는 사람이
너무 쉽게 꺼냈다.

제 의도를 먼저 꺼내 보이는 사람은 전략의 구성에서 늘 실패한다.
나를 살피는 누군가의 시선 앞에서 먼저 옷을 벗고 제가 지닌 모든 것
을 드러내는 경우라고 하지 않을 수 없다. 따라서 이 발언은 정부와의
협의를 거쳤을 리는 없을 테다. 기분에 따라서 그랬다면 여당 대표의
오만과 어리석음이 매우 심각한 수준이다.

권력의 한 축에 섰다는 교만이 결국 자아도취의 심각한 병증으로
나타난 것은 아닐까. 술에 깊이 취한 사람의 모습을 우리는 인사불성
人事不省이라는 성어로도 표현한다. 사람 살아가는 세상의 도리를 채 깨
우치지 못하고 깊은 미망迷妄에 잠기는 경우다. 우리 정치는 늘 어젯밤
술에 깨어나지 못해 작취미성昨醉未醒이요, 그래서 늘 인사불성이다.

한자풀이 ─────

陶질그릇 도, 사람 이름 요 질그릇. 도공. 옹기장이. 달리는 모양. (질그릇을)굽다. 빚어 만들다. 기르다. 기뻐하다.
즐거워하다. 근심하다. 울적하다. 허망하다.
醉취할 취 취하다. 취하게 하다. 술에 담그다. 빠지다. 지나치게 좋아하다. 탐닉하다.
宿잘 숙, 별자리 수 자다. 숙박하다. 묵다. 오래 되다. 나이가 많다. 한 해 묵다. 지키다. 숙위하다. 안심시키다.
찾아 구하다. 재계하다. 크다. 숙직. 당직. 숙소. 여관.
爛빛날 난, 빛날 란. 문드러질 난. 문드러질 란 빛나다. 밝다. 화미하다. 화려하다. 곱다. 무르익다. 흐드러지다.
문드러지다. 문드러지게 하다. (불에)데다. 너무 익다. 지나치게 익히다. 다치어 헐다. 부스러지다.
漫흩어질 만 시화(제스네리아과의 여러해살이풀). 흩어지다. 질펀하다. 방종하다. 가득 차다. 넓다. 넘치다.
더럽(히)다. 멀다. 함부로.
薰향풀 훈 향풀. 향내. 교훈. 공. 오랑캐 이름. 솔솔 불다. 태우다. 태우고 싶다. 향기롭다.

재벌財閥

　돈을 비롯한 재물 일반을 가리키는 글자 財재를 반기지 않는 이 별로 없을 테다. 많으면 좋고, 부족하면 섭섭하다. 물욕에 젖지 않은 사람이야 돈이나 재물을 멀리하는 마음을 키웠겠으나, 일반인이 함부로 흉내 낼 수 있는 일은 아니다. 그러니 이 글자는 매우 친숙하며 모두 반기는 편이다.

　재벌財閥이라는 단어를 이루는 다음 글자가 궁금해진다. 閥벌은 옛 기록을 보면 閱열이라는 글자와 함께 등장하는 경우가 제법 많다. 벌열閥閱이라는 단어로 말이다. 사전에 나오는 정의로는 '나라에 공로가 많고 벼슬 경력이 많은 사람이나 그 집안'이다.

　閥벌이라는 글자로 이뤄지는 단어 조합도 대개는 집, 집안, 그 구성원을 가리킨다. 경제의 규모가 커지면서 사업을 통해 커다란 부를 축적한 집안을 재벌財閥이라고 하는 경우가 대표적이다. 그러나 근래 들어와서 쓰이는 조어에 해당한다. 그 전에는 벌족閥族, 문벌門閥 등의 단어가 많이 쓰였다.

　따라서 이 글자의 탄생 배경이 궁금하다. 閥벌이나 閱열이라는 글자는 門문을 공동의 부수로 삼고 있다. 사람이 출입하는 문이다. 지금도

차이나타운 입구다. 커다랗게 세운 것이 패방(牌坊)이다. 한 곳의 정체성을 알리는 시설이다. 같은 개념의 벌열(閥閱)은 집 자랑거리를 알리는 일종의 '광고판'이었다.

그렇지만 예전에는 더 심했을 것이다. 내 집안에 대한 자랑 말이다. 벼슬로 권력을 얻고, 그 권력으로 막대한 부를 쌓은 집안으로서는 남에게 집안 자랑하는 일이 필요했을 법하다.

　　그런 집안 자랑과 관련이 있는 글자 둘이 閥閱벌열이다. 일반적인 사전 정의를 보면 둘은 일종의 간판에 해당한다. 사람들의 발길이 이어지는 집의 문에 걸어 두거나 세워 놓는 광고 성격의 표지물이다. 왼쪽에 두는 그런 광고판을 閥벌이라 했고, 오른쪽에 두는 것을 閱열이라고 했다는 설명이다.

閥_벌은 門_문과 伐_벌의 조합이다. 글자 伐_벌은 사람_人을 무기_戈로 낚아챈 모습으로 처음 등장한다. 전쟁 등에서의 공로를 가리키는 글자였음을 짐작케 한다. 閱_열은 門_문과 兌_태의 합성인데 뒤의 글자 요소는 '기뻐하다'라는 뜻의 悅_열로 푼다.

속사정이 그러하니, 이 두 글자의 성격은 분명하다. 문 옆에 제 집안의 공로를 적어 남에게 알리는 장치가 閥_벌이고, 스스로 자랑할 만한 과거의 이력을 적어 대중에게 과시하는 물건이 閱_열이다. 그로써 벌열 閥閱이라는 조합을 이뤄 자랑할 만한 과거 경력이 있는 집안을 가리키는 단어로 발전했다. 가벌家閥이라는 단어도 나왔고, 벌족閥族이나 족벌族閥이라는 이름도 생겨났다.

쟁쟁한 이력이 있는 집안을 화벌華閥, 공훈이 큰 집안을 훈벌勳閥이라고 부르는 일도 같은 맥락이다. '집안'이라는 뜻에서 한 걸음 더 나아가 얻은 '무리' '떼'의 뜻도 있다. 파벌派閥, 군벌軍閥 등의 예다. 아울러 누군가의 과거 이력을 가리키는 경우가 있는데, 대표적인 단어가 학벌學閥이다.

요즘 내로라하는 국내 한 재벌의 경영권 승계 분쟁이 점입가경이다. 가족 사이에서 벌어지는 낯 뜨거운 암투가 세간의 큰 화제다. 돈으로 쌓아 올린 집안의 사회적 지위는 인정할 수 있다. 그러나 부의 축적이 그 집안 구성원의 인격까지는 끌어올리지 못했던가 보다.

그래서 우리사회는 재벌이라는 대상을 늘 음울한 시각에서 바라

본다. 재물로 쌓은 명성은 오래 생명력을 이어가지 못하는 법이다. 그 안에 바르고 곧음을 넣은 골조骨組가 버티고 있어야 명예까지 얻을 수 있다. 우리는 그런 재벌을 원하는데, 자랑할 게 돈이 전부인 집안들이 많아 늘 아쉽다.

한자풀이

財재물 재 재물. 재산. 자산. 보물. 물품. 녹봉. 재능. 재료. 성(姓)의 하나. 겨우. 비로소. 마르다.
閥문벌 벌 문벌. 가문. 지체. 공훈. 공로. 기둥.
閱볼 열. 셀 열 보다. 검열하다. 가리다. 분간하다. 읽다. 지내다. 모으다. 아무 일도 해 놓은 것 없이 헛되이 늙다. 지체하다. 들어가다. 거느리다.
勳공 훈 공. 공적. 관등. 세운 업적.